La France:

CULTURE, ÉCONOMIE, COMMERCE

An Introduction to Business French

Simone Oudot / David L. Gobert
Southern Illinois University
at Carbondale

HOUGHTON MIFFLIN COMPANY • BOSTON

Dallas   Geneva, Illinois   Hopewell, New Jersey   Palo Alto

Acknowledgments

The authors are indebted to the following individuals for their advice and careful reading of parts of the manuscripts: Professor Pierre Morel, Ecole Supérieure de Commerce de Paris; Professors Carl Pasurka, Dept. of Economics, and Gregory White, Dept. of Administrative Sciences, Southern Illinois University at Carbondale; and to the following for documents, realia and information: Chambre de Commerce et d'Industrie de Paris, French Commercial Counselor and the Services Culturels Français of Chicago; and the Service de Presse et d'Information, Ambassade de France, New York. In addition, special thanks are due to the following people for their in-depth reviews of portions of the manuscript: Pierre Barthe, Louisiana State University; Elizabeth R. Jackson, San Diego State University; and Joseph Morello, University of Rhode Island.

Table des matières

To the teacher

La France: Culture, Economie, Commerce is a challenging and stimulating cultural/business reader designed for the second- or third-year college French student, a unique alternative to the traditional readers for this level. It is unique in several ways: it is an introductory business French reader for the student with little or no business background, it is a cultural reader that emphasizes the various political and commercial institutions and socio-economic aspects of contemporary France, and it is a civilization reader that presents the historical framework of the French economy and commercial practices. On the whole, the text presents a view of France that is truly contemporary and useful, yet approachable by the intermediate or advanced student of French.

PHILOSOPHY AND OBJECTIVES

As the title suggests, the goals of *La France: Culture, Economie, Commerce* are to introduce the student to the culture, economy and commerce of modern-day France while improving his or her linguistic competence. The text does not purport to train students in how to open or participate in a business enterprise in France. Rather, it limits itself to the more realistic and useful goal of presenting students with an overview of the political, economic and social aspects of French culture in an effort to broaden their knowledge of France and to prepare them for many diverse careers in an increasingly international climate.

The authors recognize that the goals motivating the language students of the 80s in their pursuit of fluency in French and of knowledge and appreciation of the French are more practical than those of the students of the past. Students with non-language specializations are discovering increasingly that knowledge of a foreign language can be a very useful tool in a great diversity of fields, from business to the social and natural sciences, engineering, agriculture, and journalism. In sum, for the student wishing to actively utilize his or her language experience, this reader will serve as the much-needed introduction to a practical knowledge of France and to the terminology of commercial French.

COURSES FOR WHICH THE TEXT IS APPROPRIATE

La France: Culture, Economie, Commerce may be used profitably in any course (beyond the first year) that utilizes a reader as a basis for the improvement of reading and conversation skills and for the acquisition of cultural information on France. At the intermediate level, it could be used to supplement the grammar review text throughout the year or during the fourth semester only. At the intermediate or advanced level, it could be used in a specialized course in Business French or in a conversation or culture course. Finally, it could be used in preparatory or on-site courses in Junior Year Abroad programs.

After having acquired the foundation in commercial French afforded by this text, and perhaps strengthened by a more advanced course, the student should be able to pass successfully the *certificat* examination offered by the Chambre de Commerce et d'Industrie de Paris at many college and university campuses.

TOPICS AND SEQUENCING

The text is divided into nine chapters, whose main themes are as follows: la vie politique; l'économie; la Communauté européenne et les échanges; le commerce et les entreprises; les finances; les communications; la publicité; les classes sociales et le monde du travail; and les loisirs et la consommation.

Although "culture, économie, commerce" overlap and interplay as overall themes, the main thrust of some chapters falls more under one than under the other headings. Thus, Chapters 1, 6 and 9 are most expressive of "la culture"; Chapters 2, 3 and 8 treat matters relating to "l'économie"; and Chapters 4, 5 and 7 deal more closely with aspects of "le commerce." This alternation of dominants results in a thematic variety which should be refreshing to the student and teacher alike.

At the same time, there is a logic in the progression and sequencing of the themes treated. In Chapter 1, after an introduction to the French character, the political framework is presented. In Chapter 2, an economic overview is given of the primary and secondary sectors (agriculture and industry). However, France exists in a larger political and economic community and carries on much of her trade with the other nine members of the Common Market; this is thus the logical followup in Chapter 3. Following is a presentation of the two most important components of the service, or tertiary, sector — domestic commerce in Chapter 4 and the banking industry in Chapter 5. Chapters 6 and 7 deal with communication in its various forms. Chapter 6 treats the "fourth sector," telecommunications facilitated by advanced technology; advertising — communication in the service of commerce — is featured in Chapter 7. Chapters 8 and 9 return to the French people — their social class structure, their work, their leisure activities and their habits as consumers — to round out the view of *La France: Culture, Economie, Commerce.* Generally speaking, the text progresses from the general to the particular, from the "institutions françaises" to "les Français."

Throughout the text, business and economic concepts and terms are presented in a clear and uncomplicated fashion, in keeping with the intended audience — the student with little or no background in business, but with an interest in putting his or her knowledge of French to a practical use. As appropriate, the authors have approached the material from varying points of view, ranging from those of institutions and producers of goods and services to those of individual French consumers.

CHAPTER FORMAT

Each chapter is organized essentially according to the same format. It consists of a main reading and two shorter optional selections called *Travaux pratiques*. Realia and maps accompany the readings where appropriate.

Main reading: The main reading is divided into two parts, each presenting an aspect of the same theme. (For example, Chapter 2 presents "le secteur primaire (l'agriculture)" in the first part; "le secteur secondaire (l'industrie)" in the second part.) New vocabulary is italicized in each main reading, and marginal glosses highlight words that are not considered active new vocabulary but that the student may not know. Following each part of the main reading are an alphabetized vocabulary list of those words italicized in the reading, a brief vocabulary exercise, and a set of comprehension questions. In addition, the *Vocabulaire et exercices* section of the second part includes a set of discussion/composition topics that cover the entire main reading and are open-ended, calling for an opinion, a debate or further research.

Travaux pratiques: Following the main reading are two optional shorter selections — for example, readings, opinion polls from French publications, conversations, etc. — whose themes are related directly or indirectly to the subject matter of the main reading. (Again in Chapter 2, for example, the first *Travaux pratiques* takes the form of a "reportage" based on an article from L'EXPANSION concerning the plight of French farmers, and the second is a presentation on nationalizations, with excerpts from a L'EXPANSION "sondage" reflecting French opinion on the nationalization of French companies. Shorter active vocabulary lists follow each reading, along with comprehension questions and activities to encourage a more creative use of French on the part of the students. Since the authors consider the *Travaux pratiques* to be optional, vocabulary drills are not included in these sections.

CHOICES IN THE USE OF THE TEXT

Of course the instructor will utilize the readings as he or she deems best, depending on the level of the class and the amount of time available. The authors created the text with the idea that the main readings would provide the required basic foundations in the subjects treated and the

Travaux pratiques would be optional supplements, exploring in more detail some aspect of the themes presented in or suggested by the main reading. Each part of the main reading could easily occupy one or more class periods. Each *Travaux pratiques* could be handled in one class session. The authors hope, of course, that the instructor will be able to use the text in its entirety, because the students will approach the *Travaux pratiques* with a firmer grounding in the theme after having studied the main reading. If the text is used during a full year, all of the main readings and most of the *Travaux pratiques* could be adequately handled, even in association with regular grammar review work. If the text is used in one semester to accompany a grammar review text, it is possible to complete all of the main readings in class, with the *Travaux pratiques* serving for independent study or supplementary group assignments. If the text is used during one semester as the basis for a one-semester course, all of the readings can likely be done.

If the instructor wants to use all of the *Travaux pratiques* but has a shortage of time, the following method might be used: assign one selection to half the class and the second one to the other half, and let each group report on its selection in class. The "listeners" could then interrogate the "reporters" using the comprehension questions. The instructor will find many ways of utilizing the *Travaux pratiques* to best advantage.

To the student

NATURE AND GOALS

La France: Culture, Economie, Commerce is an intermediate-level cultural/business reader designed to serve as an introduction to commercial French for students with little or no business background. It is, as the name suggests, much more than that. This text presents an overview of the French economy, business practices, and political and social institutions in a historical and cultural framework. Our purposes are to introduce you to the culture, economy and commerce of France of the 80s while helping you to improve your fluency in French.

Your aims in studying French are most likely more pragmatic than those of students of the past, since, if you are majoring or minoring in, or just studying, French, you probably are not preparing for a teaching career. Students pursuing foreign language study are choosing increasingly to combine that study with study or a major in the social or natural sciences, business, computer science or journalism, to name but a few.

As business becomes more and more international in its scope and as competition becomes keener for world markets, the most successful seller will be the one who speaks the language and knows the culture of the potential customer. Many multinational companies responding to recent questionnaires sent by the authors indicated that competency in a foreign language would be a definite asset to the job seeker. In providing you with a background in French culture through study of political and socio-economic institutions and business practices, this text will serve as an excellent introduction to more advanced commercial French courses.

TEXT ORGANIZATION

La France: Culture, Economie, Commerce contains nine chapters. The main themes are as follows: la vie politique; l'économie; la Communauté européenne et les échanges; le commerce et les entreprises; les finances; les communications; la publicité; les classes sociales et le monde du travail; and les loisirs et la consommation.

Each chapter offers a main reading, divided into two parts, and two optional *Travaux pratiques*, consisting of shorter readings, opinion polls, dialogues, etc., based on the main theme of the chapter.

Main readings: Vocabulary to be learned is italicized in the text and appears at the end of each reading in an alphabetized vocabulary list.

Marginal glosses are provided to help you understand vocabulary items that are less important to learn but necessary for full comprehension of the reading. (A French-English glossary at the end of the text contains all active vocabulary items for easy reference.) After each part of the main reading, there are drills to help you learn active vocabulary, as well as comprehension questions designed to allow you to summarize the main points made in the readings. Discussion questions at the end of the second part of the main reading are intended to give you the opportunity to be more original and creative with the language and ideas you have acquired.

Travaux pratiques: These optional sections complement the topic of the main reading and may be assigned by your instructor or used for independent work. Like the main readings, they are accompanied by a vocabulary list, comprehension questions, and activities. There are no vocabulary drills, however, in these sections.

TIPS FOR USE OF THE TEXT

You are encouraged to guess meanings of words you do not know by training yourself to look for English cognates. As you know, French and English share many related words. We advise you against looking up every word you don't know as you are reading. Try reading clauses and complete sentences, then paragraphs, paying attention to cognates and to structural clues (agreement, relative pronouns, etc.), and you will find that your comprehension level and reading speed improve. The readings will be challenging but rewarding, so try not to be discouraged if you do not comprehend every thought immediately.

After reading a text in its entirety once, go over it again, concentrating on the acquisition of vocabulary as you prepare answers to questions checking your comprehension.

Bon courage et profitez de *La France: Culture, Economie, Commerce!* We believe that this text will introduce you not only to French culture and business, but also perhaps to ideas and terms in business in general that will help prepare you for rewarding careers in many fields.

Vocabulaire pratique

The following *vocabulaire* contains words that are common to many of the chapters in this text. You may wish to study this list before reading each chapter.

Noms

l'accroissement / *increase*
l'agrandissement / *expansion, enlargement*
l'augmentation / *increase, rise*
la baisse / *fall, drop*
le bénéfice / *profit, benefit*
la commercialisation / *marketing (of a product)*
la consommation / *consumption*
la croissance / *growth, development*
le coût / *cost*
la diminution / *reduction, decrease*
l'échange / *exchange*
l'élargissement / *widening, broadening*
l'entreprise / *enterprise, business*
la hausse / *rise, increase*
le marché / *market*
le niveau / *level*
le revenu / *revenue, income*
le taux / *rate*

Verbes

accroître / *to increase*
acquérir / *to acquire*
agrandir / *to enlarge, to increase*
améliorer / *to improve*
augmenter / *to increase, to raise*
bénéficier (de) / *to benefit by, to gain by*
commercialiser / *to market*
concurrencer / *to compete*
diminuer / *to diminish, to decrease, to reduce*
élargir / *to widen*
faciliter / *to facilitate*
intervenir / *to intervene*
jouir / *to enjoy, to have*
poursuivre / *to follow, to pursue*

réaliser / *to realize, to obtain*
réduire / *to reduce, to decrease*

The following words and expressions may also be useful to you in class discussions.

Pour exprimer une idée
_____

c'est-à-dire / *that is to say*
d'après / *according to*
en ce qui concerne / *concerning*
quant à / *as for, as to*
selon / *according to*
toujours est-il que / *the fact remains that*

Pour expliquer les aspects variés d'un problème
_____

au contraire / *on the contrary*
contrairement à / *contrary to*
d'un côté / *on the one side*
de l'autre côté / *on the other side*
d'une part / *on one hand*
d'autre part / *on the other hand*
malgré / *despite*
malgré tout / *in spite of everything*
par contre / *on the other hand*
pourtant / *however, yet*

Pour ajouter une idée
_____

alors / *then*
de plus / *what's more*
de toutes façons / *at any rate, anyway*
en outre / *besides*
ensuite / *then*
en tout cas / *in any case*
par dessus tout / *above all*
puis / *then*

Pour exprimer les conséquences
_____

de ce fait / *for this reason*
donc / *therefore*
en effet / *indeed*
quand même / *just the same*
par conséquent / *in consequence*
plus . . ., plus . . . / *the more . . . ,
  the more . . .*
même si / *even if*
si . . . ou / *whether . . . or*

Chapitre 1

Les Français et leur gouvernement

INTRODUCTION

On raconte encore que, lorsqu'il était Président de la France, Charles de
Gaulle a remarqué qu'il était difficile de gouverner un pays dans lequel
étaient fabriquées plus de trois cents sortes de fromages. Il voulait dire°   *meant*
par là qu'il lui était difficile de gouverner un pays de 50 millions d'individualistes farouches°.   *inflexible*

   Individualistes, certes°, les Français le sont. Et ils le prouvent au mo-   *admittedly*
ment des élections, lorsqu'ils partagent° leurs votes entre les candidats   *split*
des nombreux partis politiques français. En effet, depuis le début du
siècle, il a existé en France, sous leur forme actuelle° ou sous une autre,   *current*
de quatre à six grands partis, plus quelques-uns de moindre° importance.   *lesser*

   Mais les Français sont aussi administrés. L'Etat est là qui veille°, solide   *watches over*
comme un roc, même lorsque les systèmes de gouvernement changent.
Or°, la France n'a pas eu moins de seize constitutions différentes au   *in fact*
cours des deux derniers siècles, parmi lesquelles elle a vu se succéder, entre autres, trois monarchies, deux empires et cinq républiques,
sans compter le régime de l'Etat Français pendant la Deuxième guerre
mondiale.

   Malgré tout°, la France semble bénéficier d'une certaine stabilité.   *in spite of everything*
Même quand il arrivait que le gouvernement soit renversé° avant la fin   *toppled*
de son *mandat*, comme cela s'est souvent passé pendant la IVe République, il y avait une continuité dans l'administration du pays. Cette continuité était assurée par les *Hauts fonctionnaires* des organismes publics

et par leur *bureaucratie*. Et, comme les mêmes hommes politiques reve-
naient toujours au nouveau gouvernement, mais à des *postes* différents, il
n'était pas rare d'entendre des Français dire, en soupirant°: <<Plus ça   *sighing*
change, plus c'est la même chose>>.

   Cela n'est pas tout à fait vrai, car la France a changé depuis cinquante ans. De° nation agricole, elle est devenue une nation industrielle,   *from*
elle s'est rattrapée sur° la technologie, et le niveau de vie° des *citoyens* a   *caught up with* | *standard of living*
monté. De plus, la Ve République, instituée par de Gaulle, semble avoir
donné à la France une plus grande stabilité politique. Mais les Français
ne peuvent quand même pas s'empêcher de rouspéter° contre leur   *prevent themselves from grumbling*
gouvernement, tout en comptant sur l'Etat pour les gouverner.

PREMIÈRE PARTIE: L'Administration nationale

LA PERSONNALITÉ DES FRANÇAIS

Qui sont donc ces Français qui tolèrent de tels changements au sein de°   *in the midst of*
leur vie nationale et politique, tout en se plaignant°? Tout d'abord, ils   *complaining*
font partie d°'une société pluraliste, le produit de nombreuses invasions: *belong to*
les Romains au premier siècle avant Jésus-Christ; les Francs, un peuple
germanique, au Ve siècle; et les Normands, d'origine scandinave, au Xe
siècle. Les races méditerranéenne, alpine et nordique se sont mélangées,
et pourtant, quelques groupes ethniques bien définis se sont rassemblés
dans certaines régions, où on les retrouve encore aujourd'hui. (Certains
groupes minoritaires, parmi lesquels les Bretons, les Basques et les Corses,
revendiquent° même aujourd'hui leur indépendance de la France qui,   *demand*
beaucoup trop centralisée à leur gré° sur Paris, ne soutient pas suffisam-   *for their liking*
ment leur économie régionale.) En tout cas, lorsqu'on ajoute° les nom-   *adds*
breux étrangers (Espagnols, Italiens, Nord-Africains, Polonais, Russes,
Portugais et Indochinois) qui ont émigré en France pour des raisons
variées, on trouve une population très diverse d'origine. Elle a été à
la fois unifiée par la <<civilisation française>> et enrichie par l'apport°   *contribution*
étranger.

   Avec toute cette diversité, il est bien difficile de définir la personnalité
des Français moyens, car on s'aperçoit bien vite qu'elle est remplie de°   *filled with*
contradictions. Un auteur français connu les décrit comme des êtres°   *beings*
qui possèdent du sang-froid°, mais qui ont aussi la tête chaude°. <<Les   *cold blood* | *passionate*
Français>>, dit-il, <<peuvent être réalistes jusqu'au terre-à-terre°, mais   *earthiness*
aussi idéalistes jusqu'à l'utopie. Ils peuvent être précautionneux jusqu'à la
méfiance°, mais individualistes jusqu'à l'indiscipline. Le fond° de leur   *distrust* | *basis*
tempérament est celui d'un peuple terrien sédentaire, attaché à sa terre
et à ses biens°, mais aussi celui d'un peuple guerrier, prêt à faire un   *possessions*
beau geste, ce qui leur a valu° la réputation d'être chevaleresque au   *earned them*
cours des siècles>>.[1]

   Par-dessus tout, les Français préservent jalousement leur art de vivre.
Ils sont fiers° de leur pays, cette douce France qui leur offre des pay-   *proud*

sages° aussi divers que leur tempérament, sur un territoire d'une super- *landscapes*
ficie° légèrement inférieure à celle du Texas. Ils sont fiers aussi de leur *surface area*
République, symbolisée par une femme, Marianne, dont on trouve l'ef-
figie dans les *mairies* et sur de nombreux timbres° postaux. *stamps*

LE SYSTÈME DE GOUVERNEMENT

Il est donc naturel aussi que leur gouvernement ressemble aux Français
qui l'*élisent*: divers dans ses partis, conservateur en général, mais fou-
gueux° quelquefois dans ses réactions. Selon la Constitution de 1958 qui *ardent*
a donné naissance° à la Ve République, la France est une république de *gave birth*
démocratie parlementaire. Selon ce système, le Président de la République gouverne avec un *Conseil* des ministres et un Parlement à deux
chambres (le Sénat et l'Assemblée nationale).

LES ÉLECTIONS: Il y a deux sortes d'élections, le *suffrage* universel
direct et le suffrage indirect. Pour les personnes qui sont élues au suffrage universel direct, les élections ont lieu deux fois, à deux semaines
d'intervalle. C'est ce qu'on appelle le «*scrutin* uninominal à deux *rounds*
tours°». Comme il y a une multiplicité de candidats de divers partis qui
se présentent, le premier tour de scrutin sert donc à éliminer les candidats qui ne reçoivent pas une majorité simple de votes, pour ne laisser
que les deux candidats favoris. Ceux-ci s'affrontent° au deuxième tour, et *face each other*
pendant les deux semaines d'intervalle, chacun d'eux s'efforce de° rallier *endeavors to*
à sa cause les *électeurs* des autres partis. Les élections au suffrage indirect
se passent après les élections au suffrage direct. Un collège électoral,
composé de quelques-uns des nouveaux élus, est alors formé pour élire à
leur tour d'autres responsables à des postes officiels.[2]

LE POUVOIR EXÉCUTIF: Le Président de la République française est
élu au suffrage universel direct pour une période de sept ans et peut se
succéder à lui-même. Il nomme le Premier ministre, qu'il peut remplacer
à n'importe quel moment. Le Président remplit les fonctions de Chef de
l'Etat. Il dirige la *politique* étrangère et négocie les traités. Il est le chef
des forces armées et dispose de *pouvoirs* exceptionnels en cas de danger
national. Lui seul possède le *droit* de grâce°. Il peut également *clemency*
demander directement au peuple français de voter en référendum un
projet de *loi* important.
    Le Premier ministre remplit les fonctions de Chef du Gouvernement et
s'entoure d'un Conseil des ministres, dont la liste doit être approuvée par
le Président (qui préside le Conseil). C'est ainsi qu'il peut y avoir plusieurs cabinets pendant une seule présidence (ou septennat°), avec le *seven-year term*
même Premier ministre ou avec un nouveau chef du gouvernement.
    Le Conseil des ministres est composé de 14 ministres[3] qui sont chargés
des fonctions importantes de la nation: Economie, Finance et budget,
Affaires sociales et solidarité nationale, Intérieur et décentralisation,

Transports, Justice, Relations extérieures, Défense, Agriculture, Industrie et recherche, Education nationale, Commerce extérieur et tourisme, Urbanisme et logement, Commerce et artisanat et Formation professionnelle. Chaque ministre peut être assisté de un ou plusieurs secrétaires d'Etat.

Le Premier ministre et le Conseil des ministres constituent ce qu'il est convenu d'appeler le Gouvernement, et ils *détiennent* ensemble le pouvoir exécutif.

LE POUVOIR LÉGISLATIF: L'Assemblée nationale et le Sénat forment ensemble le Parlement, et ils partagent presque également le pouvoir législatif. D'un côté, les 491 *députés* qui représentent les départements de la Métropole,[4] les départements d'*Outre-Mer* (D.O.M.) et les territoires d'Outre-Mer (T.O.M.) sont élus à l'Assemblée nationale pour cinq ans, au suffrage universel direct. De l'autre côté, les 295 sénateurs sont élus au Sénat pour neuf ans, au suffrage indirect, par les Grands électeurs (un collège électoral d'officiels élus aux niveaux° départemental, régional et national).

Pour le moment, quoique le Parlement incarne le pouvoir législatif, ni l'Assemblée ni le Sénat n'ont de pouvoirs étendus°. Sous les IIIe et IVe Républiques, l'institution centrale était le Parlement: le Président était élu par le Parlement, et son pouvoir était restreint°. Aujourd'hui, pourtant, c'est la branche exécutive qui détient le pouvoir, puisque le Président, qui est élu par suffrage universel direct depuis 1962, peut *dissoudre* l'Assemblée nationale et demander de nouvelles élections. Comme l'a voulu de Gaulle, la République a désormais un exécutif fort, et on assiste maintenant à un régime présidentiel.[5]

Les membres du Parlement représentent naturellement plusieurs partis politiques, et le parti majoritaire (celui qui domine) a d'habitude été le même que celui du Président. Cependant, s'il y a désaccord de la part d'un grand nombre de membres de différents partis sur une initiative gouvernementale, ceux-ci peuvent former une coalition pour bloquer l'action du gouvernement. Ceci a peu de chances d'arriver, tant que° le Président, le Premier ministre et le parti majoritaire sont tous du même parti. Par contre, si le Parlement est dominé par les partis de l'opposition, la position du Gouvernement en est considérablement affaiblie°. Ce cas ne s'est pourtant pas encore produit.

Le Parlement se réunit en deux sessions ordinaires par an. La première s'ouvre le 20 octobre pour 80 jours; la seconde s'ouvre le 2 avril, et sa durée ne peut excéder 90 jours. Le Parlement peut également se réunir en session extraordinaire à la demande du Premier ministre ou de la majorité des membres de l'Assemblée nationale.

En France, l'initiative des lois appartient à la fois au Gouvernement et au Parlement. Les «projets de loi» (qui viennent du Gouvernement) et les «propositions de loi» (qui viennent du Parlement) sont déposés soit à l'Assemblée nationale, soit au Sénat. Ces initiatives de loi sont examinées par les deux assemblées et parfois par des commissions spécialement

levels

extensive

limited

as long as

weakened

désignées à cet effet. Si le Sénat et l'Assemblée ne peuvent pas s'entendre sur° un texte commun pour l'adopter, c'est la décision de l'Assemblée qui l'emporte°. Ensuite, le Président *promulgue* la loi en la signant. *agree upon / wins out*

LES CONSEILS: Divers organismes fonctionnent en tant que *conseillers* des deux branches pour la *rédaction* des projets et des propositions de lois:

Le Conseil constitutionnel veille à la régularité des élections nationales et des référendums présidentiels, et se prononce sur la conformité constitutionnelle des projets de loi.

Le Conseil supérieur de la magistrature, organisme apolitique, participe à la nomination des magistrats et est chargé d'assurer l'indépendance de l'autorité judiciaire.

Le Conseil économique et social donne son avis sur tout problème de caractère économique ou social des lois. Ses membres représentent les syndicats°, les milieux d'affaires°, les milieux agricoles et les organisations sociales. *unions | business groups*

La Haute *Cour* **de Justice** ne se réunit que pour juger le Président en cas de «haute trahison°» et les membres du Gouvernement en cas de «crimes et délits°» accomplis dans l'exercice de leurs fonctions. *treason / offenses*

Le Conseil d'Etat joue deux rôles: il étudie la constitutionnalité des textes de loi, et il agit° comme cour de justice où tout citoyen qui se croit lésé° par l'Administration peut plaider° sa cause°.[6] *acts / wronged | plead | case*

NOTES:

1. Guy Michaud, *Guide France* (Hachette, 1978).
2. Le suffrage universel a été institué pour la première fois en France en 1848, mais il n'incluait pas les femmes puisqu'elles n'ont reçu le droit de vote qu'en 1946. Depuis, bien des femmes ont participé au gouvernement. Quelques-unes sont devenues ministres, comme Françoise Giroud (Condition féminine 1974–1976, Affaires culturelles 1976–1977); Simone Veil (Santé 1974–1979); et Edith Cresson (Agriculture 1983, Commerce extérieur 1983). Par contre, on ne trouve au Parlement que 29 femmes députés et seulement 9 sénateurs en 1983.
3. Cela est vrai du 3ème Cabinet de M. Pierre Mauroy (1983). Le nombre de ministères et de secrétariats d'Etat peut varier d'un cabinet à l'autre.
4. Le terme Métropole s'appliquait mieux au temps où la France possédait de nombreuses colonies dans le monde entier. Mais, entre la fin de la guerre d'Indochine (1954) et la fin de la guerre d'Algérie (1962), les autres colonies ont opté pour l'indépendance. Avant l'indépendance, lorsque coloniaux et colonisés parlaient de la France lointaine, ils l'appelaient la Métropole.
5. De Gaulle avait été élu en 1958 par des électeurs présidentiels, au suffrage indirect.
6. Il est intéressant de constater qu'il y a une différence entre le système judiciaire des Etats-Unis et celui de la France. Aux Etats-Unis, il peut arriver qu'une loi, une fois promulguée, soit déclarée anticonstitutionnelle par la Cour suprême. En France, par contre, la constitutionnalité d'une loi ne peut pas être mise en question, puisqu'elle a dû être approuvée à l'avance par le Conseil constitutionnel et le Conseil d'Etat.

Vocabulaire et exercices (première partie)

la bureaucratie / *bureaucracy*
le/la citoyen (-ne) / *citizen*
le conseil / *council*
le conseiller / *consultant*
la cour / *court*
le député / *representative*
détenir / *to hold*
dissoudre / *to dissolve*
le droit / *right*
l'électeur (-trice) / *voter*
élire (*p.p.*, élu) / *to elect*
le Haut fonctionnaire / *high-ranking civil servant*

la loi / *law*
la mairie / *city (town) hall*
le mandat / *term*
Outre-mer / *overseas*
la politique / *policy, politics*
le poste / *post, position*
le pouvoir / *power*
promulguer / *to promulgate*
la rédaction / *drafting*
le scrutin / *ballot*
le suffrage / *vote*

A. EXERCICE DE VOCABULAIRE: Donnez le mot ou l'expression qui convient pour compléter les phrases suivantes.

1. M. Mitterrand a été élu au deuxième _____.
2. Le Premier ministre a discuté toute la soirée de _____ avec le chef de son parti.
3. La Martinique est un département d'_____.
4. Le jour des élections, les _____ vont voter à la mairie ou à l'école.
5. Arlette travaille au Ministère de l'Education. Elle a un bon _____.
6. Mon cousin vient d'être élu _____ du Rhône à l'Assemblée nationale.
7. On n'a pas le _____ de fumer dans les cinémas.
8. Les Conseils aident à la _____ des projets de loi.
9. Le Président est élu au _____ universel direct.
10. Seul le Président peut _____ les lois.
11. Le _____ législatif et le _____ exécutif assurent l'équilibre d'une démocratie.

B. QUESTIONS DE COMPRÉHENSION

1. Comment se fait-il que la France ait maintenant un gouvernement stable?
2. Expliquez comment la France est une société pluraliste.
3. Que font certains groupes ethniques minoritaires en France, et pourquoi?
4. Dites pourquoi la personnalité des Français est difficile à définir.
5. De quoi les Français sont-ils fiers?
6. Décrivez ce qu'est une démocratie parlementaire.

7. Comment se passent les élections au suffrage universel direct?
8. Qui fait partie du Gouvernement français?
9. Décrivez le Parlement en France.
10. Comment les lois sont-elles adoptées en France? Qui peut les proposer?
11. Pourquoi le Parlement n'est-il plus l'institution centrale sous la Ve République?
12. Quel est le rôle des Conseils auprès du gouvernement? A quel Conseil les citoyens peuvent-ils avoir recours?

DEUXIÈME PARTIE: L'Administration régionale et les partis politiques

LA DÉCENTRALISATION

Depuis que les *rois* de France ont fait de Paris leur capitale, il existe une grande centralisation, non seulement des pouvoirs du gouvernement, mais aussi de l'industrie, du commerce et de la culture, à Paris. Cette centralisation crée une certaine tension entre la région parisienne et les autres régions. On peut citer comme exemple le fait que, il y a déjà plusieurs années, certains produits maraîchers° provenant de Bretagne *fresh vegetables* arrivaient pendant la nuit aux Halles° de Paris et repartaient le soir pour *central food market* la Bretagne, s'ils n'avaient pas été vendus pendant la journée. Ceci n'était guère pour plaire° aux Bretons qui, eux aussi, aiment bien manger des *could hardly please* produits frais.

Toujours est-il qu'°aucune autre ville en France n'est aussi importante *the fact remains that* que Paris, tant° par le nombre de ses habitants que° par le nombre et *as much | as* l'importance de ses industries. Ce décalage° entre Paris et la province *gap* a donc conduit le gouvernement à une politique de décentralisation dans la deuxième moitié° du XXe siècle. Cette politique s'est traduite° par *half | manifested itself* un effort dans l'*aménagement* du territoire pour une meilleure distribution des pouvoirs publics, des industries et de la population à travers la France.

LES DÉPARTEMENTS ET LES RÉGIONS: Aujourd'hui, les divisions administratives de la France se composent de 96 départements dans la Métropole, ou l'Hexagone.[1] De plus, la France d'Outre-Mer se compose de quelques-unes des anciennes colonies: les cinq départements d'Outre-Mer (D.O.M.) et les quatre territoires d'Outre-Mer (T.O.M.).[2]

Chaque département est divisé en *arrondissements*, lesquels sont divisés en cantons, qui à leur tour comprennent plusieurs communes. La commune est la plus petite division administrative du pays et l'on en compte plus de 36.000 en France.

Chaque département est administré par un «Conseil général», dont les membres (un conseiller général par canton) sont élus pour six ans au suffrage universel direct. De plus, un Commissaire de la République, nommé par le Conseil des ministres, représente le Gouvernement et

Les Régions et les départements de la France

s'assure que la loi est respectée, mais n'a aucun pouvoir administratif sur le département.

A l'*échelon* communal (villes et villages), les conseillers municipaux sont élus pour six ans au suffrage universel direct. Les conseillers, eux, élisent leur *maire*.

Dans un esprit de décentralisation, le gouvernement a groupé en 1973 les 96 départements de l'Hexagone en 22 régions, qui correspondent d'assez près au tracé de certaines anciennes provinces de la France monarchiste. Chaque région est administrée comme suit: une Assemblée régionale, élue au suffrage universel direct, détient les pouvoirs financiers et exécutifs pour administrer la région et préserver l'autonomie des départements et des communes; un Commissaire de la République à la région représente le Gouvernement, s'assure que la loi est respectée et *rend compte* directement au Premier ministre, mais n'a aucun pouvoir sur l'administration de la région. C'est donc là un grand pas° vers la   *step* décentralisation des pouvoirs gouvernementaux. (Il faut noter que, malgré tout, les lois sont promulguées à l'échelon national seulement.)

LA BALANCE DES POUVOIRS: Au total, il y a donc cinq sortes d'élections au suffrage universel direct: les élections présidentielles, législatives (les députés), régionales (les assemblées régionales), cantonales (les conseillers généraux) et municipales (les conseillers municipaux). Par contre, le Premier ministre est nommé par le Président, et le Conseil des ministres par le Premier ministre.

Les Commissaires de la République aux niveaux régional et départemental sont nommés par le Premier ministre. Finalement, les sénateurs et les maires sont élus par des collèges électoraux, c'est-à-dire au suffrage indirect. En somme, les nominations et les élections au suffrage indirect *s'équilibrent avec* les élections au suffrage direct. Les tendances contradictoires de l'esprit français sont ainsi conciliées: d'un côté, son esprit de système, à tendance centralisatrice, et de l'autre, son individualisme libéral, à tendance décentralisatrice.

LES PARTIS POLITIQUES

Si on lit les journaux et les magazines français au moment des élections, on peut juger de la diversité des partis politiques en France. Ils représentent toute une gamme° d'opinions, de l'extrême gauche à l'extrême   *gamut* droite en passant par le centre où la majorité des Français se retrouvent le plus souvent, surtout au moment des élections (à l'exception des quelques élections où des Socialistes, comme Léon Blum en 1936 et François Mitterrand en 1981, ont été élus). En voici une liste partielle.[3]

L'Extrême droite

PFN (Parti des forces nouvelles): pour l'élitisme, puisque, d'après eux, «les hommes n'ont été créés ni libres, ni *égaux*».

NAR (Nouvelle action royaliste): pour la restauration° de la monarchie   *restoration*

L'Administration de la France

à l'échelon
national

à l'échelon
regional

à l'échelon
départemental

à l'échelon
municipal

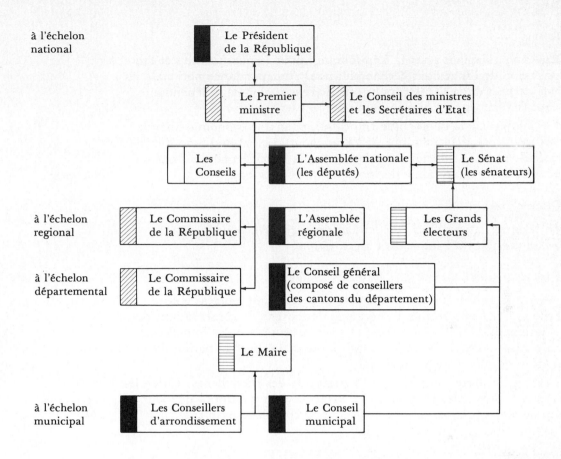

■ = élu au suffrage universel direct
▤ = élu au suffrage indirect
▨ = nommé par le Président ou par le Premier ministre
□ = méthode de nomination varie selon le Conseil

en France, avec un régime qui suivrait l'exemple de celui du roi Juan Carlos d'Espagne. Le prétendant° au trône de France est le Comte de Paris.

pretender

La Droite

RPR (Rassemblement pour la République): pour la *planification* et l'intervention de l'Etat dans l'économie; pour l'indépendance nationale vis-à-vis de l'Est et de l'Ouest; pour une défense nationale indépendante; et totalement opposé au communisme.

UDF (Union pour la démocratie française): pour une économie libérale sans trop d'interventionnisme de l'Etat; pour la création d'une Europe confédérée, mais non supra-nationale, où la France maintiendrait son indépendance quant aux° décisions d'intérêt national.

concerning

Le Centre

CNIP (Centre national des indépendants et paysans): pour la défense des libertés face à l'*étatisme* et au *dirigisme*.

La Gauche

PS (Parti socialiste): pour la réduction du programme nucléaire et la recherche d'autres formes d'énergie et de moyens de conservation; pour la nationalisation des industries; et pour la réduction des importations et de toute influence extérieure qui puisse empêcher° la nation de prendre des décisions économiques.

prevent

PSU (Parti socialiste unifié): pour l'*autogestion* des travailleurs afin de les aider à se débarrasser° des restrictions sociales et politiques que leur impose leur situation au sein de° l'énorme complexe industriel.

to get rid of
within

L'Extrême gauche

PCF (Parti communiste français): pour un changement radical en France qu'il appelle «le socialisme aux couleurs de la France»; opposé à la création d'une Europe unifiée sur le plan politique; et opposé à la force nucléaire de dissuasion. Il garde allégeance à Moscou.

LCR (Ligue communiste révolutionnaire): pour la dictature du prolétariat. Elle se réclame du° programme de Trotski.

subscribes to

Divers

Le mouvement écologiste: impossible à placer à droite ou à gauche. Il groupe les membres des Amis de la terre, le Mouvement écologique Rhône-Alpes et S.O.S. environnement. Leur but est d'*améliorer* la qualité de l'existence humaine. Ils s'opposent au programme d'énergie nucléaire et recommandent l'exploration de l'énergie solaire. Contrairement à leurs homologues° de l'Allemagne de l'Ouest, ces groupes ne se mêlent pas d°'affaires internationales.

counterparts
concern themselves with

Les intellectuels: pas un parti politique en tant que groupe, mais ils ont représenté une force dans la politique française. Depuis Voltaire et Rousseau, les intellectuels français se sont intéressés publiquement à la politique. Emile Zola a continué la tradition au début du siècle, en publiant le fameux «J'accuse!» au moment de l'affaire Dreyfus.[4] Plus tard, certains auteurs «engagés» ont fait partie° de la Résistance pendant la Deuxième guerre mondiale, et d'autres ont lutté° contre le colonialisme. Tels étaient Albert Camus, romancier° et dramaturge, actif dans la Résistance, mais déchiré° par la situation en Algérie où il était né; François Mauriac, romancier qui s'est élevé contre° la guerre d'Algérie; et Jean-Paul Sartre, philosophe, romancier et dramaturge, et sa compagne dans la vie et la pensée littéraire, Simone de Beauvoir, qui se sont tous deux engagés à fond dans l'idéologie marxiste. Plus récemment, les «nouveaux philosophes», Maoïstes désillusionnés, ont essayé d'influencer la destinée des *déshérités* de ce monde.

belonged
fought
novelist
torn

spoke out against

Bien des Présidents français ont aussi été des intellectuels et même des hommes de lettres: entre autres, Charles de Gaulle, Georges Pompidou et François Mitterrand.

NOTES:

1. Si l'on trace des lignes droites le long des frontières de la France, on s'aperçoit que ces lignes forment un hexagone, ceci à la grande satisfaction des Français, dont l'esprit mathématique et logique est ainsi récompensé°, et qui maintenant appellent souvent leur pays «l'Hexagone».

rewarded

2. Les D.O.M.: la Guadeloupe, la Guyane, la Martinique, la Réunion et Saint-Pierre-et-Miquelon. Les T.O.M.: la Nouvelle-Calédonie, les Nouvelles-Hébrides, Wallis et Futuma et la Polynésie française; une unité territoriale, Mayotte, dans l'Océan Indien; et les Terres australes et antarctiques françaises.

3. Tous les partis (sauf le CNIP) énumérés sur la liste ont présenté un candidat aux élections présidentielles de 1981. La description des partis correspond à leurs plate-formes politiques à ce moment-là.

4. Dreyfus, un officier juif dans l'armée française, avait été accusé de trahison en 1894 et condamné à la déportation perpétuelle en Guyanne. On a découvert plus tard que la documentation sur laquelle reposait l'accusation avait été forgée. Il a été éventuellement réintégré dans l'armée et fait chevalier° de la Légion d'honneur. Zola, parmi d'autres, avait reconnu l'innocence de Dreyfus et avait mené la lutte contre les anti-sémites qui accusaient Dreyfus.

knight

Vocabulaire et exercices (deuxième partie)

améliorer / *to improve*
l'aménagement (*m.*) / *development, management*
l'arrondissement (*m.*) / *city district*
l'autogestion (*f.*) / *self-management*
le but / *goal*
le déshérité / *underprivileged person*
le dirigisme / *(state) intervention*

l'échelon (*m.*) / *level*
égal (-aux) / *equal*
s'équilibrer avec / *to balance*
l'étatisme (*m.*) / *state control*
le maire / *mayor*
la planification / *planning*
rendre compte / *to report*
le roi / *king*

A. EXERCICE DE VOCABULAIRE: Donnez le mot qui correspond à chacune des définitions suivantes.

1. différence entre les degrés d'une hiérarchie
2. subdivision administrative d'un département
3. faire un rapport à quelqu'un
4. système par lequel le gouvernement exerce le pouvoir de décision en matières économiques
5. rendre meilleur
6. administration d'une entreprise par les travailleurs
7. premier officier d'une commune
8. qui a les mêmes droits
9. action d'organiser selon un plan
10. personne désavantagée par les circonstances

B. QUESTIONS DE COMPRÉHENSION

1. Comment se fait-il que Paris soit responsable de la centralisation gouvernementale, industrielle et culturelle de la France?
2. Comment la France est-elle divisée administrativement?
3. Expliquez pourquoi la Métropole est devenue l'Hexagone.
4. Qu'est-ce que c'est que les T.O.M. et les D.O.M.?
5. Que fait le Commissaire de la République à l'échelon départemental?
6. Qui a les pouvoirs financier et exécutif dans chaque région?
7. Quelles sont les cinq sortes d'élections au suffrage universel direct?
8. Comment votent les Français en général? Comment ont-ils voté aux élections présidentielles de 1981?
9. Quelle est la politique du parti NAR?
10. En quoi diffèrent le parti PFN et le parti LCR?
11. En quoi les partis du centre sont-ils conservateurs?

C. À VOTRE AVIS

1. Pensez-vous que la balance entre les élections directes et les nominations et les élections indirectes soit souhaitable? Expliquez.
2. Est-il plus avantageux d'élire un Président pour sept ans ou pour quatre ans? Expliquez.
3. Est-ce que la décentralisation est un progrès pour la France? Pourquoi?
4. Pour quel parti voteriez-vous, si vous étiez français? Expliquez.

5. En quoi les récentes décisions prises par le Gouvernement français suivent-elles la plate-forme du parti de la majorité? En quoi s'en séparent-elles? Consultez des journaux et des magazines français ou américains.

6. Décrivez la plate-forme des partis politiques américains ou canadiens. A quel(s) parti(s) français ressemblent-ils?

TRAVAUX PRATIQUES 1: La Démographie

Les *recensements* en France sont préparés par l'Institut national de la statistique et des études économiques (I.n.s.e.e.). Ils servent à analyser le développement démographique de la France à l'échelon régional et urbain, ce qui aide à organiser les ⟨⟨Plans⟩⟩. Ceux-ci sont formulés périodiquement par le Gouvernement pour lui permettre de *prévoir* les changements à faire dans l'aménagement du territoire et le développement économique de chaque région.

Le premier Plan a été créé en 1946 par l'illustre économiste Jean Monnet, l'un des plus grands Hauts fonctionnaires français, et qui a contribué à la continuité de l'administration de la France. Le quatrième Plan (de 1962 à 1965) avait pour but, parmi d'autres, l'aménagement du territoire et l'action régionale au profit des° catégories sociales déshéritées et des régions retardées°. Mais l'industrialisation encouragée par le plan, plus l'exode rural déjà en cours avant 1962, ont créé une surpopulation des villes, surtout de celles de 20.000 à 100.000 habitants.

On a même été forcé de créer neuf villes nouvelles,[1] dans la région parisienne et en province. De plus, Paris et l'Ile-de-France ont dû être divisés en huit départements (au lieu de trois en 1964), Paris étant maintenant un département à lui seul. La capitale n'a donc pas échappé° à l'accroissement de la population urbaine, malgré les efforts réels et les succès relatifs du Plan. Approximativement 19% de la population française vit dans la région parisienne, qui ne représente que 2,2% de la superficie° totale de la France.

for the benefit of
behind the times

escaped

surface area

Et pourtant, le taux d'accroissement de la population en France est relativement faible. En 1975, les résultats du recensement étaient de 52.599.430 personnes dans l'Hexagone seul, dont 47.765.005 de Français de naissance°, 1.392.010 de Français par acquisition° et 3.442.415 d'étrangers°. Les résultats finals du recensement de 1982 seront publiés en 1984, mais d'ores et déjà°, les premiers résultats, qui datent de mars 1982, donnent en gros° *le chiffre* de 54.200.000 pour l'Hexagone.

native | naturalized
foreigners
already
roughly

D'après les statistiques, le taux d'accroissement de la population en France était seulement de 4,5% en 1981. Il a été plus faible dans le passé, et a même été à 0% pendant certaines périodes (comme les années 30). Du reste°, les Français ont été le premier peuple à contrôler leur fécondité°, et cela dès le XVIIIe siècle, donc avant la révolution industrielle. L'une des raisons de ce contrôle est sans doute que la mortalité infantile était très élevée à cette époque. Dans certains documents de l'époque, l'idée revient souvent qu'il vaut mieux avoir moins d'enfants et les faire vivre, qu'avoir plus d'enfants et les voir mourir. Le résultat aujourd'hui est que le nombre de naissances annuelles est inférieur de 30% à celui d'avant 1750.

besides
to practice birth
 control

Le tableau suivant montre la pyramide des âges de la population française (née entre 1881 et 1981) avec ses *effectifs* élevés et ses effectifs *creux*.[2]

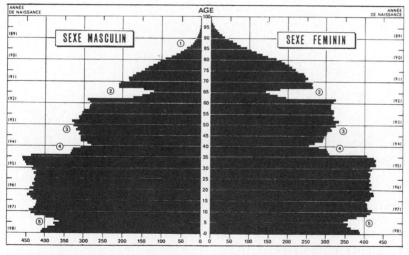

(en milliers de personnes)

Il faut comprendre que les facteurs suivants influencent la démographie en France: 1) La natalité tend à décroître en temps de guerre (*pertes* militaires et déficits des naissances puisque les soldats sont absents du foyer°) et en temps de prospérité; 2) Elle tend à s'accroître en temps de dépression (moins d'argent pour sortir), à la fin d'une guerre (les soldats rentrent au foyer), et quand le Gouvernement décide de payer des *allocations familiales*. Cela peut se produire lorsqu'on craint° une baisse de la population et, de ce fait, un manque de *main-d'œuvre* et d'effectifs

home

fear

pour la défense nationale (comme en 1941, la raison primordiale de cette décision étant que la France avait perdu la guerre parce qu'on n'avait pas fait assez d'enfants ni de canons).

La population française vit sur environ° 200.000 km² habitables; sa densité moyenne° est donc de 98,05 habitants par km². Si l'on compare la densité moyenne de la France avec celle d'autres pays industrialisés, on s'aperçoit qu'elle se trouve parmi les pays les moins denses en population: par exemple, la densité moyenne en 1979 de l'Allemagne Fédérale était de 247 habitants, celle de la Grande-Bretagne était de 229, celle du Japon était de 311. Par contre, celle des Etats-Unis était de 24.

about

average

L'I.n.s.e.e. projette pour l'an 2000 une population de 58.240.000, à condition que «l'évolution progressive des taux de fécondité . . . continue . . .». Dans ce cas, le remplacement des générations serait assuré. Si le taux de fécondité baissait, la France verrait un vieillissement° de sa population.

growing old (shift in population to the elderly)

NOTES:

1. Ce sont de nouveaux centres urbains, complets avec équipements collectifs (scolaires, sociaux et culturels), centres commerciaux et logements. Ils ont été créés pour permettre la décongestion des grandes villes comme Paris.

2. *Source:* I.n.s.e.e.

Vocabulaire et exercices

l'allocation (*f.*) familiale / *family subsidy*
le chiffre / *figure, number*
creux (-se) / *slack*
l'effectif (*m.*) / *total number, size*

la main-d'œuvre / *manpower*
la perte / *loss*
prévoir / *to foresee*
le recensement / *census*

A. QUESTIONS DE COMPRÉHENSION

1. Quels ont été les résultats de la surpopulation des villes pendant les quatre décades qui ont suivi la Deuxième guerre mondiale?
2. Expliquez le taux d'accroissement de la population en France.
3. Est-ce que la France est surpeuplée maintenant? Est-ce qu'elle sera surpeuplée en l'an 2000? Expliquez.
4. Y a-t-il plus de naissances en France aujourd'hui qu'au XVIIIe siècle? Expliquez.
5. Lequel a le taux de densité de population le plus élevé, parmi les pays industrialisés? Lequel a le taux le moins élevé?
6. Comment les recensements aident-ils à organiser les Plans de développement économique?

B. INTERPRÉTATION DU TABLEAU

1. Les femmes vivent-elles plus longtemps que les hommes?
2. Expliquez pourquoi les effectifs creux pendant les deux grandes guerres ont affecté le sexe féminin aussi bien que le sexe masculin.
3. Y a-t-il plus d'hommes que de femmes en France aujourd'hui?
4. Comment s'explique la baisse de la natalité dans les années 1970?
5. Faites des recherches et comparez les taux de natalité et de mortalité en France et aux Etats-Unis ou au Canada.

C. À VOTRE AVIS

1. Discutez le pour et le contre du contrôle de la fécondité dans le monde.
2. Discutez les résultats de la surpopulation dans les grandes villes.

TRAVAUX PRATIQUES 2: Les Grands Partis politiques

Parmi les nombreux partis politiques en France, on se doit d'étudier les quatre grands partis, plus importants que les autres, tant par le nombre de leurs *adhérents* que par leur influence sur la vie politique du pays. Quoique les Français n'adhèrent pas tous à un parti, du moins suivent-ils l'évolution de la pensée du parti dont l'idéologie et la plate-forme sont les plus conformes à leurs idées. Ils seront donc plus enclins° à voter pour les candidats de ce parti aux diverses élections. Et ils votent en masse: 88% des électeurs se sont présentés aux urnes° pour les élections nationales de 1981.

    Le Rassemblement pour la République (RPR) a été créé en 1976 pour *rassembler* le peuple français divisé. En cela, il s'inspirait de l'Union des démocrates pour la République (UDR), l'ancien parti Gaulliste. Au moment où (après sa *démission* comme Premier ministre pendant la présidence de Giscard d'Estaing) Jacques Chirac a réorganisé l'UDR, il lui a aussi donné son nouveau nom. Elu maire de Paris, Chirac est à ce poste depuis 1977. Sa popularité actuelle° fait probablement de lui un majeur candidat aux élections présidentielles de 1988. Traditionnellement, la politique du parti est totalement opposée au Programme commun de la Gauche, qu'il juge dangereux pour les libertés. Le RPR est pour une France indépendante des grandes *puissances* de l'Est et de l'Ouest; il souhaite une défense nationale indépendante, y compris° la force nucléaire de dissuasion°, mais au sein de° l'OTAN (Organisation du traité de l'Atlantique Nord)°.

    D'après ses propres chiffres, le parti compte 760.000 adhérents. Sa composition représente une bonne répartition dans les *couches sociales* en France. Malgré le fait qu'il se trouve dans l'opposition depuis 1981, le

apt

ballot boxes

current

including
deterrent | within
= NATO

parti était représenté au gouvernement, en 1983, par 12 ministres plus 7 ministres délégués et 28 secrétaires d'Etat. Il comptait 84 députés et 43 sénateurs au Parlement.

L'Union pour la démocratie française (UDF), créé en 1978, a fédéré plusieurs partis. Par leur action, les partis-membres ont reconnu qu'il existait, au sein de la majorité, un *courant* de pensée distinct de celui du RPR. L'UDF, dont *fait partie* l'ancien° Président Valéry Giscard d'Estaing, insiste que sa création ne représente pas un mouvement anti-Gaulliste. Il offre plutôt une alternative aux citoyens qui aimeraient *effectuer* des changements en France, mais qui sont opposés au programme de la gauche. Parmi les partis-membres se trouve le Parti radical, fondé en 1901, donc le parti le plus ancien de France.

Tout en appréciant l'importance de l'OTAN, le parti voudrait que la France maintienne son indépendance dans ses décisions. L'UDF *est partisan de* la force nucléaire de dissuasion et aurait voulu accroître de 4% le Produit National Brut° en 1981.

D'après les statistiques, le parti aurait 300.000 adhérents. Ils sont recrutés surtout parmi les professionnels d'éducation supérieure et parmi les jeunes. Bien qu'étant dans l'opposition depuis 1981, le parti comptait 63 députés et 123 sénateurs au Parlement en 1983.

Le Parti socialiste (PS) trace ses origines aux quatre grandes formations socialistes et aux socialistes indépendants qui existaient en 1893. Ceux-ci *se sont unis* pour former la SFIO (Section française de l'internationale ouvrière) en 1905. Ce n'est qu'en 1933 que la SFIO a disparu pour *faire place* au Parti socialiste, qui est devenu depuis l'un des partis les plus puissants de France. En 1936, Léon Blum a été élu le premier Président socialiste.

Lorsqu'en 1974, François Mitterrand était candidat à la présidence (il l'avait déjà été en 1965), il s'est présenté sur la plate-forme du Programme commun qui rassemblait les partis de la gauche, y compris les communistes. En 1981, pourtant, Mitterrand a déclaré le programme nul et non avenu°. Après son élection, comme il devait tout de même reconnaître l'*appui* qu'il avait reçu du Parti communiste pendant la campagne électorale, il a dû nommer quatre ministres communistes à son cabinet.

La plate-forme politique du parti en 1981 était de réduire le programme nucléaire et de rechercher d'autres formes d'énergie et de moyens de conservation. Elle demandait la nationalisation de certaines grandes industries et de certaines banques, et était en faveur d'une réduction des importations. Elle voulait aussi empêcher les influences extérieures de peser sur° les décisions économiques de la nation. La France, dit le parti, doit respecter ses *accords* avec l'Union Soviétique. Il reproche pourtant aux communistes de se laisser influencer par Moscou.

Le Premier ministre de Mitterrand, Pierre Mauroy (qui est aussi maire de Lille dans le Nord), et Michel Rocard, Ministre du Plan et à l'aménagement du territoire, représentent tous deux un mouvement modéré (plus centriste) du Parti socialiste. Rocard jouit d'une grande popularité

former

Gross National Product

null and void

from weighing upon

auprès du public et pourrait peut-être, au dire° de certains journalistes, present sa candidature aux prochaines élections. *in the words*

Le parti compte 230.000 adhérents et est représenté au Parlement par 266 députés et 70 sénateurs.

Le Parti communiste français (PCF) demeure° profondément léniniste. *remains* Il a été constitué lors d'un congrès socialiste en 1920. Il a soutenu le Gouvernement socialiste en 1936, puis est devenu clandestin pendant la Deuxième guerre mondiale et a participé activement à la Résistance, tout en suivant les ordres de Moscou. Les quelques ministres communistes nommés par Mitterrand en 1981 étaient les premiers membres du parti à servir au Gouvernement depuis 1947.

D'après un extrait des Statuts, «Le Parti communiste français est le parti de la classe ouvrière de France. Il rassemble les *ouvriers*, les *paysans*, les intellectuels, tous ceux qui entendent agir pour le triomphe de la cause du socialisme, du communisme.» Il œuvre° «pour la trans- *works* formation de la société capitaliste en une société fraternelle sans exploiteurs ni exploités». Cette transformation «exige° la conquête du pouvoir *demands* politique par la classe ouvrière en alliance étroite avec la paysannerie laborieuse et l'ensemble des masses populaires».

Le chef actuel du parti, Georges Marchais, réclame aussi certaines réformes, comme la *retraite* à un plus jeune âge qu'à présent et un *impôt* de 100% sur les revenus de plus de 40.000 F par mois. Il voudrait également la termination de l'immigration clandestine aussi bien que de l'immigration légale, la nationalisation de toutes les grandes industries, l'indépendance des T.O.M.s et des D.O.M.s et, finalement, la fermeture de l'Ecole nationale d'administration qui prépare les Hauts fonctionnaires et qui compte, parmi ses anciens élèves, Giscard d'Estaing et plusieurs des membres de son cabinet.

Le parti reconnaît 28.000 cellules, ou groupements communistes, dans les entreprises et dans les localités urbaines et rurales, mais ne donne pas le nombre total de ses adhérents. Il compte à présent 44 députés et 21 sénateurs au Parlement.

Vocabulaire et exercices

l'accord (*m.*) / *agreement*
l'adhérent (-e) / *member*
l'appui (*m.*) / *support*
la couche sociale / *social stratum*
le courant / *current*
la démission / *resignation*
effectuer / *to cause*
être partisan (-e) de / *to support*
faire partie (de) / *to belong (to)*

faire place (à) / *to give way (to)*
l'impôt (*m.*) / *tax*
l'ouvrier (-ère) / *worker*
le/la paysan (-ne) / *peasant*
la puissance / *power*
rassembler / *to rally*
la retraite / *retirement*
s'unir / *to unite*

A. QUESTIONS DE COMPRÉHENSION

1. Quels partis souhaitent une défense nationale indépendante?
2. Quel parti a le plus de députés et de sénateurs au Parlement?
3. Quels sont les partis de l'opposition et ceux de la majorité?
4. Pourquoi l'UDF s'est-elle séparée du parti Gaulliste?
5. Qui pourrait bien se présenter aux élections présidentielles de 1988? A quels partis adhèrent-ils?
6. Bien que le Président Mitterrand ait rejeté le Programme commun de la gauche, qu'a-t-il dû faire quand il est arrivé au pouvoir?
7. Quelles différences y a-t-il entre les adhérents de chacun de ces quatre partis?
8. Y a-t-il des différences au sein du Parti socialiste? Décrivez-les.

B. À VOTRE AVIS

1. Comment le Programme de la gauche pourrait-il être dangereux pour les libertés?
2. En France, il arrive qu'un politicien cumule (*holds concurrently*) deux postes, comme Pierre Mauroy, qui est Premier ministre et maire de Lille. Pensez-vous que cette situation présente des inconvénients? Expliquez le pour et le contre.
3. Discutez les réformes que Georges Marchais voudrait apporter à l'administration de la France. Faites une comparaison entre l'extrait des Statuts du PCF et ces réformes.
4. Est-ce qu'il vaut mieux qu'un pays ait plusieurs partis politiques ou seulement deux partis? Discutez des avantages et des inconvénients des deux côtés.

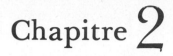

L'agriculture et l'industrie françaises

INTRODUCTION

L'activité économique d'une nation se repartit° en trois secteurs: le secteur primaire qui comprend° l'agriculture (la *culture* et l'*élevage*), la *pêche* et la *sylviculture*; le secteur secondaire qui inclut les industries extractives et manufacturières; et le secteur tertiaire qui comprend toutes les activités non-directement productrices de *biens de consommation*. Les deux premiers secteurs de l'économie française feront l'objet de ce chapitre.

Alors que traditionnellement le secteur primaire, l'agriculture, a dominé l'activité économique de la France, le secteur secondaire l'a supplanté au cours des XIXe et XXe siècles. La Révolution industrielle s'est fait sentir plus tard en France qu'en Angleterre ou en Allemagne, et le développement industriel français a donc été plus lent à se faire°. Cette lente progression de l'industrialisation a désavantagé pendant longtemps l'économie française vis-à-vis° d'autres pays. Mais la France a beaucoup fait pour rattraper° ce retard, et elle se place aujourd'hui au quatrième rang parmi les puissances° économiques mondiales. La preuve en est, par exemple, qu'en 1981, la Production Intérieure Brute (PIB)° de la France était de 12.140 dollars par habitant, chiffre qui se trouvait un peu au-dessus de° celle des Etats-Unis!

is divided
includes

to occur

in relation to
catch up
powers
Gross Internal Product

above

PREMIÈRE PARTIE: L'Agriculture

LE PASSÉ

La France a toujours été un pays essentiellement *agricole*. Les conditions naturelles très favorables — son climat tempéré et suffisamment pluvieux°, une surface étendue de terres fertiles[1] — ont favorisé le domaine agricole. En effet, la France est le seul pays au monde, avec les Etats-Unis, à ne pas avoir à dépendre d'autres pays pour satisfaire à ses besoins essentiels en *alimentation*.

      La *polyculture* a longtemps caractérisé l'agriculture française. Le *blé* a toujours été la culture dominante, mais au fil des° siècles, les cultures se sont de plus en plus diversifiées. Le *maïs* et la pomme de terre ont été introduits au XVIIIe siècle, et la *betterave sucrière* au XIXe. Grâce à cette diversification, on a de moins en moins pratiqué la jachère°, et on a eu recours à des rotations de cultures — betteraves et blé, par exemple, pour maintenir la fertilité du sol.

      Au XIXe siècle, les petites *exploitations* étaient les plus nombreuses. Cependant, les *agriculteurs* possédaient très souvent de petites parcelles dispersées un peu partout et loin les unes des autres. Ce morcellement° des terres était dû à l'esprit égalitaire du Code civil de Napoléon, qu'on appelait souvent «la machine à hacher° la terre». (Le Code hachait la terre en imposant le partage égal° des terres, si petites soient-elles, entre tous les héritiers dans une famille.[2]) Ce morcellement a du reste longtemps retardé la mécanisation, car il rendait difficile l'emploi d'un *équipement lourd*.

      Cependant, au cours du siècle dernier, la lente transformation de l'outillage° agricole vers la mécanisation a facilité le passage de la culture pour l'auto-consommation à la culture commercialisée. Le développement des voies° de communication et des moyens° de transport a contribué à ce mouvement. C'est également à cette époque que l'élevage a commencé à prendre un caractère commercial.

LE PRÉSENT

L'ÉTAT ET L'AGRICULTURE: L'Etat a longtemps reconnu l'importance du secteur agricole dans l'économie nationale. L'intervention étatique° dans l'agriculture est de nos jours considérable, et elle prend plusieurs formes.

      D'abord, l'Etat intervient sur le marché pour maintenir les prix à la production, en achetant, en stockant et en facilitant la commercialisation de certains produits agricoles. Ensuite, le gouvernement poursuit depuis 40 ans une politique de remembrement° pour réduire l'extrême morcellement des terres. Le remembrement consiste à réunir en blocs des parcelles équivalentes à celles qui étaient dispersées et à les allouer° à un seul propriétaire. Celui qui a été ainsi déplacé reçoit l'équivalent de ses

rainy

during the course of

let land lie fallow

parceling

grind
equal sharing

equipment

ways | means

by the state

regrouping

allocate

terres à un autre endroit. Lorsqu'un exploitant a toutes ses parcelles réunies dans le même endroit, il peut naturellement les exploiter plus efficacement°.

Le gouvernement a pris d'autres mesures dans le but de réaliser une concentration des exploitations et d'en augmenter la superficie. Il poursuit cette politique pour faciliter la spécialisation des cultures, ce qui devrait améliorer la compétitivité de la France dans le commerce extérieur°. Par exemple, les SAFER (Sociétés d'aménagement foncier° et d'établissement rural), créées en 1960, ont pour mission l'achat prioritaire de toutes les terres qui sont mises en vente afin d'empêcher les gros exploitants de les acquérir. Après les avoir agrandies et améliorées, les SAFER revendent les terres à des petits exploitants.

Le gouvernement essaie également de réduire le nombre d'agriculteurs actifs, tout en gardant les jeunes. Cette mesure offre aux exploitants de 60 ans la possibilité de prendre une pré-retraite° avec indemnité°. On remplace ainsi les plus âgés par des jeunes, dont l'esprit est plus ouvert vers les techniques modernes.

Enfin, pour augmenter la compétence des agriculteurs, l'Etat a encouragé et subventionné l'établissement de Centres d'études techniques agricoles et d'autres organismes similaires.

LES TENDANCES ACTUELLES: La France est encore un pays de petites exploitations. Bien qu'elles soient destinées à disparaître, les petites exploitations représentaient en 1979 62% et les moyennes° exploitations 27% de la totalité des exploitations.[3] Cependant, alors que la totalité des petites et moyennes exploitations représentaient 89% du chiffre total, elles ne constituaient que 55% de la surface agricole utilisée (SAU).

On trouve les petits et moyens exploitants surtout dans l'Est (Alsace), dans l'Ouest (Bretagne) et dans le Sud-ouest (Dordogne, Haute-Garonne); les autres sont éparpillés° un peu partout en France. Ils pratiquent traditionnellement la polyculture, l'élevage, ou les deux. Leur mode d'exploitation est «le faire-valoir direct», c'est-à-dire que le propriétaire des terres en est aussi l'exploitant.[4]

Les petits et moyens exploitants représentent une tendance de l'agriculture française moderne, celle du groupement en coopératives. Comme ils se rendent compte que leur survie° dépend d'efforts collectifs, ils choisissent entre plusieurs modes de coopération. Les Coopératives d'utilisation du matériel agricole (CUMA), par exemple, ont été créées pour permettre aux exploitants d'acquérir en commun du matériel agricole coûteux. Les activités coopératives des CUMA sont très variées et peuvent comprendre le *semis*, la *récolte*, l'irrigation et le drainage.

Une autre forme de coopération est celle du Groupement agricole d'exploitation en commun (GAEC). Là, les exploitants mettent en commun une partie ou la totalité de leurs moyens de production et de leur travail pour améliorer la *rentabilité* de leurs exploitations. Le GAEC assure son indépendance à chaque membre, qui doit participer à des travaux en commun.

efficiently

foreign trade | land investment

early retirement | compensation

mid-size

scattered

survival

En outre, les agriculteurs peuvent appartenir à une ou à plusieurs coopératives agricoles d'achat et de vente. Grâce à ces coopératives, ils bénéficient d'avantages sur les prix et sur la commercialisation en général de leurs produits.

En contraste avec les petits et moyens exploitants, les gros exploitants ne totalisaient que 11% des agriculteurs en 1979, mais leurs terres représentaient 45% de la surface agricole utilisée. On trouve les grandes exploitations de blé et de betteraves surtout dans les plaines du bassin parisien, de la Beauce et de la Picardie, et les grands *vignobles* en Champagne, en Bourgogne, en Provence, et dans la région de Bordeaux. Les gros pratiquent le faire-valoir direct, ou très souvent ils afferment° leurs terres à un fermier° qui dispose d'une assez grande liberté dans la *gestion* et l'exploitation de la ferme.   *rent out*
tenant farmer

Les grands propriétaires-exploitants et les fermiers représentent une autre tendance de l'agriculture française moderne, celle de la grande entreprise agricole. Ils modèlent la gestion de leur exploitation sur celle des industriels. Ils visent à° une rentabilité maximum et sont mécanisés le plus possible, ce qui leur permet d'utiliser un minimum de main-d'œuvre°.   *aim for*
manpower

LES CULTURES

En 1981, la production végétale représentait presque la moitié de la valeur de la production agricole totale. La liste qui suit énumère les principaux produits végétaux.

Céréales

Blé: Parmi les *céréales*, le blé reste la culture principale et la France en est un des grands exportateurs mondiaux.

Orge: L'*orge* est importante dans la production de la bière et pour l'alimentation du *bétail*.

Maïs: Le maïs est surtout destiné à l'alimentation des animaux.

Avoine: La culture de l'*avoine* a beaucoup diminué avec la réduction du nombre des chevaux.

Riz: La culture du *riz* est insuffisante, ce qui nécessite l'importation pour la consommation intérieure.

Fruits et légumes

Les productions fruitière et légumière représentaient presque le quart de la valeur de la production végétale en 1981. Certains fruits, comme les pêches et les poires, sont exportés à l'étranger et sont appréciés pour leur haute qualité.

Vins et liqueurs

La France est un des grands producteurs et exportateurs de vins de haute renommée, tels que les vins de Bordeaux et de Bourgogne, le champagne, ainsi que les vins de grande qualité d'Alsace, du Val de Loire et

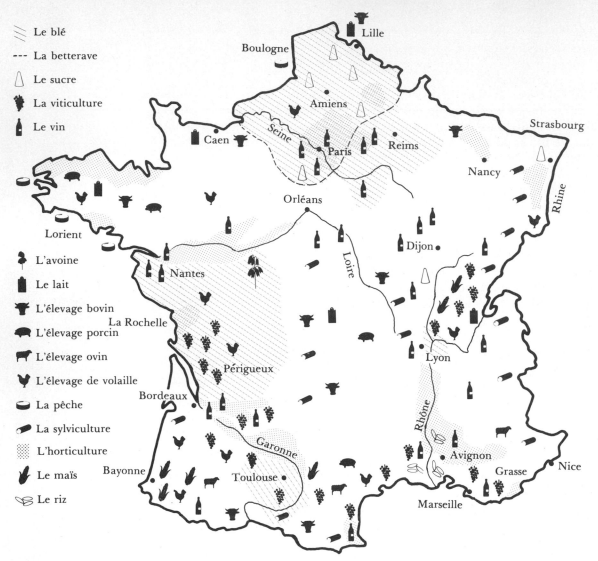

Le blé

--- La betterave

Le sucre

La viticulture

Le vin

Boulogne · Lille

Amiens

Caen · Seine · Paris · Reims

Strasbourg

Nancy

Orléans

Lorient

L'avoine

Le lait

L'élevage bovin

L'élevage porcin

L'élevage ovin

L'élevage de volaille

La pêche

La sylviculture

L'horticulture

Le maïs

Le riz

Nantes

La Rochelle

Périgueux

Bordeaux

Garonne

Bayonne

Toulouse

Loire

Dijon

Lyon

Rhône

Avignon

Grasse · Nice

Marseille

Rhine

du Rhône, et les eaux-de-vie du Sud-ouest. Presque la moitié des *viti-
culteurs* ne produisent du vin que pour leur propre consommation.

L'ÉLEVAGE

Alors qu'au XIXe siècle, l'élevage était peu pratiqué, la production animale en 1981 représentait plus de la moitié de la production agricole
totale. Une liste de la production animale suit.

Bovins

Les bovins° représentaient presque 50% de la production animale en   *cattle*
1981. La France est un des plus grands producteurs mondiaux de viande
bovine et de produits laitiers° (lait et fromage). Parmi les cinq meilleures   *dairy products*
races bovines, l'une, la charolaise, une race à viande, a été l'objet d'exportations sur pied° dans des pays étrangers, dont les Etats-Unis (au Texas). *live*

Ovins

Le troupeau ovin° est destiné moins à la consommation de viande ou à l'utilisation de la laine° qu'à la fabrication de fromages (comme le célèbre Roquefort). Les moutons restent le cheptel° de la petite exploitation paysanne.

sheep
wool
livestock

Porcins

L'élevage des porcins° est en progression°. L'industrialisation de l'élevage des porcs se pratique de plus en plus, mais beaucoup d'exploitants n'élèvent des porcs que pour leur propre consommation.

pigs | *increasing*

Volaille

Les poulets sont un des produits traditionnels des petits exploitants. Il y en a d'ailleurs dans certaines régions, comme la Bresse, qui ont une réputation de haute qualité. L'élevage industriel est en progression, tant pour les œufs et les poulets que pour d'autres volailles: le canard, la dinde° et la pintade°, par exemple.

turkey | *guinea fowl*

LA PÊCHE

Malgré les 3000 kilomètres de côtes dont l'Hexagone est entouré, la pêche reste une activité économique encore au stade artisanal° en France. La prise° annuelle est bien inférieure à celles d'autres pays européens, et en 1980 les importations de poissons représentaient 42% de la consommation intérieure. Pourtant, la pêche et les industries annexes sont très importantes dans l'économie de la Bretagne où l'on trouve la moitié de tous les pêcheurs français.

small-business level
catch

LA SYLVICULTURE

Bien que la forêt française couvre un quart du territoire national, les activités commerciales et industrielles résultant de l'utilisation du bois (meubles, bois d'œuvre°, etc.) ne représentent que 4% du Produit National Brut°. Une exploitation commerciale maximum est limitée par plusieurs facteurs: l'insuffisance des conifères° et la qualité souvent médiocre des feuillus°; la proportion élevée de forêts privées (73%), très morcelées et difficilement exploitables; et des plans inadéquats de *reboisement* pour satisfaire aux besoins de l'industrie.

lumber
Gross National Product |*conifers*
deciduous

Il y a eu récemment un renouveau d'intérêt dans le bois comme source d'énergie. Comme la France est déjà obligée d'importer du bois, le gouvernement est intervenu pour encourager une meilleure gestion des bois et des forêts privées et une modernisation des méthodes de sylviculture.

PROGRÈS ET PERSPECTIVES

Les résultats des tentatives° de modernisation de l'agriculture française sont assez heureux. D'une part, la rentabilité des exploitations a été améliorée par la mécanisation et la motorisation que l'agrandissement des exploitations a rendues possibles. D'autre part, les *rendements* ont augmenté, grâce à l'emploi d'*engrais* chimiques, aux rotations des cultures et

attempts

à l'irrigation. Le nombre d'exploitations a diminué, alors que la superficie moyenne des exploitations a augmenté. Pour ralentir° l'exode rural   *slow down*
des jeunes agriculteurs, une agence gouvernementale leur accorde des
dotations d'installation° à condition qu'ils développent des   *homestead grants*
exploitations dans des régions sous-peuplées.

Mais malgré les progrès réalisés, il reste encore des problèmes à résoudre. Par ses diverses interventions dans le secteur agricole, l'Etat essaie
de trouver le moyen terme° entre deux extrêmes peu désirables: d'une   *middle line*
part, les grosses exploitations industrielles qui sont trop puissantes;
d'autre part, les mini-exploitations qui sont peu rentables. Un problème
existe aussi dans les régions rurales et montagneuses, car elles souffrent
de dépopulation et de sous-développement économique.

Il reste aussi les problèmes de la surproduction et de la cherté° de cer-   *high cost*
tains produits, comme le lait et le blé, dont l'écoulement° sur le marché   *flow*
mondial est ainsi rendu difficile. Les agriculteurs pourraient apporter
eux-mêmes une solution partielle à ce problème, mais il leur est difficile
de changer leurs vieilles habitudes. Pour y remédier, ils devraient se
spécialiser dans les cultures dont il y a sous-production, en abandonnant
la polyculture. De plus, le nombre total d'agriculteurs est encore trop
élevé pour permettre une augmentation de leur productivité. Celle-ci,
déjà basse, plus le coût élevé des engrais et du pétrole font que les
salaires agricoles restent assez médiocres.

NOTES:

1. Le taux de la surface agricole utilisée (SAU) en France est très élevé, puisqu'il représente presque 60% du territoire.
2. Il ne s'agissait pas seulement de partager les terres en trois parts égales entre trois fils,
   par exemple, mais de diviser chaque part en trois. Chaque héritier recevait, par conséquent, trois parcelles, dont chacune représentait un tiers de chacune des trois terres.
3. Une petite exploitation a moins de 20 hectares (l'hectare équivaut à 2½ *acres*); une
   grande exploitation a plus de 50 hectares.
4. En 1979, le faire-valoir direct était le mode d'exploitation de 50% de la surface agricole utilisée.

Vocabulaire et exercices (première partie)

agricole / *agricultural*
l'agriculteur (*m.*) / *farmer*
l'alimentation (*f.*) / *food, feeding*
l'avoine (*f.*) / *oats*
le bétail / *livestock*
la betterave sucrière / *sugar beet*
le bien de consommation / *consumer good*
le blé / *wheat*
la céréale (*f.*) / *grain*
la culture / *cultivation*
l'élevage (*m.*) / *raising of livestock*

l'engrais (*m.*) / *fertilizer*
l'équipement (*m.*) lourd / *heavy machinery*
l'exploitation (*f.*) / *farm, farming enterprise*
la gestion / *management*
le maïs / *corn*
l'orge (*f.*) / *barley*
la pêche / *fishing*
la polyculture / *mixed farming, growing
   several crops*
le reboisement / *reforestation*
la récolte / *harvesting*

le rendement / *yield*
la rentabilité / *profitability*
le riz / *rice*
le semis / *seeding*

la sylviculture / *forestry*
le vignoble / *vineyard*
le viticulteur / *grape grower (for wine)*

A. EXERCICE DE VOCABULAIRE: Complétez les phrases suivantes avec le mot qui convient.

1. L'exploitant utilise de l' _____ pour augmenter son rendement.
2. Malgré l'étendue des côtes en France, la _____ reste au stade artisanal.
3. En France, le maïs est destiné à l' _____ du bétail.
4. Les petits exploitants s'entraident pour le semis et la _____ .
5. Celui qui cultive la vigne s'appelle un _____ .
6. Des cultures comme le blé et l'avoine sont des _____ .
7. Dans la rotation des cultures, le blé alterne souvent avec la _____ .
8. Pour une meilleure gestion de la forêt, il faut une politique de _____ .
9. Cet exploitant ne cultive rien, il fait plutôt de l' _____ de bétail.
10. Le gouvernement français intervient de bien des manières dans le domaine de l' _____ .

B. QUESTIONS DE COMPRÉHENSION

1. Quelles sont les conditions naturelles qui favorisent le plus l'agriculture en France?
2. En quoi la France et les Etats-Unis sont-ils semblables (*similar*) en ce qui concerne l'agriculture?
3. Qu'est-ce qui explique l'extrême morcellement des terres en France?
4. Quelles sortes de développements expliquent la commercialisation des produits agricoles au XIXe siècle?
5. De quelles façons l'Etat intervient-il dans le secteur agricole?
6. Comment les petits et les moyens exploitants collaborent-ils?
7. Comparez les productions agricoles des gros exploitants d'une part, et des petits et moyens exploitants d'autre part.
8. Expliquez la tendance moderne que représentent les gros exploitants dans l'agriculture française.
9. Quelle est la culture dominante en France? Où est-elle concentrée? Nommez d'autres cultures importantes.
10. De quelles régions les vins de haute renommée viennent-ils?
11. Quels facteurs limitent l'exploitation commerciale maximum de la forêt française?
12. A quel usage les bovins et les ovins sont-ils destinés?
13. Dans quels domaines l'agriculture française a-t-elle fait des progrès pour se moderniser?
14. Nommez quelques-uns des problèmes qui restent à résoudre dans le secteur agricole.

DEUXIÈME PARTIE: L'Industrie

LE PASSÉ

Avant la Révolution industrielle, l'industrie française était artisanale, rurale et familiale. Grâce au développement du machinisme et aux applications des sciences à l'industrie au XIXe siècle, les petites industries ont été remplacées par les grandes *usines* industrielles. Les industries qui se sont épanouies° étaient celles du textile, de la métallurgie et du charbon. L'industrie textile a prospéré avec la généralisation des métiers mécaniques°. A mesure que l'*outillage* s'améliorait, la production du *fer*, et plus tard celle de l'*acier*, et l'extraction du *charbon* augmentaient. (Pourtant, ce sont justement ces mêmes industries qui sont en déclin aujourd'hui.)

    La compagnie industrielle typique au siècle dernier fonctionnait sous le système du paternalisme, selon lequel l'autorité du patron-propriétaire était incontestée et souvent arbitraire. Les *ouvriers* — hommes, femmes et enfants — étaient *embauchés* et *congédiés* à son gré°. Le paternalisme supposait aussi que le patron, qui jouait le rôle de «père de famille», se montrerait bienveillant° envers ses ouvriers et s'occuperait de° leur bien-être physique et moral.

    Vers la fin du XIXe siècle, avec l'augmentation de la production (et la baisse conséquente des prix), la consommation montait et la clientèle s'élargissait. L'industrie a fini par être plus importante que l'agriculture dans l'économie du pays. En 1980, la part° de la *population active* employée dans ce secteur était de 34%, et la part de l'industrie dans la valeur du Produit National Brut était d'un peu moins de 40%.

developed

power looms

at his will

kind | took care of

share

LE PRÉSENT

Depuis la Deuxième guerre mondiale, la France essaie de maîtriser° son avenir par la planification. La durée des plans successifs est d'habitude de cinq ans. Le développement des Plans est la responsabilité du Commissariat général au Plan, mais il requiert° la collaboration de professionnels des divers secteurs et des *syndicats*. Finalement, chaque Plan doit être voté par l'Assemblée nationale. Les Plans couvrent toutes les activités économiques, mais le développement industriel figure d'habitude parmi les objectifs prioritaires.

    Le premier Plan (de 1947 à 1953) avait pour but de reconstituer les industries de base et les moyens de production après la Deuxième guerre mondiale. Dans les cinq Plans qui ont suivi et qui ont été institués pendant une époque de croissance économique généralisée (1953–1974), ont figuré surtout les thèmes de l'expansion et de la compétitivité de la France pour assurer son indépendance économique. Après la crise pétrolière de 1974, la priorité de croissance économique a été remplacée dans le septième Plan par d'autres priorités: le plein emploi°, la qualité de la vie et la réduction des inégalités sociales.

to master

requires

full employment

LES PROBLÈMES INDUSTRIELS

Au cours des plans successifs, les pouvoirs publics se sont adressés à plusieurs problèmes qui touchent l'industrie. Parmi ces problèmes se trouvent la centralisation de l'industrie à Paris et le manque° résultant *lack* d'implantations industrielles dans certaines régions; le manque de compétitivité de l'industrie française; et le déclin de certaines industries et le besoin d'en encourager d'autres, en particulier celles de l'avenir°. *future*

LA CENTRALISATION: La région parisienne concentre depuis longtemps une part excessive des forces vitales de la nation: habitants, industries, administrations et commerces. Pour remédier à ce problème de «Paris et le désert français», le gouvernement poursuit une politique de décentralisation qui fait partie du Plan de l'aménagement du territoire. Au début des années 80, pourtant, 28% de la valeur de la production industrielle française se réalisait encore à Paris et dans la région de l'Ile de France, autour de Paris.

Les pouvoirs publics encouragent donc l'implantation d'industries dans les régions peu industrialisées, en donnant par exemple aux *industriels* de l'aide financière pour chaque *emploi* nouveau, en les exonérant d'impôts°, et en décourageant l'installation d'usines dans des régions qui *giving tax relief* sont déjà fortement industrialisées. Grâce à cette politique, certaines régions traditionnellement rurales (comme la Bretagne, la Touraine et la Champagne) se sont de plus en plus industrialisées. En même temps, l'importance industrielle de Paris a diminué un tant soit peu°. *somewhat*

LE MANQUE DE COMPÉTITIVITÉ: La France compte toujours un nombre important de petites et de moyennes industries, même si les grandes industries assurent plus de la moitié de la production industrielle nationale. La répartition° des entreprises industrielles en 1979 suit: *breakdown*

Artisanats (moins de 10 salariés)	87 %
Petites entreprises (10 à 49 salariés)	10 %
Moyennes entreprises (50–1999 salariés)	2,9 %
Grandes entreprises (plus de 2000 salariés)	0,1 %

Depuis la formation de la Communauté économique européenne° *Common Market* (C.e.e.), le gouvernement encourage la concentration et la *fusion* des grandes entreprises. Son but est de rendre la France plus compétitive à l'intérieur de la C.e.e. aussi bien que sur le marché mondial. C'est une des raisons pour lesquelles la nationalisation de certaines grandes entreprises industrielles a été accomplie par le Gouvernement socialiste. Il faut ajouter pourtant que parmi les 200 premières entreprises européennes en 1980, classées selon leur *chiffre d'affaires*, la France en comptait 29 dans les industries suivantes: automobile, pétrolière, matériaux de construction, appareils électriques, chimique, sidérurgique° et aéro- *steel industry* nautique.

LA PRODUCTION INDUSTRIELLE

Les produits de l'industrie française sont variés, et, malgré la centralisa-tion de l'industrie dans la région parisienne, les installations industrielles sont assez étalées° sur le territoire. La liste qui suit énumère les princi-pales productions industrielles françaises.[1]

spread out

Énergie

Dans ce secteur-clé pour l'industrie, la France a un très faible taux d'in-dépendance. En effet, la France produit seulement un cinquième de ses besoins énergétiques°. Elle est donc forcée d'importer du pétrole, du charbon et du gaz naturel. Pour réduire cette dépendance, la France a entrepris le programme de développement du nucléaire le plus important du monde, afin d'assurer dans l'avenir la quasi-totalité de sa production d'électricité.[2]

energy needs

Au cours de sa campagne électorale, Mitterrand avait pris position contre la construction des centrales° nucléaires qui étaient en projet. Une fois au pouvoir, pourtant, il a dû revenir sur cette position. Mais il y a eu tout de même une réduction du nombre total de centrales prévues°.

power plants

planned

Grâce aux efforts de conservation d'énergie et à une politique qui donne priorité au développement du nucléaire, à la recherche d'autres formes d'énergie et au retour de l'emploi du charbon, la France se dirige peu à peu vers une plus grande autonomie dans le domaine énergétique.

Métallurgie

La France a longtemps été un des premiers producteurs en sidérurgie. C'est une industrie essentielle dans les constructions automobile, élec-trique et électronique, aéronautique et navale. Depuis 30 ans, l'Etat ac-corde de l'aide à l'industrie sidérurgique pour compenser° le contrôle qu'il impose sur les prix. La sidérurgie continue pourtant d'être une in-dustrie en crise, à cause de la surproduction au niveau mondial et de l'âpre° *concurrence* qui s'ensuit°. Le gouvernement est en train de re-structurer ce secteur (nationalisé à 80%) qui est essentiel au développe-ment de la haute technologie.

compensate for

fierce | follows

Dans la production de l'aluminium, la France se trouve au sixième rang mondial, grâce à la présence en Provence d'un important gisement° de bauxite, *matière première* essentielle à cette industrie.

vein

Chimie

L'industrie chimique organique jouit d'un développement toujours crois-sant depuis l'après-guerre. Sa production est extrêmement variée: engrais, matières plastiques, produits pharmaceutiques, détergents, caoutchouc°. Il y a une concentration dans ce secteur parmi un petit nombre d'en-treprises (nationalisées à 54%), car il nécessite de grands *investissements*. Cette branche est en voie de modernisation pour mieux servir les technologies nouvelles.

rubber

Transports

L'industrie automobile exporte 50% de sa production, soit° plus d'un million et demi de véhicules (automobiles et camions) par an, ce qui la place au quatrième rang mondial. En 1980, 70% des ménages° français possédaient une voiture, mais un quart des voitures vendues en France étaient importées. Tout comme pour l'industrie américaine, les producteurs français continuent à souffrir de la concurrence japonaise.

Les industries aéronautique et navale se font contraste quant à leur situation actuelle: la première étant prospère, et la dernière, précaire. A cause des capitaux élevés requis dans l'industrie aéronautique pour la construction et les recherches, une collaboration s'est établie entre plusieurs pays européens. Cette collaboration a fait ses preuves dans la conception et la construction d'avions comme le Concorde et l'Airbus. La France se place au troisième rang mondial pour la construction aéronautique. Elle est aussi une grande exportatrice d'armements, tout comme les Etats-Unis. Ces dernières années les chantiers navals° ont connu un taux très élevé de *chômage*. Cette industrie s'est donc tournée vers la construction de méthaniers° (pour le transport du gaz naturel) et de porte-conteneurs°, pour pallier° en partie à la crise.

Textiles

L'industrie textile comprend la production de textiles naturels (coton, laine, etc.), la production de textiles artificiels et synthétiques, et la confection°. La production de textiles naturels est en crise ces dernières années pour deux raisons. D'abord, les besoins en textiles sont déjà largement satisfaits dans les nations industrialisées, où les consommateurs se sont tournés vers d'autres types de consommation (tourisme, sports, etc.). Ensuite, les pays en voie de développement produisent du coton et de la laine avec une *main-d'œuvre* bien moins chère qu'en France. Le résultat est que cette industrie traditionnelle connaît un taux élevé de chômage à cause des importations. Il n'en va pas de même pour° le textile artificiel qui remplace en partie les textiles naturels. Là, le coût de production est plus compétitif.

Bâtiments et travaux publics

La construction de *logements* a beaucoup ralenti depuis les années 60, période de grande activité. Cette baisse résulte du coût grimpant de la construction et des intérêts hypothécaires°, et de la baisse de la natalité, d'où une chute° de la demande. La production du ciment, matière première pour les logements en France, a été en baisse aussi. Dans ce secteur, il s'agit aussi de la construction de bureaux, d'usines, d'autoroutes, de centres commerciaux, etc., où le ralentissement° a été moindre. Les grands constructeurs français cherchent à atténuer les effets de la crise en obtenant de plus en plus de contrats à l'étranger.

Industries électrique et électronique

La production de cette branche est très diversifiée et va de l'électro-ménager° aux télécommunications, des ordinateurs° aux téléviseurs, aux tubes électroniques et aux fibres optiques. C'est une branche très exportatrice et en plein essor°. Ce secteur bénéficie d'importants investissements dans le cadre d'un plan prioritaire du gouvernement, visant le développement de technologies nouvelles et la création de nouveaux emplois.

household appliances | computers

growing

Industrie agro-alimentaire

L'industrie agro-alimentaire, très exportatrice, est dominée par quelques grands groupes. Elle comprend l'alimentation animale et l'alimentation humaine. Parmi ces produits, on peut citer les boissons, les conserves°, les biscuits, les yaourts°, etc. Cette industrie représente presque le cinquième de la production industrielle française.

canned goods

yogurt

LES INDUSTRIES NOUVELLES

Le Gouvernement socialiste poursuit une politique qui donne priorité aux diverses applications de l'*informatique* à l'industrie. Parmi ces applications, on trouve la micro-électronique, la télématique°, la bureautique° et la robotique°. Les branches de technologie avancée qui dépendent en partie de l'informatique sont l'aéronautique et les télécommunications. Avec le développement de la fusée° Ariane, la France et ses partenaires européens espèrent rivaliser avec NASA dans les emplois commerciaux des télécommunications par satellite.

computerized communications | office automation | robotics

rocket

En effet, grâce aux applications de l'ordinateur, on pourra bientôt parler d'un quatrième secteur de l'économie, celui des communications sous toutes ses formes. (Voir le Chapitre 6 pour une discussion détaillée des applications de l'informatique.)

PERSPECTIVES

Le huitième Plan (1981–1985) prévoit un développement prioritaire dans plusieurs domaines industriels. Par exemple, le Plan entend stimuler la recherche et l'innovation surtout dans les petites et moyennes industries. Un autre but est de diminuer la dépendance nationale dans les domaines de l'énergie et des matières premières, en accroissant la production du charbon, en poursuivant la politique du nucléaire, et en explorant l'utilisation des énergies renouvelables (solaire, géothermie). Finalement, le Plan aspire à créer de nouveaux emplois et à multiplier les investissements dans les technologies et les industries de l'avenir.

NOTES:

1. Voir l'Appendice B pour une liste des entreprises principales en France.
2. L'énergie nucléaire devrait fournir° 70% des besoins en électricité en 1990. (En 1981,   *provide*
   le taux était de plus de 37%.) Le solaire et la géothermie sont déjà utilisés pour le
   chauffage° de logements.   *heating*

Vocabulaire et exercices (deuxième partie)

l'acier (*m.*) / *steel*
le charbon / *coal*
le chiffre d'affaires / *gross revenue (of a business)*
le chômage / *unemployment*
la concurrence / *competition*
congédié / *fired*
embauché / *hired*
l'emploi (*m.*) / *job, employment*
le fer / *iron*
la fusion / *merger*

l'industriel (-ielle) / *industrialist*
l'informatique (*f.*) / *computer science*
l'investissement (*m.*) / *investment*
le logement / *housing*
la main-d'œuvre / *labor, manpower*
la matière première / *raw material*
l'outillage (*m.*) / *tooling (of a factory)*
l'ouvrier (-ière) / *worker*
la population active / *work force*
le syndicat / *union*
l'usine (*f.*) / *factory*

A. EXERCICE DE VOCABULAIRE: Utilisez les mots du vocabulaire pour compléter le sens des phrases.

1. Après le partage des terres, cet héritier s'est plaint de ne pas avoir reçu sa juste _____ .
2. Il faudra de gros _____ pour moderniser l'outillage de cette usine.
3. L'informatique aidera la France à lutter contre le _____ en créant de nouveaux emplois.
4. Depuis que notre chiffre d'affaires a baissé, nous n'avons pas pu _____ de la main-d'œuvre.
5. La politique gouvernementale mènera à de plus en plus de _____ de grandes entreprises pour faire face à la concurrence étrangère.
6. Pourquoi le prix de ces produits est-il si élevé? C'est très simple. A cause du coût prohibitif des _____ qui doivent être importées.
7. La sidérurgie est un secteur en crise, dans lequel on est obligé de _____ beaucoup d'ouvriers.
8. On a besoin d'une _____ spécialisée dans la sidérurgie.
9. M. Leblanc travaille à l'usine Renault de Billancourt. C'est un _____ ponctuel et travailleur.
10. Le _____ de la Société Durand est excellent pour 1983. Les actionnaires vont recevoir de bons dividendes.

B. QUESTIONS DE COMPRÉHENSION

1. Décrivez l'industrie en France avant et après la Révolution industrielle.
2. Comparez la prospérité des industries du textile, de la sidérurgie et du charbon aux XIXe et XXe siècles.
3. Quel effet l'augmentation de la production a-t-elle eue sur la nature de la clientèle au XIXe siècle?
4. Qui est-ce qui participe à l'élaboration des Plans?
5. Comparez les priorités des Plans avant et après la crise pétrolière de 1974.
6. Comment l'Etat a-t-il encouragé la décentralisation de l'industrie dans la région parisienne?
7. Dans quels secteurs industriels la France est-elle bien représentée parmi les grandes entreprises européennes?
8. Quels facteurs ont contribué à une plus grande autonomie de la France dans le domaine énergétique?
9. Commentez: la France est à la fois exportatrice et importatrice d'automobiles.
10. Nommez quelques produits des branches électronique et électrique.
11. Quelle différence y a-t-il entre les industries aéronautique et de la construction navale?
12. Quels produits figurent parmi ceux de l'industrie chimique organique?
13. Quelles productions de l'industrie textile sont en crise et lesquelles prospèrent? Expliquez pourquoi.
14. Quelles sont quelques-unes des priorités du huitième Plan?

C. À VOTRE AVIS

1. La répartition de la population active entre les deux secteurs a changé au cours des XIXe et XXe siècles. Décrivez ces changements.
2. Discutez les avantages et les inconvénients des petites et grandes exploitations des points de vue suivants:
   a. la productivité, le rendement et la rentabilité;
   b. la contribution à la rationalisation de l'agriculture au niveau de la nation;
   c. la conservation des valeurs familiales traditionnelles.
3. Pourquoi l'Etat se croit-il obligé de subventionner l'industrie et l'agriculture en France? Est-ce qu'on trouve le même phénomène aux Etats-Unis ou au Canada? Etes-vous pour ou contre, et pourquoi?
4. Résumez la politique française pour arriver à une plus grande autonomie dans le domaine énergétique. Etes-vous d'accord avec cette politique?
5. Quelles sont les branches industrielles qui sont en essor et celles qui sont en déclin en France aujourd'hui? Et aux Etats-Unis ou au Canada? Qu'est-ce qui explique cette situation?
6. Est-ce que le gouvernement américain ou canadien prend des mesures pour encourager l'implantation d'usines dans les régions sous-développées du pays? Devraient-ils le faire?

TRAVAUX PRATIQUES 1: Paysans, damnés de la terre?

Pour mieux connaître la situation des agriculteurs en France, L'EXPANSION
en a interviewé plusieurs qui représentaient un échantillonnage°   *sampling*
assez varié. Les interviews ont démontré combien il était difficile de
généraliser sur l'agriculture ou de parler de manière précise de salaire ou
d'exploitation typique. Cela varie selon la région, la dimension de l'exploitation, le type de culture ou d'élevage et le talent de l'exploitant.

    Pourtant, le *mécontentement* était général parmi les interviewés, quant
à la médiocrité de leurs revenus, la hausse des prix à la production, le
système fiscal et la politique agricole du gouvernement et de la C.e.e. Ils
demeuraient° pessimistes quant à leur avenir, et plusieurs d'entre eux se   *remain*
demandaient s'ils n'étaient peut-être pas les damnés de la terre.

    La majorité des agriculteurs interrogés°, gros et petits exploitants qui   *questioned*
font de l'élevage ou qui cultivent leurs terres (ou bien les deux), ne
jouissent° pas d'une situation financière prospère ou même stable. Voici   *enjoy, have*
le cas de quatre des agriculteurs interviewés.

LES GEORGEON

Pierre et Anne Georgeon font de l'élevage de *veaux* de lait sous la mère°.   *cows feeding calves*
Ils cohabitent avec les parents de Pierre. Leur petite exploitation se
trouve non loin de Mauriac dans le Cantal et ne *dépasse* pas 16 hectares

de surface agricole utile. Leurs 24 *vaches* leur donnent chaque année 24 veaux de haute qualité pour la vente. Ils ont 23 ares° de vignes, et ils élèvent aussi des poules et des lapins. Georgeon avoue° que leurs bénéfices nets sur l'élevage sont en-dessous du *Smic*, même avec l'aide de l'Etat. Grâce à des logements dont ils sont propriétaires et qui leur rapportent un *loyer* de 2000 francs net par mois, ils arrivent tout juste° à se maintenir dans un équilibre précaire. Comme beaucoup d'agriculteurs, les Georgeon se plaignent° de la hausse des *charges d'exploitation* qui ont dépassé l'augmentation de leur chiffre d'affaires.

are = 100 sq. meters
admits

just barely

complain

LES BONNEFOI

Alors que les Georgeon, eux, préfèrent suivre des méthodes traditionnelles, d'autres éleveurs, bretons ceux-ci, Yves et Marie Bonnefoi, ont choisi d'élever des porcs hors sol°, dans des installations modernes. Ils obtiennent de leurs 74 truies° un rendement annuel maximal de 20 porcs par truie, et cette production garantit d'habitude leur revenu. Mais si le cours du porc°, qui n'est pas garanti sur le Marché Commun, vient à baisser, ils gagnent moins.

inside
sows

pork prices

Par mesure de sécurité°, ils ont aussi 75 bovins, dont s'occupe leur seul *salarié*, et la vente de vaches leur permet au besoin° de compenser leurs pertes. Le *fumier* des porcs sert d'engrais pour l'herbe, et celle-ci sert de nourriture pour les bovins.

to be safe
if need be

Pour financer leur opération, qui n'était pas sans risques, ils se sont *endettés* jusqu'à la somme de 690.000 francs au Crédit agricole°. Leurs *frais financiers* se sont multipliés 30 fois en trois ans, alors que leur chiffre d'affaires n'a augmenté que de 50%.

agricultural bank

LES LENTILLON

Les gros exploitants ont de meilleures chances de réussir, et les Lentillon en sont un exemple. Gaston Lentillon cultive des betteraves et des céréales sur ses 140 hectares non loin de Soissons, et il est aussi maire du village. En réalité, il dirige une entreprise, car il a deux salariés qui font les travaux d'exécution.

Ses parcelles sont toutes de tailles grande et moyenne, et il a donc pu se mécaniser avec profit. En effet, en poussant sa productivité, il produit des rendements records dans la région. Selon lui, et il parle en connaissance de cause°, un agriculteur sérieux réunit plusieurs talents. Il doit être à la foi chercheur°, mécanicien, comptable°, commerçant et chimiste.

know whereof he speaks
researcher | accountant

Sa femme s'occupe de leurs enfants et fait de la peinture. La famille *vit à l'aise*. Ils possèdent non seulement leur maison mais d'autres propriétés dans le village. Ils se paient des vacances en été et vont aux sports d'hiver.

Ambitieux, Gaston Lentillon voudrait pouvoir développer son exploitation. Mais le prix des terres l'en empêche. Il s'inquiète aussi de ne pas pouvoir compenser la montée des charges par une plus grande productivité.

Grâce au cours élevé du sucre, ses résultats pour 1980 ont été exceptionnels. Son bénéfice net a été de 1000 francs à l'hectare. Il est contre l'intervention de l'Etat pour limiter la production, et pense que les gros exploitants font déjà beaucoup pour aider la France à maintenir sa balance commerciale°.

to help the trade balance

MICHEL SIMONNET

Michel Simonnet, lui, est un des premiers éleveurs français de vaches *laitières*. Il a connu un bénéfice nul pendant trois ans et une perte d'argent en 1980. Il fait de 55 à 75 hectares de blé par mesure de sécurité, mais la plus grande partie de son exploitation de 200 hectares est cultivée en herbe et en maïs pour l'alimentation de ses 740 bovins, dont 390 sont des laitières. Selon lui, pourtant, les bénéfices d'une exploitation familiale, moitié moins vaste mais sans salariés, sont souvent supérieurs aux siens. Voilà le hic°! Il emploie alors 20 salariés, et les salaires et les *charges sociales* sont presque trois fois plus élevés que huit ans auparavant°.

there's the rub

before

Avec une salle tournante qui permet la traite automatique° de 18 vaches à la fois, il possède l'usine à lait la plus moderne de France. Comme solution à son dilemme financier, Simonnet a décidé de commercialiser ses produits lui-même. De cette manière, il peut garder une partie des bénéfices empochée° d'habitude par l'industrie agro-alimentaire. Sa première tentative° avec le lait a échoué°, mais il a essayé de nouveau avec les fromages frais, sans avoir pourtant trop d'espoir de réussir. «C'est que c'est une lutte inégale°», disait-il, «les industriels disposant de moyens publicitaires° très efficaces». Le pire, c'est qu'il est endetté jusqu'à 60% de son chiffre d'affaires.

automatic milking

pocketed
attempt | failed

unfair fight
means of advertising

Vocabulaire et exercices

la charge sociale / *cost of social benefits* (*paid by employer*)
la charge d'exploitation / *production cost*
dépasser / *to exceed*
s'endetter / *to go into debt*
le frais financier / *interest cost*
le fumier / *manure*
laitier (-ère) / *dairy*

le loyer / *rent*
le mécontentement / *discontent*
le salarié / *employee*
le Smic (salaire minimum interprofessionnel de croissance) / *minimum wage*
la vache / *cow*
le veau / *calf, veal*
vivre à l'aise / *to live comfortably*

A. QUESTIONS DE COMPRÉHENSION

1. Pourquoi est-il difficile de parler de l'agriculture française en termes généraux?
2. De quoi la plupart des interviewés sont-ils mécontents?
3. Quels sont les produits cultivés par les Georgeon?
4. Comparez les sortes d'élevage que font les Georgeon et les Bonnefoi.
5. Pourquoi les Bonnefoi élèvent-ils aussi des bovins?
6. Qu'est-ce qui a permis à Lentillon de se mécaniser au maximum?
7. Quels talents doit réunir l'agriculteur sérieux, selon Lentillon?
8. Qu'est-ce qui montre que les Lentillon vivent à l'aise?
9. Qu'est-ce que Simonnet pense des charges sociales qu'il est obligé de payer?
10. Comparez les résultats de Simonnet à ceux de Lentillon.
11. Pourquoi Simonnet trouve-t-il difficile de faire concurrence aux gros industriels dans la commercialisation de ses produits?

B. À VOTRE AVIS

1. Vous êtes touriste et avez rendu visite aux Lentillon. Racontez à un ami ce que vous avez appris sur la vie et les méthodes d'exploitation d'un «industriel» céréalier en Beauce. Thèmes à inclure: la description de l'opération; le style de vie des Lentillon; les résultats, les ambitions, les préoccupations au sujet de l'avenir des Lentillon; etc. Inventez vous-même des thèmes. Votre interlocuteur devra aussi vous poser des questions.

2. Jouez les rôles d'un interviewer et d'un agriculteur dans votre pays, en employant les expressions suivantes pour formuler des questions et des réponses.

Questions:	Réponses:
a. pratiquer la polyculture, l'élevage, ou les deux?	a. faire l'élevage des veaux de lait; cultiver la vigne, des légumes, etc.
b. la possibilité de s'agrandir?	b. ne pas vouloir s'endetter; prix élevé des terres; 18 hectares suffire pour production
c. la possibilité de changer de type d'élevage — porcs?	c. ne pas vouloir changer de cheptel; falloir acheter des porcs; coût des installations
d. le chiffre d'affaires, les frais, rester le(s) même(s), augmenter?	d. sur six ans, chiffre d'affaires augmenter de 100%, charges d'exploitation augmenter de 150%
e. vendre l'exploitation; s'en aller en ville; chercher un emploi?	e. être attaché à la terre; ne pas avoir d'autre formation; être chômeur en ville; être résigné à son sort (*fate*)

TRAVAUX PRATIQUES 2: Les Nationalisations

DÉFINITION

Les nationalisations sont le moyen le plus visible de l'intervention étatique dans l'économie. Quand il nationalise une entreprise, l'Etat acquiert° la totalité ou la part majoritaire de son capital, tout en *indemnisant* les *actionnaires*.[1] L'Etat agit de cette manière pour s'assurer que l'exploitation de l'entreprise se fera au profit de° la collectivité, plutôt qu'à celui d'intérêts privés qui ne coïncident pas toujours avec l'intérêt national.

    L'Etat nomme lui-même les *dirigeants* de l'entreprise et son *Conseil d'Administration*, et il exige que sa politique d'exploitation soit soumise à l'approbation° du ministère compétent. Ce faisant°, l'Etat ne fait qu'exercer° son pouvoir législatif d'actionnaire, comme dans n'importe quelle entreprise.

acquires

for the benefit of

approval | by so doing
exercise

Malgré tout, les dirigeants des entreprises nationalisées disposent d'une certaine autonomie relative de gestion. L'Etat s'attend à ce que° l'entreprise fasse des bénéfices, mais cela n'empêche pas qu'il lui accorde, au besoin, des subventions. Ceci peut arriver dans le cas où le plafonnement° des prix de vente du produit ne permet pas à l'entreprise de réaliser des bénéfices.

expects

price ceiling

Du point de vue social, les employés des entreprises nationalisées peuvent avoir certains avantages, tout comme le grand public. Parmi ces avantages sont une meilleure sécurité de l'emploi, une voix plus importante dans l'organisation et les conditions de travail, plus une participation plus directe à la gestion de l'entreprise, puisque les représentants du personnel peuvent siéger° au Conseil d'Administration.

to sit on

HISTORIQUE DES NATIONALISATIONS

Le principe de la tutelle° de l'Etat dans le domaine des services publics (le secteur tertiaire) est admis depuis bien longtemps en France. Il représente la conception paternaliste-providentielle° de l'Etat, qui *veille aux* intérêts des citoyens. On notera que la tutelle de l'Etat sur les PTT°, par exemple, remonte à la fin du XVe siècle, lorsque la poste à chevaux a été créée. Plus tard, on voit le rôle de l'Etat s'accroître, cette fois dans les télécommunications. C'est en 1889 que l'Etat a pris le monopole du téléphone, en créant le Ministère des Postes, Télégraphes et Téléphones. A mesure que° d'autres moyens de communications, comme la radio et la télévision, se sont développés, ils ont été nationalisés à leur tour.

tutelage

state knows best

Postes, Télégraphes et Téléphones

as

Bien des nationalisations ont été accomplies au moment où la Gauche jouissait du pouvoir et pouvait donc *mettre en œuvre* sa politique. Celle-ci englobe une conception du rôle de l'Etat-providence dans la vie des Français encore plus grand que par le passé. En 1937, par exemple, les industries de guerre ont été nationalisées, ainsi que certaines sociétés aéronautiques et les *chemins de fer*.

En 1945–1946, sous la présidence de Charles de Gaulle, une véritable marée° de nationalisations s'est produite dans des secteurs variés: la production de charbon, d'électricité, de gaz et de pétrole; la Régie° Renault; les grandes banques de dépôt°; Air France; les compagnies d'assurances, etc. La Constitution de la IVe République de 1946, avait prévu de nationaliser non seulement les entreprises à caractère public, mais aussi celles qui exerçaient un monopole. Cette provision a été reconduite° dans la Constitution de la Ve République en 1958.

tide

(public) corporation

deposit

renewed

En élisant le socialiste Mitterrand Président de la République, les électeurs français ont du même coup° donné au Gouvernement les coudées franches° à une politique de nationalisations. Elles ont inclu la presque totalité des banques de dépôts, deux groupes financiers et les grandes entreprises suivantes: Aluminium Péchiney: Rhône-Poulenc (chimie); Dassault-Bréguet (aéronautique); Thomson-Brandt, MATRA, CII Honeywell Bull (électronique, électrique); Alsthom Atlantique (na-

at the same time

free hand

vale); Saint-Gobain-Pont-à-Mousson (matériaux de construction); Sacilor, Usinor (sidérurgie).

RATIONALISATION

En contrôlant les moyens de production (les industries-clé et les banques) l'Etat pense tenir la clé de tous les pouvoirs. En effet, l'Etat *sera* mieux *en mesure de* réaliser sa politique économique et sociale s'il peut restructurer les industries en difficulté, contrôler le crédit, déterminer le choix des investissements et financer l'effort nécessaire de recherche. L'Etat peut aussi encourager les *industries de pointe* comme la microélectronique et l'informatique au lieu des industries traditionnelles comme le textile ou la sidérurgie. Il n'a qu'à favoriser les premières, en leur accordant plus de subventions et plus de crédits pour la *recherche*.

SONDAGE

Un *sondage* realisé par la Sofres° pour L'EXPANSION, en septembre, 1981, a examiné les préférences des électeurs français à ce moment-là quant à un plus grand interventionnisme de l'Etat-providence, pour en déterminer l'étendue° et les limites. Il ressort° du sondage que les Français étaient disposés à ce que certaines industries soient nationalisées, mais préféraient que d'autres ne le soient pas. Dans la première catégorie, ils nommaient les industries d'armement, les banques, les industries d'équipement (l'énergie, les transports, etc.). Ils s'opposaient pourtant à des nationalisations dans les secteurs de l'agriculture, l'information et l'industrie alimentaire. Voici d'autres questions tirées du sondage[2]:

Gallup poll–like organization

extent | emerges from

1. Sur les quatre opinions au sujet de l'intervention de l'Etat dans la vie économique du pays, avec laquelle êtes-vous le plus d'accord?

	Ensemble 1980	Ensemble 1970
L'État ne doit pas intervenir dans la vie économique du pays	3%	2%
L'État ne doit intervenir que pour empêcher les *abus*	32	33
L'État doit faire des recommandations en matière économique, mais il ne doit rien imposer	18	20
L'État doit diriger la vie économique du pays	43	36
Sans opinion	4	9

2. Etes-vous favorable ou opposé à ce que l'Etat intervienne dans la vie des entreprises, en ce qui concerne . . .

	Favorable	Opposé	Sans opinion
. . . le niveau des salaires	68%	23%	9%
. . . les droits des *salariés*	63	27	10
. . . les *licenciements*	61	29	10
. . . le choix des investissements	33	49	18
. . . le choix des dirigeants	24	60	16

Si, dans un proche avenir, l'expérience socialiste est vue comme un échec par les électeurs, il est possible qu'aux élections de 1988 ils choisissent leur prochain Président dans l'opposition UDF ou RPR et qu'ils désavouent° la politique des nationalisations. En effet, l'attitude des Français semble dépendre de l'état de l'économie, si l'on en juge, par exemple, par un autre sondage réalisé en janvier 1983 pour le QUOTIDIEN DE PARIS, à peine° deux ans après l'avènement au pouvoir des Socialistes. Ce sondage démontrait que bien des Français sondés (37%) jugeaient alors que les nationalisations avaient eu un effet plutôt négatif sur l'économie de la France, 65% étaient contre de nouvelles nationalisations, et 52% pensaient qu'il serait possible de dénationaliser un jour.

disavow

hardly

NOTES:

1. En effet, il existe des «sociétés mixtes», telles que la SNCF et Air France, qui sont formées de capitaux publics et privés.
2. *Source*: L'EXPANSION, 1982. © L'EXPANSION, Premier Journal Economique Français.

Vocabulaire et exercices

l'abus (*m.*) / *abuse*
l'actionnaire (*m.*) / *stockholder*
le chemin de fer / *railroad*
le Conseil d'Administration / *Board of Directors*
le dirigeant / *director*
être en mesure de / *to be in a position to*
indemniser / *to indemnify, to compensate (for a loss)*

l'industrie (*f.*) de pointe / *high-technology industry*
le licenciement / *firing*
mettre en œuvre / *to implement*
la recherche / *research*
le salarié / *employee, salaried person*
le sondage / *poll*
veiller (à) / *to watch (over)*

A. QUESTIONS DE COMPRÉHENSION

1. Que fait l'Etat lorsqu'il nationalise une entreprise et pourquoi le fait-il?
2. Quels pouvoirs l'Etat exerce-t-il sur une entreprise après sa nationalisation?
3. De quelles manières les employés peuvent-ils bénéficier de la nationalisation de leur entreprise?
4. Quelles nationalisations ont eu lieu en 1945–1946? En 1982?
5. Dans quelles circonstances la Constitution prévoit-elle la nationalisation d'une entreprise?
6. Qu'est-ce qui peut permettre au gouvernement de réaliser sa politique économique et sociale?
7. Quelles industries le Gouvernement actuel encourage-t-il?
8. Dans quelles circonstances serait-il possible en 1988 de dénationaliser les entreprises nationalisées?
9. Quelles différences y a-t-il entre les sondages effectués en 1981 et en 1983 au sujet de l'intervention du Gouvernement?

B. QUESTIONS SUR LE SONDAGE 1: Vrai ou faux? Si la déclaration est fausse, faites les corrections nécessaires.

1. Les interventionnistes étaient moins nombreux en 1981 qu'en 1970.
2. La majorité des sondés en 1970 et en 1981 croyaient que l'Etat ne devrait intervenir que pour empêcher les abus.
3. La majorité des sondés n'accepteraient que des recommandations de l'Etat en ce qui concerne l'économie.
4. Il y avait beaucoup de sondés en 1970 et en 1981 qui refusaient à l'Etat tout rôle interventionniste dans l'économie.
5. Le nombre des «sans opinion» parmi les sondés n'avait pas varié sensiblement en 11 ans.

C. QUESTIONS SUR LE SONDAGE 2

1. Quelle est l'opinion majoritaire sur l'intervention de l'Etat en ce qui concerne le niveau des salaires?
2. Dans quels domaines de la vie de l'entreprise y a-t-il une nette (*clear*) majorité de réponses favorables à l'interventionnisme?
3. Est-ce que les Français sondés veulent que l'Etat nomme les dirigeants des entreprises?

D. À VOTRE AVIS

1. Quel est le pour et le contre des nationalisations? Si vous êtes pour, quelles industries devraient être nationalisées et pourquoi?

2. De quelles manières l'Etat américain ou canadien intervient-il dans l'économie?

3. Les partisans de «L'Etat-gendarme» ne veulent l'intervention de l'Etat que pour empêcher les abus. Par contre, les partisans de la conception de «L'Etat-providence» voudraient un interventionnisme plus grand de la part de l'Etat, pour répondre aux besoins des individus. Etes-vous partisan de L'Etat-gendarme ou de L'Etat-providence? Ni de l'un ni de l'autre? Dans ce cas, quelle devrait être le rôle de l'Etat dans l'économie d'une nation?

LE MARCHÉ COMMUN
ET LE COMMERCE EXTÉRIEUR

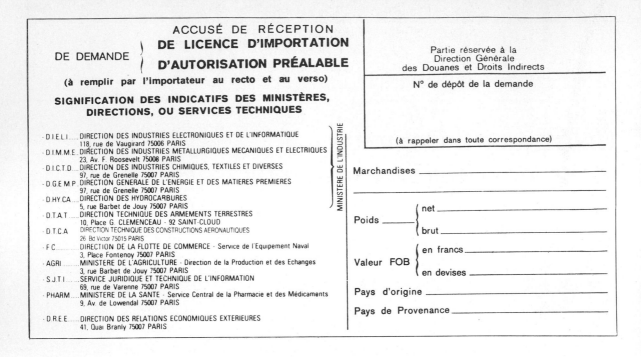

INTRODUCTION

L'idée d'une Europe unie n'est pas nouvelle, puisque l'empire de Charlemagne au IXe siècle s'étendait sur le territoire couvert au XXe siècle par les six fondateurs du Marché Commun (la France, la République Fédérale d'Allemagne, l'Italie, la Belgique, la Hollande et le Luxembourg). Mais la division de l'Europe en trois territoires distincts répartis entre les trois petits-fils° de l'Empereur a déclenché° une longue ère de guerre entre eux et leurs descendants.

grandsons | set off

Certains idéalistes ont espéré depuis réaliser à nouveau l'union des pays que Charlemagne avait façonnée°: d'abord, Victor Hugo, grand poète visionnaire du XIXe siècle; puis, plus récemment, Artistide Briand, un homme politique français qui avait proposé un plan pour une Europe unie en 1929.

fashioned

Le début de cette réalisation n'a commencé qu'avec la création de la Communauté économique européenne, en 1951. La C.e.e., ou Marché Commun, est aujourd'hui une communauté de dix pays (les fondateurs plus la Grande-Bretagne, l'Irlande, le Danemark et la Grèce), organisée pour réaliser le développement économique de ses pays membres. Pour ce faire, elle encourage le *libre échange* de leurs ressources économiques et humaines et facilite le *commerce extérieur*. Dans l'avenir, les pays membres espèrent *effectuer* non seulement leur intégration économique mais aussi leur union politique. La C.e.e. a donc maintenant une histoire, et son organisation, son fonctionnement et sa politique monétaire sont de la plus haute importance pour sa survie.

La France a bénéficié de sa participation à la C.e.e.: son industrialisation en a été accélérée et ses exportations s'en sont accrues. On peut dire que, malgré les crises économiques et monétaires, la France a pu se maintenir au rang des grandes puissances économiques mondiales, grâce à son appartenance° à la C.e.e.

membership

PREMIÈRE PARTIE: La Communauté économique européenne

L'HISTOIRE

A la fin de la Deuxième guerre mondiale, les dirigeants politiques européens se sont rendu compte que l'Europe devrait être forte et unie pour pouvoir assurer la paix dans l'avenir. En 1950, Robert Schuman, Ministre français des Affaires étrangères, a proposé de *mettre en commun* la production et la consommation du charbon et de l'acier entre la France et l'Allemagne. (C'était du reste, en partie, pour empêcher l'Allemagne de se lancer dans une nouvelle guerre.) La création de la Communauté européenne du charbon et de l'acier a suivi, communauté à laquelle ont été également admis l'Italie, la Belgique, la Hollande et le Luxembourg.

Devant la menace° soviétique, les Six ont signé en 1952 un traité pour créer la Communauté européenne de défense (CED). Cependant, une tentative° d'union politique était prématurée, et l'idée d'une communauté politique européenne a été rejetée en 1954 par le Parlement français. Poursuivant alors une politique moins ambitieuse, les Six ont choisi d'arriver à une union politique éventuelle en réalisant d'abord une plus grande intégration économique. C'est ainsi qu'en 1957 la Communauté economique européenne a été créée par le Traité de Rome.

threat

attempt

Les objectifs spécifiques de l'intégration économique qui devaient° se réaliser progressivement étaient les suivants:

were to

1. la suppression des barrières *douanières* entre les Six;
2. l'établissement d'un tarif extérieur commun qui frapperait° les importations des pays non-membres;
3. le libre passage des citoyens d'un pays à l'autre pour chercher du travail, et leur droit de jouir des mêmes salaires, conditions de travail et avantages sociaux que chez eux;
4. le droit de toute entreprise de s'implanter dans les autres pays membres et de bénéficier des mêmes avantages que les entreprises locales;
5. la standardisation des barèmes de transport° et des *subventions* agricoles entre les pays membres;
6. le libre transfert de fonds entre les pays membres et l'établissement d'une *monnaie* supranationale.

would tax

transport rates

Malgré d'énormes difficultés inhérentes au problème de leur intégration, les pays membres sont parvenus° petit à petit à faire des progrès sur leurs cinq premiers objectifs, surtout dans les domaines agricole et

succeeded

agro-alimentaire. L'accroissement des échanges a eu pour résultat de stimuler l'économie des pays membres et d'augmenter leur prospérité. En voyant la réussite de la Communauté, d'autres pays ont demandé à y être admis. Il est maintenant question d'y admettre l'Espagne, le Portugal, et la Turquie. Un critère° essentiel d'admission est l'existence d'une forme démocratique de gouvernement dans le pays candidat. D'ailleurs, un pays membre risque d'être expulsé de la C.e.e. si son gouvernement cesse d'être démocratique.

criterion

L'ORGANISATION

L'administration de la C.e.e. est composée de quatre organismes principaux: le Conseil des ministres, la Commission européenne, le Parlement et la Cour de Justice. Le premier veille aux intérêts nationaux, et les trois derniers ont une allégeance surtout communautaire. Les langues officielles de la C.e.e. sont le français et l'anglais.

LE CONSEIL DES MINISTRES: C'est l'organisme le plus puissant de la C.e.e., car il est le seul habilité° à *statuer* sur la politique. Il est composé des Ministres des Affaires étrangères des pays membres. Chaque ministre préside le Conseil, à tour de rôle, pour un mandat de six mois.

empowered

LA COMMISSION EUROPÉENNE: C'est l'organisme moteur de la C.e.e. D'une part, elle recherche et prépare des propositions sur la politique économique de la Communauté qu'elle soumet° ensuite au Conseil. D'autre part, elle exécute les décisions prises par le Conseil, en collaborant avec les responsables de chaque pays membre. De plus, elle a la responsabilité administrative de plusieurs programmes économiques et sociaux.

submits

LE PARLEMENT: Le Parlement joue un rôle consultatif, en donnant son avis au Conseil sur les propositions de la Commission. Ses membres sont élus au suffrage universel dans les pays membres, ce qui est vu comme un pas° important vers une plus grande union politique.[1] La composition du Parlement représente autant la diversité des idéologies politiques de l'Europe (socialistes, démocrates-chrétiens, libéraux, etc.) que les intérêts nationaux.

step

LA COUR DE JUSTICE: C'est l'organisme que veille à ce que les traités et la législation du Conseil soient respectés par les pays membres et par les autres organismes de la C.e.e. Elle *règle* les différends° entre les particuliers et les organismes de la C.e.e. et entre les pays membres.

arguments

LE FONCTIONNEMENT

La C.e.e. encourage l'intégration économique des pays membres de bien des manières° dans les domaines de l'agriculture, de l'industrie et du commerce, aussi bien que dans les domaines monétaire et de la politique sociale.

in many ways

L'AGRICULTURE: Pour assurer l'approvisionnement° de la Communauté en produits agricoles, il ne suffisait pas d'éliminer les *droits* douaniers entre les pays membres ou d'ériger° un tarif commun extérieur. Il a fallu aussi tenir compte° des conditions économiques (prix, salaires, inflation, etc.) qui varient d'un pays à l'autre.

supply

to erect

to take into account

On a donc développé une politique qui essaie de neutraliser ces divergences pour assurer des bénéfices suffisants aux producteurs et des prix raisonnables aux consommateurs. La C.e.e. a réalisé ce but par le moyen de subventions, qui se font sous deux formes: les prix garantis et les montants compensatoires monétaires° (MCM).

farm subsidies

Chaque année, la Commission fixe les prix de base (ceux qu'elle espère que les agriculteurs obtiendront à la vente) pour la grande majorité des produits agricoles. Elle calcule aussi un prix garanti à 10% au-dessous du prix de base.

La C.e.e. utilise les MCM pour compenser les prix inégaux qui peuvent exister entre pays membres (à cause de l'inflation ou pour d'autres raisons). Selon le cas, les MCM peuvent fonctionner comme un tarif douanier (pour élever le prix d'un produit importé) ou comme une subvention (pour compenser l'agriculteur). Au niveau du marché mondial, le système des «restitutions» permet aux agriculteurs de la C.e.e. d'écouler leurs surproductions. Selon ce système, les agriculteurs de la C.e.e. sont assurés de vendre leurs produits, même lorsque les prix intérieurs sont plus élevés que ceux du marché mondial. Pourtant, la politique des subventions ne représente qu'une solution temporaire aux problèmes de la surproduction et des divergences de prix. La vraie solution serait de rationaliser° les productions nationales par la spécialisation pour éliminer les surproductions.

organize in a rational way

L'INDUSTRIE: La politique communautaire s'adresse à bien des branches de l'industrie, qui vont des industries traditionnelles, comme celles du charbon et de l'acier, aux industries de pointe. Pour les premières, la C.e.e. a pris des mesures qui touchent° toutes à la production et à la commercialisation du charbon, du fer et de l'acier. Elle *entreprend* des études de marché et de prix, et fait des recommandations sur la modernisation des moyens de production. De plus, elle accorde des *prêts* et des subventions pour réaliser ces programmes.

apply to

La politique dans le secteur industriel vise surtout à rendre la Communauté plus compétitive à l'extérieur, en particulier vis-à-vis des Etats-Unis et du Japon. Cette politique encourage donc le développement des *industries de pointe* et la création de fusions et de sociétés en participation° entre pays membres.

joint ventures

Comme pour l'agriculture, la C.e.e. collabore avec les gouvernements des pays membres pour réaliser une meilleure industrialisation des régions sous-développées. La C.e.e. accorde donc une aide financière pour l'implantation de nouvelles industries dans ces régions.

Enfin, dans le domaine énergétique, la C.e.e. préconise° une politique commune dont les objectifs sont la conservation de l'énergie, le dévelop-

advocates

pement des sources d'énergie autres que le pétrole et la réduction de l'énergie importée.

LE COMMERCE: La C.e.e. met aussi en œuvre une politique sur les activités économiques des pays membres dans le secteur tertiaire. Cette politique vise à assurer une concurrence *loyale*, à encourager l'uniformité dans les méthodes de *comptabilité* et à faciliter le passage de capitaux. Enfin, la C.e.e. a développé, non sans difficultés, une politique moné-taire qui tend à stabiliser le *cours des changes*.

Le Marché Commun serait impossible sans *réglementation* de la con-currence entre les entreprises des pays membres. La C.e.e. intervient donc pour standardiser les salaires, les heures et les conditions de travail, les dispositifs de sûreté° dans les usines, les contrôles de pollution et de   *safety controls*
publicité. Par exemple, une entreprise pourrait vendre ses produits à des prix inférieurs et jouir ainsi d'avantages *déloyaux* si elle payait moins ses ouvriers ou dépensait moins pour contrôler la pollution.

Il existe un manque d'uniformité parmi les pays membres non seule-ment dans les méthodes de comptabilité, mais aussi dans *l'imposition*. La C.e.e. encourage les partenaires à uniformiser leur système d'imposition sur les revenus des sociétés et des particuliers. Mais le plus grand obstacle aux échanges entre partenaires, voire° même à l'union économique euro-   *indeed*
péenne, reste le système monétaire.

LE SYSTÈME MONÉTAIRE: La complète intégration économique et politique de la C.e.e. ne sera possible que lorsqu'un système monétaire supranational efficace° pourra être établi. Or, l'élaboration d'un tel sys-   *efficient*
tème s'est avérée° très difficile, et cela tient en grande partie à deux fac-   *has proved to be*
teurs: d'une part, la fluctuation constante de la valeur des monnaies na-tionales, à cause souvent de politiques économiques divergentes[2]; d'autre part, la réticence de la part de chacune des nations à perdre le contrôle sur son système monétaire.

Depuis l'abandon de l'étalon-or/dollar° en 1971,[3] les principales mon-   *dollar-gold standard*
naies mondiales flottent, et les taux de change varient. Pourtant, une trop grande fluctuation peut décourager les échanges, car les exporta-teurs ne peuvent pas prévoir leurs frais° de ventes et d'achats, donc con-   *costs*
naître leurs bénéfices à l'avance. Les divers gouvernements nationaux ont adopté des systèmes différents pour stabiliser leur monnaie.

Pour sa part, la C.e.e. a adopté en 1979 le système de l'ECU pour tenter de stabiliser la valeur des monnaies des pays membres les unes vis-à-vis des autres. L'ECU est une monnaie communautaire et supra-nationale qui existe à côté des monnaies nationales. Pour maintenir la stabilité monétaire, les autorités financières de chaque pays sont obligées de veiller à garder la valeur de leur monnaie vis-à-vis de l'ECU. Selon le système de l'ECU, si la valeur d'une monnaie nationale fluctue au delà des limites permises vis-à-vis de l'ECU, le gouvernement de ce pays-là devra introduire des changements dans sa politique économique ou monétaire nationale, ou bien *dévaluer* sa monnaie.[4]

Il a fallu réaligner sept fois les valeurs des monnaies nationales au sein de l'ECU depuis l'établissement du système en 1979. Lors du réalignement le plus récent (mars 1983), les monnaies dévaluées étaient le franc français, la lire italienne et la livre irlandaise; celles *revalorisées* étaient le franc belge, le krone danois, le florin néerlandais et le Deutsche Mark.

En plus de sa fonction de stabilisation des monnaies, l'ECU est un moyen de faciliter les échanges. Si, par exemple, un commerçant français paie à un Belge ses achats en francs, convertis en ECUs, le vendeur belge sera réglé° en ECUs, convertis en francs belges.

paid

LA POLITIQUE SOCIALE: La C.e.e. ne s'adresse pas uniquement aux aspects de la vie économique des «citoyens européens», mais aussi à la qualité de leur vie. Dans le but de *sauvegarder* l'environnement, la C.e.e. recommende des mesures pour la réduction et la prévention de la pollution de toutes sources. Elle affirme aussi le droit des consommateurs de savoir exactement ce que contiennent les produits qu'ils achètent.

Quant à la condition sociale des travailleurs, la C.e.e. établit des programmes d'aides pour *recycler* les *chômeurs* et améliorer les salaires, les avantages sociaux et les conditions de travail. La politique sociale veille aussi aux intérêts des handicappés, retraités°, travailleurs immigrés et mères de famille qui travaillent. Elle encourage la mise en pratique du concept «à travail égal, salaire égal» — autrement dit, des droits de la femme.

retired people

CONCLUSION

La C.e.e. s'est considérablement agrandie et consolidée depuis sa fondation il y a plus de 25 ans. Elle compte maintenant plus de 270 millions de ressortissants°. En 1980, ses exportations représentaient plus d'un tiers° des exportations mondiales. Il est certain qu'elle constitue une force économique avec laquelle les Etats-Unis doivent compter°. En effet les Etats-Unis lui ont reproché les subventions accordées à l'industrie de l'acier et à l'agriculture où la surproduction est encouragée. Dans le premier cas, on l'a accusée de «dumping» sur le marché américain, et dans le second, d'une concurrence déloyale sur les marchés mondiaux.

citizens | one-third

reckon

C'était dans une union politique éventuelle que les architectes de la C.e.e. envisageaient «la cathédrale» européenne moderne, mais cela continue à être un rêve pour l'avenir. Or, plus il y a de nouveaux membres, plus l'intégration politique et économique devient difficile. Il ne manque pourtant pas de pays candidats à l'admission, car ceux-ci voient dans leur adhérence à la C.e.e. des conditions favorables au développement d'une plus grande stabilité politique et d'une plus grande prospérité dans leur pays.

NOTES:

1. Simone Veil, femme politique très populaire en France, a été la première Présidente du Parlement.
2. Par exemple, depuis 1981, la France poursuit une politique économique expansionniste pour essayer de réduire le chômage. Ses principaux partenaires s'efforcent, pourtant, de freiner l'inflation, et ils poursuivent une politique d'austérité.

3. La valeur de l'or était liée au dollar, qui était la seule réserve internationale. Les autres monnaies nationales étaient convertibles en or.

4. Si, par exemple, la valeur du Deutsche Mark apprécie au delà des limites permises vis-à-vis du franc, les autorités allemandes sont obligées d'acheter des francs avec des Deutsche Marks pour soutenir le franc. De leur côté°, les autorités françaises doivent intervenir, elles aussi, en achetant des francs avec leurs réserves de Deutsche Marks. Dans les deux cas, le franc sera plus recherché et le Deutsche Mark plus abondant, et le franc s'appréciera° vis-à-vis du Deutsche Mark.

on their part

will appreciate in value

Vocabulaire et exercices (première partie)

le chômeur (la chômeuse) / *unemployed person*
le commerce extérieur / *foreign trade*
la comptabilité / *accounting*
le cours des changes / *rate of exchange (money)*
déloyal / *unfair*
dévaluer / *to devaluate*
le/la douanier (-ière) / *customs agent*
le droit / *duty, tariff*
effectuer / *to accomplish*
entreprendre / *to undertake*
l'imposition (*f.*) / *taxation*

l'industrie (*f.*) de pointe / *high-technology industry*
le libre échange / *free trade*
loyal / *fair*
mettre en commun / *to consolidate*
la monnaie / *currency*
le prêt / *loan*
se recycler / *to retrain*
la réglementation / *regulation*
régler / *to regulate*
revaloriser / *to revaluate*
sauvegarder / *to safeguard*
statuer (sur) / *to rule (on)*
la subvention / *subsidy*

A. EXERCICE DE VOCABULAIRE: A quels mots ou expressions correspondent les définitions suivantes:

1. personne qui n'a pas de travail
2. la vente et l'achat de produits entre pays
3. action de réduire la valeur d'une monnaie
4. droit qui frappe les produits
5. ce qui détermine à la Bourse (*exchange*) combien de francs on reçoit pour des dollars
6. action de frapper d'impôts
7. commencer à exécuter quelque chose
8. qui obéit aux lois de la probité
9. décider de quelque chose en matières juridiques
10. action de donner quelque chose qui doit être rendu (*given back*)

B. QUESTIONS DE COMPRÉHENSION

1. De quelle façon les Européens espéraient-ils arriver à une union politique?
2. Qu'est-ce qu'il a fallu standardiser en Europe pour que la C.e.e. puisse fonctionner?

3. Nommez quatre des six objectifs de la C.e.e.

4. Quel pouvoir le Conseil des ministres exerce-t-il? Aux intérêts de qui veille-t-il?

5. Quelles sont les deux fonctions principales de la Commission?

6. Expliquez le but des prix garantis et les MCM.

7. Comment un producteur agricole peut-il exporter ses produits même si les prix à l'intérieur de la C.e.e. sont supérieurs à ceux des marchés mondiaux?

8. Comment la C.e.e. espère-t-elle rendre les secteurs industriels plus compétitifs vis-à-vis des Etats-Unis et du Japon?

9. Pour quelles raisons la réalisation de la politique monétaire de la C.e.e. est-elle difficile?

10. Qu'est-ce que l'ECU? A quoi sert-il?

11. Que doit faire un pays dont la monnaie fluctue trop vis-à-vis de l'ECU?

12. Comment la C.e.e. s'adresse-t-elle à la qualité de la vie des «citoyens européens»?

DEUXIÉME PARTIE: La France et le commerce extérieur

LA FRANCE AU SEIN DU MARCHÉ COMMUN

Depuis 25 ans, l'économie française *s'intègre* progressivement dans celle de l'Europe. Cette intégration a profité à la France en multipliant ses échanges avec ses partenaires, ce qui a contribué à faire monter° le niveau de vie des Français. Au cours des 17 premières années de la C.e.e., les importations et les exportations de la France ont presque quintuplé, si bien qu'actuellement plus de 50% de ses échanges se font au sein du Marché Commun, comme indiqué dans le tableau suivant.[1]

    to raise

Principaux clients de la France	Principaux *fournisseurs* de la France
rang	*rang*
1 L'Allemagne	1 L'Allemagne
2 L'Italie	2 L'Italie
3 La Belgique–Le Luxembourg	3 La Belgique–Le Luxembourg
4 Le Royaume-Uni	6 Les Pays-Bas
5 Les Pays-Bas	7 Le Royaume-Uni
16 La Grèce	21 Le Danemark
24 Le Danemark	25 L'Irlande

    La France est le plus grand producteur agricole de la C.e.e., surtout en céréales, vins, produits laitiers et bovins. Comme le secteur le plus favorisé par la politique communautaire est l'agriculture (65% de son budget y est consacré), c'est la France qui a été la plus grande bénéficiaire. D'abord, la préférence communautaire lui a assuré un vaste marché pour ses produits; ensuite, les prix garantis européens sont plus élevés que les anciens prix nationaux, donc les agriculteurs en profitent. Ils profitent aussi du système des restitutions, qui leur assure l'écoulement de leur surproduction agricole hors du Marché Commun.

Même dans le secteur industriel, où elle a toujours été moins favorisée que l'Allemagne, la France a bénéficié de son adhérence à la C.e.e. La concurrence qui existe en Europe pour capturer une clientèle de plus de 270 millions de personnes a obligé les industriels français à moderniser leurs moyens de production et à améliorer leur productivité. Une plus grande concentration d'industries diverses a été accomplie pour arriver à une meilleure compétitivité. On a ainsi pu parler d'une ‹‹percée° de   *breakthrough* l'industrie française›› au sein de la Communauté.

Aux débuts de la C.e.e., la France était le pays le plus puissant parmi les alliés européens. Aujourd'hui, pourtant, c'est l'Allemagne qui domine, grâce à sa puissance économique et monétaire.

LA FRANCE ET LES ÉCHANGES

Les échanges jouent un grand rôle dans la vie économique française. Tous les pays industrialisés se concurrencent âprement° pour capter° les   *fiercely | capture* marchés extérieurs et cherchent toujours de nouveaux *débouchés.* Dans le cadre du GATT (*General Agreement on Tariffs and Trade*), les pays industrialisés essaient d'arriver à des accords pour éliminer ou tout au moins réduire les barrières tarifaires et non-tarifaires qui s'avèrent être°   *turn out to be* des obstacles au libre échange. Ils sont d'accord que le libre échange reste le moyen le plus souhaitable° de réaliser le meilleur développement   *most desirable* économique de tous les pays.

Pourtant, tous cherchent également à réaliser une *balance commerciale excédentaire,* plutôt que *déficitaire,* c'est-à-dire à exporter plus qu'ils n'importent. L'augmentation des ventes à l'extérieur est un stimulant à la production, ce qui se traduit par la création d'emplois. Or, en France la réduction du taux de chômage (à 9,8% au début de 1983) était le problème le plus urgent auquel le Gouvernement socialiste était confronté, et il a donné la priorité à ce problème. Pendant les périodes de crise économique, les Etats ont tendance à protéger leur marché en érigeant° des barrières aux importations. On assiste alors au réveil du   *erecting* protectionnisme dans le monde.

Les mesures protectionnistes peuvent inclure des tarifs protecteurs, des *contrôles* techniques et sanitaires tâtillons°, des *contingentements,* ou   *finicky, fussy* des obstacles à l'obtention de licences d'importation. La France n'a pas été exempte de telles pratiques. Par exemple, sa décision d'exiger la langue française dans tous les documents d'importation a été dictée non pas par chauvinisme linguistique mais par son désir de décourager les importations.[2] Il va sans dire que la France encourage les Français à ‹‹acheter français››.

LES IMPORTATIONS

L'importation qui est de loin la plus coûteuse pour la France est l'énergie, puisqu'elle ne produit elle-même que le quart de ses besoins. La France importe donc du pétrole, du gaz et du charbon. Elle est obligée d'importer aussi des minéraux°, des fibres naturelles et d'autres matières *minerals* premières. De° toutes les matières premières importées, les industries fran- *out of* çaises (chimique, sidérurgique et textile) fabriquent des produits finis et des produits semi-finis,[3] tant pour la consommation intérieure que pour l'exportation. En général, la France offre l'exemple d'un pays évolué° *advanced* qui importe des matières premières pour les transformer en produits finis destinés à l'exportation. Mais elle exporte aussi beaucoup de produits semi-finis, ce qui montre un manque de développement dans certaines industries de transformation en France.

Les Etats-Unis sont le troisième fournisseur de la France. Les principaux produits fournis comprennent ceux de l'électronique professionnelle, de l'équipement aéronautique, des produits chimiques et du charbon.

LES EXPORTATIONS

La France est le quatrième pays exportateur du monde, après les Etats-Unis, le Japon et la République fédérale d'Allemagne. Ces dernières années, les exportations représentent entre 15% et 20% de la valeur de la production nationale annuelle. Ses exportations de produits agricoles et agro-alimentaires contribuent à balancer les importations dans d'autres domaines. La France est bien connue pour ses articles de luxe exportés (parfums, haute couture, vins et eaux-de-vie). On la connaît sans doute moins, pourtant, pour ses exportations d'autres produits et services exigeant° une haute expertise technique: le matériel et le *logi-* *requiring* *ciel* téléphonique; l'ingénierie civile° et le gros équipement électrique; le *civil engineering* bâtiment d'usines (souvent clef en mains°), de centrales nucléaires et de *turnkey operation* logements. Elle exporte également du logiciel pour ordinateurs, des armements sophistiqués, des avions et des navires. Les exportations françaises aux Etats-Unis comprennent surtout des produits sidérurgiques et du travail des métaux°, du matériel automobile et aéronautique, des biens *metal work* de consommation et des produits agro-alimentaires. En 1982, les Etats-Unis étaient le quatrième client de la France.

AUTRES MOYENS D'EXPORTATION

La notion de commerce extérieur dépasse de loin la simple° exportation *mere* de marchandises. Elle comprend aussi l'implantation de *filiales* à l'étranger, la prise de participation dans des sociétés étrangères, la cession° de *granting* licences, et le *franchissage*. Souvent, les pays exportateurs ont recours° à *recourse* ces moyens indirects parce que l'importation de marchandises est rendue difficile par le pays-cible°. Les pays en voie de développement en parti- *target country* culier encouragent souvent l'entrée de capitaux plutôt que celle de produits de consommation. Ils entendent° ainsi bénéficier de la technologie *intend to* qui serait introduite de cette façon pour *s'équiper* en moyens de production. Les exemples d'exportations indirectes abondent: Renault et Rhône-Poulenc (groupe chimique) ont des filiales fermement implantées dans le monde entier; Danone et Cracottes ont toutes deux cédé des licences dans le domaine alimentaire en Finlande. En 1982, on comptait plus de 800 sociétés françaises qui avaient des implantations (filiales, agences, ou *succursales*) aux Etats-Unis.[4]

LA BALANCE COMMERCIALE

Malgré le classement favorable de la France parmi les pays exportateurs, le *solde* de la balance commerciale française est d'habitude déficitaire. Plusieurs industries françaises, auparavant° très exportatrices, sont de plus en plus menacées par des concurrents traditionnels, les pays industriels, aussi bien que par ceux nouvellement industrialisés. Parmi ces industries, il faut inclure l'automobile, les *poids lourds*, le textile et l'*électroménager*. Au début des années 80, on a assisté à une dégradation° de la situation causée par une flambée° d'inflation, qui s'est révélée difficile à ralentir°. La dépendance de la France de l'énergie importée est pour beaucoup dans son déficit.[5]

    Tous les gouvernements des pays industrialisés interviennent dans leur commerce extérieur, mais l'ampleur° de l'intervention varie d'un pays à l'autre. Dès sa prise de pouvoir en 1981, le Gouvernement socialiste avait pris des mesures pour encourager l'exportation. Ces mesures avaient pour but de rendre plus accessibles les prêts bonifiés° et de mieux coordonner les activités des organismes compétents pour inciter les petites et moyennes entreprises à l'exportation. Avec la dégradation encore plus alarmante du déficit commercial à la fin de l'année 1982, le Gouvernement a donné la plus haute priorité à *l'équilibrage* de la balance commerciale dans un délai de° deux ans.

LES MOYENS DE TRANSPORT DANS L'EXPORTATION

Différents *réseaux* de transports en France assurent la circulation des marchandises et jouent, par conséquent, un rôle essentiel dans l'économie du pays et dans le développement de son commerce extérieur. En gros, les transports intérieurs en France et entre les partenaires européens de la C.e.e. se font par rail, par route et, à un moindre degré, par *voie d'eau*. Le commerce extérieur dépend surtout des transports maritimes. Le trafic aérien se spécialise dans le transport des biens de qualité qui sont peu encombrants°.

    Il n'est pas étonnant que la plupart des moyens de transport soient sous le contrôle de l'Etat, puisque pour une large part, leurs activités relèvent du domaine des services publics.[6] Pour des raisons d'intérêt général, ils se voient donc imposer certaines contraintes d'exploitation°. Mais, d'autre part, l'Etat peut leur venir en aide pour compenser leurs pertes° éventuelles.

before

worsening
outburst
to slow down

amplitude

low-interest loans

within

cumbersome

operating constraints
losses

Les transports *ferroviaires* sont assurés en France par la Société nationale des chemins de fer (SNCF), première entreprise de transport du pays. Le réseau ferroviaire est centré sur Paris et comprend 35.000 km de voies. Depuis 20 ans, le rail est fortement concurrencé par la route, si bien qu'aujourd'hui le rail ne transporte plus qu'environ 40% des marchandises, alors qu'il y a 20 ans, le chiffre était de près de 60%.[7]

La plupart des importations et exportations avec les pays lointains se font par trafic maritime. Les principaux ports français sont Paris (port fluvial°), Marseille, Le Havre, Dunkerque, Rouen, Nantes-Saint-Nazaire et Bordeaux.

river harbor

Avec le *ralentissement* économique généralisé dans le monde, les transports maritimes ont enregistré une baisse importante d'activité. La flotte marchande° française, l'une des plus jeunes du monde et neuvième en rang, a connu, comme toutes les flottes, une baisse dans les tonneaux° transportés et dans le nombre des navires°.

merchant fleet
tons
ships, vessels

NOTES:

1. Statistiques de 1980.
2. Cette mesure protectionniste a valu à la France une réprimande de la part de la Commission européenne, qui l'a jugée comme «incompatible avec les traités de la C.e.e.».
3. Un produit semi-fini devra subir encore une transformation avant de parvenir à l'utilisateur. Exemples: profilés en acier°, tôle°, matériaux de construction, etc.

   steel sections | sheet metal

4. Une filiale est une société, dotée d'une personnalité juridique distincte, dont la part° majoritaire du capital est détenue par la société mère°; une agence représente une entreprise et est contrôlée par cette dernière; une succursale est un établissement commercial rattaché à un siège social°, et qui n'a pas de personnalité juridique distincte.

   share
   parent company

   home office

5. Ce qui fait monter la facture pétrolière de la France, c'est qu'elle paie son pétrole en dollars. Et comme le franc a perdu beaucoup de sa valeur vis-à-vis du dollar, la France est deux fois perdante: en payant son pétrole à un prix élevé et en le payant en dollars.
6. Les entreprises nationalisées dans le secteur des transports sont la Société nationale des chemins de fer, la Régie autonome des transports parisiens, la Compagnie générale maritime, Air France, Air Inter, les Aéroports de Paris.
7. Avec l'expansion prévue du système des TGV (Trains à grande vitesse: 260 km/h), la SNCF espère mieux concurrencer les transports par route et par avion.

Vocabulaire et exercices (deuxième partie)

la balance commerciale / *balance of trade*
le contingentement / *quota*
le contrôle / *inspection*
le débouché / *outlet (market)*
déficitaire / *negative, in deficit*
l'électroménager (m.) / *household appliances*
l'équilibrage (m.) / *equalization*
s'équiper / *to become equipped*

excédentaire / *positive, surplus*
ferroviaire / *by rail*
la filiale / *subsidiary*
le fournisseur / *supplier*
le franchissage / *franchising*
s'intégrer / *to become integrated*
le logiciel / *software*
le poids lourd / *heavy-weight vehicles (trucks)*

le ralentissement / *slowdown*
le réseau / *network*
le solde / *net balance, bottom line*

la succursale / *branch office*
la voie d'eau / *waterway*

A. EXERCICE DE VOCABULAIRE: Complétez les phrases suivantes avec le mot qui convient.

1. La France donne priorité à l' _____ de ses importations et de ses exportations.
2. Les consommateurs de nos produits finis sont aussi les _____ des matières premières dont nous avons besoin.
3. Le transport _____ des marchandises et des passagers se fait par la SNCF.
4. Les camions et les autobus font partie des _____.
5. La balance commerciale de la France est _____ puisque ses importations dépassent ses exportations.
6. Le _____ ferroviaire est centré sur Paris.
7. Les machines à laver et les toasters font partie des appareils _____.
8. En s' _____ au Marché Commun, la France a gagné des clients.
9. La Seine est une _____ navigable.
10. La Banque Nationale de Paris a implanté des _____ aux Etats-Unis.

B. QUESTIONS DE COMPRÉHENSION

1. Quels bénéfices la France a-t-elle tirés de sa participation à la C.e.e.?
2. Qu'est-ce que le libre échange?
3. Dans quelles circonstances un pays pratiquerait-il le protectionnisme?
4. Donnez quelques exemples du protectionnisme pratiqué par la France ces dernières années.
5. Pourquoi la facture pétrolière de la France est-elle particulièrement lourde?
6. Qu'est-ce que la France est obligée d'importer?
7. Pour quelles exportations la France est-elle bien connue, et pour lesquelles est-elle moins bien connue?
8. Quels sont les moyens d'exporter autres que l'exportation directe de produits?
9. Quelles mesures ont été prises par le Gouvernement socialiste en 1981 pour accroître les exportations françaises?
10. Quel genre d'importation les pays en voie de développement préfèrent-ils souvent et pourquoi?
11. Quels moyens de transport sont les plus utilisés dans le commerce extérieur?

C. À VOTRE AVIS

1. Quels seraient les plus grands obstacles à une intégration totale des membres de la C.e.e., selon vous?

2. Croyez-vous que l'existence d'une troisième puissance mondiale constituée par la C.e.e. pourrait avoir un effet heureux sur les tensions du monde moderne?

3. Pour quelles raisons peut-on justifier l'assistance (aide financière, statut préférentiel dans le commerce extérieur, assistance technique, etc.) des pays industrialisés aux pays en voie de développement?

4. Un pays doit-il pratiquer le protectionnisme pour protéger son marché intérieur? Comment les autres pays vont-ils réagir devant un tel acte de protectionnisme?

5. Donnez des exemples de barrières tarifaires et non-tarifaires dont vous avez entendu parler.

6. Un gouvernement doit-il intervenir pour soutenir les exportations de son pays? Ou bien est-ce de la concurrence déloyale?

7. Nommez quelques entreprises américaines ou canadiennes qui ont des filiales ou succursales à l'étranger. A votre avis, quels sont les avantages et les inconvénients de filiales ou de succursales à l'étranger?

8. Pourriez-vous expliquer en détail le fonctionnement du système monétaire mondial?

9. Vous travaillez pour une entreprise en France, et vous vendez vos produits aux Etats-Unis et au Canada. La valeur du dollar (américain ou canadien) est un jour de 6,50 francs. Deux mois plus tard, le taux de change du dollar est de 8,20 francs. A quel moment vaudrait-il mieux vendre pour gagner le plus au change?

TRAVAUX PRATIQUES 1: Les Balances des échanges

LA BALANCE COMMERCIALE

Une balance commerciale montre la différence entre les exportations et les importations de produits pendant un an (un trimestre ou un semestre) et les excédents ou les déficits qui *s'accumulent* d'une année à l'autre. Il est important pour la France ou pour n'importe quel pays de maintenir l'équilibre dans ses échanges (ou même une balance excédentaire, avec plus d'exportations que d'importations), pour que sa monnaie reste saine° *healthy* et stable.

BALANCE COMMERCIALE EXCÉDENTAIRE: Quand la France exporte des marchandises, elle reçoit en paiement des francs français à ajouter à ses réserves monétaires. Plus ses propres réserves sont fortes, moins il y a de francs sur le marché monétaire mondial, et la demande en francs dépasse l'offre. Le résultat est que la valeur du franc est augmentée vis-à-vis de celle des autres devises.

BALANCE COMMERCIALE DÉFICITAIRE: Quand l'inflation enregistre un taux élevé en France (ce qui a été le cas plusieurs fois) et que le prix des marchandises importées est inférieur à celui des mêmes marchandises produites en France, les importations se multiplient. Les réserves monétaires françaises diminuent, puisqu'il faut dépenser des francs pour acheter des *devises* étrangères afin de payer les marchandises. Si le marché monétaire est inondé° de francs français, l'offre pour la devise *flooded* française dépasse la demande. Le résultat en est que le franc perd de sa valeur, c'est-à-dire qu'il est considéré comme *surévalué*, jusqu'à ce qu'il soit dévalué.[1]

LA BALANCE DES PAIEMENTS

La balance commerciale renseigne sur les échanges de produits. Mais cette balance-là n'est qu'un des postes° (très important pourtant) dans la balance des paiements d'une nation. La balance des paiements comptabilise° toutes les opérations faites avec l'étranger.

items

posts on the account

UN MODÈLE DE BALANCE DES PAIEMENTS: Le tableau suivant est une balance des paiements simplifiée. La colonne de gauche représente les exportations visibles et invisibles pour lesquelles la France reçoit des francs en paiement, ce qui augmente ses réserves. Ce sont en fait ses *créances* sur l'étranger. La colonne de droite représente les importations visibles et invisibles, pour lesquelles la France est débitrice envers l'étranger. Elle est obligée d'utiliser ses réserves monétaires pour *s'acquitter de ses dettes*. En tout cas, tous les postes à droite exigent le départ de capitaux vers l'étranger. Si le total de la colonne de gauche dépasse celui de la colonne de droite, la France connaîtra un solde excédentaire; au cas contraire, le solde sera déficitaire.

Créances	Dettes
Exportation de produits	Importations en France
Services (par exemple, frais de transport et assurances; factures CAF[2] pour les ventes à l'étranger)	Services (par exemple, frais de transport et assurances; factures FOB[3] pour les importations en France)
Tourisme en France	Tourisme français à l'étranger
Revenus sur capitaux français investis à l'étranger	Revenus sur capitaux étrangers investis en France
Investissement de capitaux étrangers en France	Investissements de capitaux français à l'étranger
Vente d'*actions* et d'*obligations* françaises à des étrangers	Achat d'actions et d'obligations étrangères par les Français
Subventions agricoles et industrielles venant de la C.e.e.	Contributions au financement de la C.e.e.
	Rapatriement des revenus des travailleurs imigrés en France[4]
	Dons et prêts militaires et économiques aux pays du tiers monde
	Salaires et coûts des Consulats et des Ambassades de France

Pour équilibrer la balance des paiements, il faut que plusieurs conditions soient remplies°. Par exemple, il faut que le monde extérieur fasse confiance à la politique économique et à la monnaie françaises. Ce regain

fulfilled

de confiance résultera d'un *redressement* économique général en France. Les signes de ce redressement peuvent se traduire par une diminution des taux du chômage et de l'inflation et par la réduction du déficit du budget national et l'équilibre de la balance commerciale. L'augmentation des exportations françaises à des clients mondiaux (une hausse de 76% entre 1978 et 1981) est de bon augure° pour l'avenir.

good sign

NOTES:

1. Même si les monnaies flottent depuis 1971, le dollar exerce toujours une grande influence sur la valeur des autres monnaies nationales (38 pays ont maintenu une parité avec le dollar; la *facture* pétrolière avec les pays de l'OPEP° se règle en dollars; etc.). Or, Mitterrand pense que le dollar est surévalué et il demande le retour au système monétaire international des cours fixes. Il a proposé l'adoption du modèle de l'ECU qui aurait trois monnaies à la base: le yen japonais, le dollar, et l'ECU.

OPEC

2. CAF—coût, assurances, fret. C'est le vendeur qui se charge des assurances et du transport jusqu'à la porte du client étranger, et ce dernier paie les frais.
3. FOB—《《free on board》》. C'est le destinataire qui se charge du transport et des assurances dès le chargement à bord du navire, et qui les paie.
4. Les travailleurs émigrés en France envoient souvent une partie de leur salaire à leur famille restée au pays natal.

Vocabulaire et exercices

s'accumuler / *to accrue*
s'acquitter de / *to pay off*
l'action (*f.*) / *stock*
la créance / *claim*
la dette / *debt*

la devise / *currency*
la facture / *bill*
l'obligation (*f.*) / *bond*
le redressement / *recovery*
surévalué / *overvalued*

A. QUESTIONS DE COMPRÉHENSION

1. Qu'est-ce qui arriverait à un pays au cas où sa balance était déficitaire?
2. Quelle différence y a-t-il entre la balance commerciale et la balance des paiements?
3. Donnez des exemples de créances et de dettes que la France pourrait avoir dans un pays étranger.
4. Quelles conditions doivent être remplies avant que la France puisse rétablir l'équilibre de sa balance des paiements?

B. À VOTRE AVIS

1. Que savez-vous de la balance commerciale des Etats-Unis ou du Canada?
2. Si vous étiez Président d'un pays avec une balance déficitaire, quelle serait votre politique pour réduire ce déficit dans la balance commerciale?

3. Vous êtes un consommateur. Est-ce que vous préférez que votre pays ait une balance commerciale excédentaire (avec peu d'importations) ou bien est-ce que vous aimez mieux pouvoir acheter des produits importés à des prix inférieurs?

TRAVAUX PRATIQUES 2: La Nouvelle Percée de Renault aux États-Unis

L'INDUSTRIE AUTOMOBILE EN FRANCE

Fondée en 1898 et nationalisée en 1945–1946, la Régie Renault est le premier constructeur d'automobiles et de véhicules utilitaires° en France. Elle détenait 39% du marché intérieur° et 14,5% du marché de l'Europe de l'Ouest en 1982. Depuis longtemps vantée° comme le modèle de l'entreprise nationalisée à cause de sa bonne gestion et de sa rentabilité, la Régie Renault emploie des *effectifs* totalisant un peu moins de 250.000 personnes, et son chiffre d'affaires s'élevait, en 1982, à plus de 100 milliards de francs. *commercial vehicles / domestic market / acclaimed*

Presque son égale quant à la taille et au chiffre d'affaires, Peugeot, entreprise privée, lui dispute° vivement le marché intérieur. La place de deuxième producteur lui est dévolue°, grâce à l'achat en 1976 de Citroën (ancienne filiale du groupe Michelin), ainsi qu'à son acquisition en 1978 des opérations européennes de Chrysler, dont les voitures se vendent sous le nom de Talbot. En 1980, Renault était classée quatrième et Peugeot septième parmi les 20 premiers constructeurs mondiaux de l'automobile. *vies for / fell to*

Les deux géants de l'automobile et des véhicules utilitaires français disposent de° nombreuses installations en France. La politique des entreprises est conçue à leur siège social°, et ce sont les *concessionnaires* qui s'occupent des ventes et de l'*entretien*. Comme c'est le cas pour tous les pays industrialisés producteurs d'automobiles, une grande partie de la population active dans les secteurs secondaire et tertiaire dépend pour son emploi de la santé° de l'industrie automobile. En France le total de cette population est de 10%. Il va sans dire que tout ralentissement économique est vivement ressenti° par toutes ces industries. *have at their disposal / home office / health / felt*

LES MODES D'EXPORTATION

Avec la concurrence acharnée qui caractérise l'industrie automobile mondiale et la pénétration du marché intérieur français par les Japonais, Renault et Peugeot ont dû se tourner de plus en plus vers l'extérieur pour s'assurer de nouveaux marchés. Mais comme le protectionnisme nuit aux° échanges, l'ancienne façon d'exporter des voitures complètes à des concessionnaires étrangers marche moins bien qu'autrefois. *harms*

L'exportation peut se faire par d'autres moyens qui sont mieux accueillis par les pays cibles°. Un moyen très usité est la création de filiales à l'étranger. Là, les modèles sont soit entièrement fabriqués (comme *target countries*

la Renault Torino en Argentine et la R7 en Espagne), soit assemblés par la main-d'œuvre locale à partir de pièces mécaniques° expédiées de la Métropole. Ce mode d'exportation offre des emplois aux ouvriers du pays, au lieu de contribuer à leur licenciement. Le pays exportateur en profite aussi, car il ne risque plus les aléas° des barrières non-tarifaires et s'assure plus facilement de débouchés pour ses produits.

    Renault, qui utilise beaucoup cette dernière méthode, a installé à cet effet° des usines d'assemblage dans 22 pays, en Europe, en Amérique du Nord et du Sud, en Afrique et en Asie. On peut ainsi obtenir une meilleure adaptation d'un modèle donné aux facteurs industriels, physiques ou même législatifs d'un pays particulier et au goût du public dans ce pays. Il arrive ainsi qu'un modèle soit offert en versions multiples.

L'ALLIANCE AUX ÉTATS-UNIS

Chez Renault, on trouve un exemple d'une stratégie commerciale réaliste pour s'implanter à l'étranger dans le *lancement* de l'Alliance sur le marché automobile américain à l'automne 1982. L'Alliance est une adaptation au goût américain du modèle R-9 qui avait connu un grand succès en Europe. En effet, la R-9 avait été nommée voiture de l'année 1982 en Europe, et, au bout de quelques mois seulement de commercialisation, l'Alliance a reçu la même distinction aux Etats-Unis en 1983.

    Pour pénétrer le marché américain, le plus vaste du monde, Renault s'est d'abord soigneusement *frayé une voie* en prenant une *participation majoritaire* (46%) dans le capital de la American Motors Company. C'est ainsi que Renault a pu s'assurer d'un vaste réseau de 1200 concessionnaires pour la distribution et l'*entretien* de ses voitures aux Etats-Unis. L'échec subi par Renault dans les années 1950 pour le lancement de la Dauphine provenait, en effet, du manque de service d'entretien pour ces voitures.

    A la suite de son acquisition, Renault est parvenue à des *accords* avec AMC, pour la relance° de cette dernière et pour la production de l'Alliance. Renault a investi dans l'affaire près de 350 millions de dollars, somme qui inclut le coût de la rénovation et de la robotisation° de l'usine à Kenosha, Wisconsin, où est fabriquée l'Alliance. Le directeur de l'usine était auparavant directeur de l'usine en France où la R-9 avait été conçue°. A part une cinquantaine de *cadres supérieurs* et de *cadres moyens* français, la majorité du personnel est américaine. Ainsi, Français et Américains travaillent côte à côte° au *montage à la chaîne* de l'Alliance, dont les pièces mécaniques viennent de France, mais dont 60% de la valeur ajoutée° reste américaine.

    Que cherchent les Américains et les Français dans une voiture? Selon le directeur, les Américains préfèrent surtout «le confort statique», c'est-à-dire une épaisse moquette° et du velours sur les portières intérieures°, alors que les Français, eux, optent pour «le confort dynamique» et une performance supérieure sur la route. Avec la nouvelle R-9, l'Alliance, on croit avoir satisfait aux deux exigences. D'abord, la Régie Renault est considérée comme une championne de la *traction avant*, même par les

	mechanical parts
	hazards
	for that purpose
	relaunching
	robotization
	conceived
	side by side
	value added (here: labor)
	thick carpet | velvet door liners

dirigeants des grandes firmes américaines. De plus, d'après les responsables, les autres atouts° de ce modèle sont sa consommation en car-
burant° réduite et son prix compétitif dans la gamme° des «minis» qui
coûtent entre 6.000 et 8.000 dollars.

qualities
fuel | line

Si les ventes dépassent 100.000 voitures à l'automne 1983, le prestige
de la «maison Renault» aux Etats-Unis lui assurera une solide tête de
pont° sur le marché.

beachhead

Les deux autres modèles introduits par Renault aux Etats-Unis ont été
baptisés Le Car (la R-5 en France) et le Fuego, qui sont importés de
France sans subir° l'adaptation au goût américain qui caractérise l'Alliance. Le Fuego est une voiture de sport, alors que Le Car est une voiture plus économique.

undergoing

L'objectif à long terme de Renault est de s'assurer une part de 5% du
marché automobile américain, grâce à l'Alliance et à son successeur, la
R-11 (Encore), qui ressemble à la R-9, mais en plus puissant et en plus
sportif°.

sportier

Renault et AMC ne sont pas seuls parmi les constructeurs d'automobiles à collaborer à la réalisation de nouveaux modèles. On assiste peut-
être à la première étape d'une véritable révolution dans la nature de l'industrie automobile mondiale. De la multitude de constructeurs qui, de
nos jours, se livrent° une concurrence acharnée pour conquérir les
marchés mondiaux, il n'en restera peut-être qu'une demi-douzaine dans
un avenir proche. Et ce ne seront plus des constructeurs français, japonais ou américains, mais des entreprises multinationales dont les opérations s'effectueront partout dans le monde. A ce moment-là, apparaîtront
de véritables «voitures mondiales».

engage in

Vocabulaire et exercices

l'accord (*m.*) / *agreement*
le cadre moyen / *junior executive*
le cadre supérieur / *senior executive*
le concessionnaire / *dealer*
les effectifs (*m.*) / *work force (of a company)*
l'entretien (*m.*) / *servicing*
se frayer la voie / *to prepare the way*

le lancement / *launching*
le montage à la chaîne / *assembly line
production*
la participation majoritaire / *majority
interest*
la traction avant / *front-wheel drive*

A. QUESTIONS DE COMPRÉHENSION

1. Comment Renault est-elle classée parmi les constructeurs français et mondiaux?
2. Comment marchait l'ancienne méthode d'exportation des voitures? Pourquoi ne réussit-
   elle plus comme avant?
3. Quelle est la nouvelle méthode d'exportation et quels en sont les avantages pour l'exportateur et les ouvriers dans le pays importateur?

4. Quelle distinction l'Alliance a-t-elle reçue des deux côtés de l'Atlantique en 1982 et 1983?

5. Quelle est la relation entre AMC et Renault?

6. Comment Renault a-t-elle pu tirer profit de son expérience avec la Dauphine aux Etats-Unis?

7. Décrivez le personnel de l'usine de Kenosha.

8. Citez d'autres exemples de collaboration entre producteurs d'automobiles de pays différents.

9. Quel est peut-être l'avenir de l'industrie automobile mondiale?

B. À VOTRE AVIS

1. Croyez-vous que les Américains définissent le confort d'une voiture comme le dit un directeur de Renault? Si oui, est-ce typique du mode de vie américain?

2. Citez des exemples d'ouvriers américains dans la branche automobile qui ont réagi violemment contre les voitures importées. Est-ce que leur attitude est justifiée, selon vous?

3. Croyez-vous que les «moyens réalistes» d'exporter décrits ici pourraient contribuer à une meilleure coopération économique et à une meilleure entente (*understanding*) parmi les nations?

4. Quels seraient les avantages et les inconvénients de la production d'une «voiture mondiale» à l'avenir?

Chapitre 4

LES ENTREPRISES ET LE COMMERCE INTÉRIEUR

INTRODUCTION

Etant donné les transformations rapides de l'industrie française pendant les dernières décades, l'Etat a créé, en 1970, un Institut du développement industriel (IDI) pour encourager les entreprises à moderniser leurs structures et pour conseiller aux industriels une meilleure adaptation des moyens de production. Ces profondes transformations dans l'industrie ont donc opéré° de nombreux changements dans les méthodes de distribution *caused* et les circuits de ventes. La France s'est, d'ailleurs, souvent tournée vers les Etats-Unis pour trouver les réponses aux nombreux problèmes qui se présentaient. La langue française s'est ainsi enrichie de nouveaux mots, comme marketing, management, franchisage et d'autres.

PREMIÈRE PARTIE: La Vie d'une entreprise

LES FORMES JURIDIQUES

Comme ailleurs, toute entreprise privée ou publique en France, qu'elle soit agricole, industrielle, commerciale ou financière, doit définir son statut officiel et son organisation intérieure. Le code commercial offre un grand nombre de choix aux personnes qui veulent fonder une entreprise. Il y a, en effet, environ une douzaine de formes *juridiques* parmi lesquelles on doit choisir selon le type d'activité, l'envergure° de l'*affaire*, le nombre d'intéressés° et le *montant* du *capital* qui sera apporté.[1]   *size* / *participants*

Les formes les plus fréquentes, qui représentent la grande majorité des entreprises françaises et la plus grosse partie de leur chiffre d'affaires, sont l'*entreprise individuelle*, la *société en nom collectif* (SNC), la *société anonyme* (SA) et la société à responsabilité limitée (SARL).

L'ENTREPRISE INDIVIDUELLE: Beaucoup de Français continuent à vouloir *s'établir à leur propre compte*. La preuve en est que 80% des entreprises françaises sont des entreprises individuelles. Mais ces entreprises individuelles ne représentent que 13% du chiffre d'affaires total des entreprises.

L'entreprise individuelle a l'avantage d'avoir une structure très simple. C'est le *propriétaire* lui-même qui, seul ou avec l'aide de sa famille ou de quelques salariés, cumule° toutes les fonctions de l'entreprise. C'est à lui   *holds concurrently* d'apporter les capitaux, de *diriger* l'affaire, de tenir les livres de comptabilité, de s'occuper des achats et des ventes. En compensation, c'est lui qui reçoit tous les bénéfices de l'affaire.

Même si la structure de son entreprise est simple, le propriétaire est obligé de respecter certaines formalités vis-à-vis du Tribunal de commerce.° Comme son capital personnel n'est pas distinct de celui de son   *commercial court* affaire, en cas de *faillite*, il doit assumer tous les risques financiers sur ses biens personnels. Un autre désavantage de l'entreprise individuelle résulte du régime de la sécurité sociale auquel il doit cotiser° les deux parts   *contribute* (celle de l'employé et celle de l'employeur). De plus, sa pension à la *retraite* sera inférieure à celle des salariés.

Malgré les inconvénients, le goût de l'indépendance chez les Français a poussé près de 75% des «nouveaux» *commerçants* à opter pour une entreprise individuelle ces dernières années.

LA SOCIÉTÉ EN NOM COLLECTIF (SNC):   Toute association de personnes mettant en commun des capitaux ou des biens, dans le but de réaliser un bénéfice, porte le nom de «société» commerciale. La société en nom collectif correspond à ce qu'on appelle aux Etats-Unis et au Canada un «partnership». C'est une société de personnes dans laquelle chacun des *associés* est *responsable* sur tous ses biens°, même personnels,   *to the extent of all his/her property* de la totalité des dettes de la société. La SNC peut ne compter que deux associés ou plus, et tous sont activement engagés dans l'affaire, c'est-à-dire qu'il n'y a pas de *commanditaires*. Le capital est divisé en parts° qui   *shares* ne sont pas transmissibles.

Il est bien évident que la SNC n'est pas d'habitude une grosse affaire, mais qu'elle représente plutôt les activités commerciales de plusieurs personnes, souvent de la même famille, avec peu ou pas d'employés. L'avantage des SNC est leur taux d'imposition° qui est moins élevé que celui   *tax rate* des grosses sociétés. On trouve des SNC non seulement parmi les commerçants, mais aussi dans les professions libérales (architectes, avocats, médecins, par exemple). Les SNC représentent moins de 7% des sociétés en France, et leur chiffre d'affaires ne compte que pour moins de 2% du total.

LA SOCIÉTÉ ANONYME (SA):   Alors que la SNC est une société de personnes, la société anonyme est une société de capitaux, qui correspond à la «corporation» aux Etats-Unis et au Canada. Par «société de capitaux» on entend° que la considération de la personne des associés disparaît légalement, et que c'est la société elle-même qui est dotée° d'une «personnalité morale°».

Les *actionnaires*, ou associés, qui doivent être au moins sept (sans limite maximum), sont les propriétaires de la société. Le plus souvent, ils ne sont pas actifs dans la marche° de l'entreprise. Ce sont plutôt des particuliers° qui restent «anonymes» quand il s'agit de la gestion de la société. Le capital de la société est divisé entre les actionnaires sous forme d'*actions*. La responsabilité des actionnaires est limitée au montant de leur *apport*, c'est-à-dire qu'ils ne peuvent perdre que leur investissement. Les revenus sont imposés au taux de 50% par le gouvernement, et une partie de ce qui reste est distribuée aux actionnaires sous forme de dividendes.

Les actionnaires se réunissent une fois par an en Assemblée générale°, au cours de laquelle ils approuvent les comptes de l'exercice°, élisent les membres du *Conseil d'administration* et approuvent la répartition° des bénéfices. Le Conseil comprend de trois à douze administrateurs, qui élisent leur Président. Celui-ci cumule souvent cette fonction et celle de Directeur général°. En tant que Président-Directeur Général (P.-D.G.), il assume la direction de la société.

Pour former une SA, il faut un capital minimum de 250.000 francs, et si on fait appel à l'épargne publique° un minimum de 1.500.000 francs. Les SA ont une structure relativement complexe, et c'est dans leurs rangs qu'on trouve de très grosses sociétés employant des milliers d'effectifs. Trente-six pourcent des grosses sociétés françaises sont des SA, mais leur chiffre d'affaires représente presque 75% du total.

LA SOCIÉTÉ À RESPONSABILITÉ LIMITÉE (SARL):   La société à responsabilité limitée est un type intermédiaire entre la société de personnes et la société de capitaux. Elle réunit plusieurs des avantages des SNC et des SA. La SARL ressemble à la SA, en ce que les associés, ou actionnaires, ne sont responsables que sur leur apport, ce qui est un des plus grands attraits de cette forme juridique. Le capital est divisé en parts d'intérêts égales, et leur *cession* entre associés est libre. Pourtant, la cession de titres à des tiers° doit être soumise à l'approbation° des autres associés. Bien que l'entrée d'un tiers ne soit pas impossible, les associés ne risquent pas de perdre le contrôle de leur société. Ainsi ils jouissent des avantages de la SNC.

D'autres avantages, communs à la SARL et à la SNC, sont leur structure peu complexe et le nombre relativement peu élevé d'associés, ce qui leur permet le *partage* optimum des bénéfices. Par contre, l'inconvénient de la SARL, c'est que les bénéfices sont imposés au même taux que pour les SA, à 50%.

Pour constituer une SARL, le capital social minimum n'est que de 20.000 francs, et le nombre d'associés peut varier de 2 à 50 (au-dessus de

means
given
corporate identity

operation of
individuals

annual stockholders'
meeting
fiscal year
allocation

chief executive officer

go public (sell stocks)

third parties |
approval

50, il leur faut se constituer en SA). La société est administrée par un ou plusieurs *gérants*, associés ou non, qui sont nommés dans les statuts ou par l'Assemblée générale.

La SARL a connu un assez grand succès en France ces dernières années. Plus de 50% des sociétés existantes et 75% des sociétés commerciales de fondation plus récente sont ainsi constituées. On en trouve dans toutes les activités de petites et de moyennes dimensions, et les sociétés étrangères choisissent souvent la SARL comme forme juridique de leurs filiales qui sont implantées en France. Le chiffre d'affaires des SARL représente un peu plus de 14% du total des sociétés.

LES MOMENTS CRITIQUES DANS LA VIE D'UNE ENTREPRISE

LA FONDATION: Lorsqu'on veut fonder une entreprise, on doit observer plusieurs formalités dont les plus importantes suivent:

1. constituer une société avec ou sans associés, rédiger° les statuts avec un avocat, signer le contrat devant un notaire² et déposer les statuts au greffe° du Tribunal de commerce;

   write

   court clerk

2. être immatriculé sur le Registre du commerce et recevoir un numéro d'identité qui devra figurer sur l'en-tête° du papier à lettres° de l'entreprise et acquitter° le droit d'enregistrement;

   letterhead | stationery
   pay for

3. ouvrir un compte en banque ou un compte courant postal, dont le numéro doit être aussi imprimé sur l'en-tête;

4. louer un local et acheter «un fonds de commerce°» [en l'achetant, on acquiert non seulement les éléments corporels (bâtiments, outillage, marchandises) mais aussi les éléments incorporels (licences, *marques de fabrique*, *brevets* d'inventions, clientèle, etc.)];

   a business

5. insérer une annonce légale dans un journal pour faire connaître l'existence de l'entreprise.

Dès lors, la société sera automatiquement une «personne morale».

LA CROISSANCE: Lorsqu'une entreprise connaît une grande prospérité, il lui est possible d'agrandir son champ d'action de plusieurs manières:

1. la concentration horizontale—s'agrandir sur place ou créer des succursales ailleurs (comme le groupe Printemps° qui a créé des Prisunic° en province et a développé ses ventes par correspondance);

   name of a department store | name of a 5 and 10¢ store

2. la diversification horizontale—se lancer dans la production de nouveaux produits ou la prestation° de nouveaux services, proches des activités présentes (une fabrique de machines à laver peut passer à la fabrication de réfrigérateurs);

   furnishing

3. la diversification latérale—offrir des produits ou des services qui diffèrent totalement des activités actuelles (une entreprise de sidérurgie peut se lancer dans l'industrie agro-alimentaire);

4. la diversification verticale — intégrer dans l'entreprise d'autres activités (en amont° ou en aval°) qui ont à voir avec le produit, comme l'emballage° et la distribution.

upstream | downstream
packing, boxing

La croissance d'une entreprise peut également s'opérer de l'extérieur, c'est-à-dire par la fusion avec, ou l'absorption par, une autre société, ou par la création d'une société nouvelle et de ses filiales.

La création d'une filiale suppose toujours la détention d'une proportion importante du capital par la société mère. La filiale est dotée d'une personnalité juridique distincte, à la différence d'une succursale.

LA FAILLITE: Si le commerçant n'arrive pas à faire des bénéfices, et s'il est incapable de faire face à ses *créanciers*, il doit en faire la déclaration au greffe du Tribunal de commerce et *déposer son bilan*.

Après avoir étudié le *bilan* de l'entreprise, le tribunal peut choisir entre deux solutions: le règlement judiciaire° ou la liquidation des biens. S'il paraît que la situation de l'entreprise peut s'arranger par concordat°, il opte pour le règlement judiciaire. Dans un concordat, le débiteur s'entend avec° ses créanciers, qui lui font des concessions pour qu'il puisse régler ses dettes.

rule of court
certificate of bankruptcy
reaches an agreement with

Si la situation financière de l'entreprise est plus grave, pourtant, le tribunal prononce la liquidation des biens. Les créanciers s'unissent jusqu'à ce que le syndic°, nommé par le tribunal, distribue entre eux les biens du débiteur. La liquidation se fait par *une vente aux enchères*.

official receiver

Le commerçant est alors dit en faillite, c'est-à-dire qu'il lui est interdit de continuer désormais à gérer une entreprise. S'il réussit à s'acquitter de toutes ses dettes à la satisfaction de ses créanciers, le commerçant peut être réhabilité.[3]

NOTES:

1. Les entreprises du secteur public (nombreuses dans l'industrie et les services) jouissent, elles, d'un statut spécial, mais elles fonctionnent comme une société anonyme, où l'Etat est l'actionnaire majoritaire.
2. Officier ministériel qui rédige les contrats de vente et tout document concernant l'immobilier et les héritages.
3. Pourtant, au cas où le commerçant a été coupable° d'agissements° imprudents ou malhonnêtes, il est «en banqueroute» et est puni d'emprisonnement.

guilty | dealings

Vocabulaire et exercices (première partie)

l'action (*f.*) / *stock*
l'actionnaire (*m./f.*) / *stockholder*
l'affaire (*f.*) / *business*
l'apport (*m.*) / *contribution, share*
l'associé(e) / *partner*
le bilan / *balance sheet, books*

le brevet / *patent*
le capital (*pl.*, capitaux) / *capital (for investment)*
la cession / *transfer*
le commanditaire / *silent partner*
le commerçant / *businessperson, merchant*

le Conseil d'administration / *board of
  directors*
le/la créancier (-ière) / *creditor*
déposer son bilan / *file for bankruptcy*
diriger / *to run (a business)*
l'entreprise individuelle / *sole proprietorship*
s'établir à son propre compte / *to become
  self-employed*
la faillite / *bankruptcy*
le gérant / *manager*

juridique / *legal*
la marque de fabrique / *trademark*
le montant / *total amount*
le partage / *sharing*
le/la propriétaire / *owner*
responsable (de) / *liable (for)*
la retraite / *retirement*
la société anonyme / *corporation*
la société en nom collectif / *partnership*
la vente aux enchères / *auction*

A. EXERCICE DE VOCABULAIRE: A quels mots répondent les définitions suivantes?

1. ce que des associés apportent à une entreprise, à sa fondation
2. entreprise dont le capital est divisé en actions
3. vente publique pour liquider les biens d'une société
4. entreprise dont le capital est divisé en parts d'intérêt
5. le signe distinctif d'un produit
6. ce que fait un commerçant incapable de payer ses dettes
7. état d'un débiteur qui ne peut pas payer ses créanciers
8. celui à qui l'on doit de l'argent
9. relatif aux lois
10. personne à qui appartient une entreprise individuelle

B. QUESTIONS DE COMPRÉHENSION

1. Quels sont les avantages et les inconvénients pour le propriétaire d'établir une entreprise individuelle?
2. Quelles sont les caractéristiques de la société en nom collectif, en ce qui concerne la responsabilité des associés et le capital de la société?
3. Que font les actionnaires à la réunion annuelle de l'Assemblée générale d'une SA?
4. En quoi une société à responsabilité limitée ressemble-t-elle a une SNC, et à une SA? En quoi diffèrent-elles?
5. Expliquez la différence entre les diversifications horizontale, latérale et verticale.
6. Qu'est-ce qui arrive quand une entreprise est declarée en faillite?

DEUXIÈME PARTIE: Les Réseaux de distribution

Le secteur tertiaire, c'est-à-dire le secteur des services, comprend toutes
les activités de nature économique ou commerciale qui n'aboutissent°   *end up*
pas à la production de biens de consommation. En France, comme dans
toute société dite «post-industrielle», ce secteur est en plein essor° puis-   *expansion*

qu'il emploie actuellement plus de 50% de la population active. Les branches qui y figurent sont multiples et diverses: banques et institutions financières,[1] assurances, professions libérales (avocats, médecins, etc.), enseignement, *restauration* et *hôtellerie*, tourisme, transports et télécommunications.

Le secteur des services comprend non seulement les fournisseurs des services énumérés ci-dessus, mais aussi toute entreprise qui vend des biens de consommation produits par les secteurs primaire et secondaire. Le commerce constitue, du reste, près de 85% de la totalité des activités du secteur tertiaire.

Les réseaux de distribution (à l'achat et à la vente) comprennent tous les intermédiaires qui interviennent après la production des marchandises pour les mettre à la disposition des consommateurs: *grossistes*; *détaillants*; voyageurs, représentants, placiers° (VRP); et autres.[2]　　　　*sales representatives*

Parmi la grande diversité des formes, des circuits et des méthodes de distribution, on peut remarquer plusieurs tendances: celles héritées du passé et d'autres qui se sont développées plus récemment.

LA DISTRIBUTION TRADITIONNELLE

LES GROSSISTES:　　Les grossistes achètent des produits aux producteurs. Ils fractionnent° ensuite les gros stocks en lots pour la *vente* aux　　*divide up* détaillants, et les transportent jusqu'aux *entrepôts* où *s'approvisionnent* les détaillants, ou aux points de vente au détail. Les distributeurs jouent un rôle régulateur auprès du producteur: en achetant régulièrement pendant l'année, ils contribuent à son effort financier. Ainsi ils permettent au producteur de régulariser sa production, et de faire face° aux pointes　　*to calculate* (hautes et basses) de la consommation. De plus, ils paient et stockent les marchandises eux-mêmes, ce qui diminue le coût du stockage pour le producteur.

Il y a environ 87.000 grossistes en France et chacun dessert° en　　*serves* moyenne neuf détaillants. Mais les grossistes souffrent en général de la stratégie des producteurs qui vendent directement aux détaillants.

LES DÉTAILLANTS:　　Les petits et moyens détaillants représentent 80% du total des magasins de détail, et leur chiffre d'affaires représente 66% du total du commerce de détail. Il y a eu, pourtant, une diminution du nombre de petits commerçants dans l'alimentaire, et une augmentation du nombre des non-alimentaires tels que ceux qui se spécialisent dans le vêtement, l'équipement ménager et les articles de luxe.

Ce sont, en général, de petites entreprises familiales avec peut-être quelques salariés. Souvent, le propriétaire manque de formation° dans la　　*education* gestion, la rationalisation des achats et les méthodes promotionnelles. A la campagne, les petits et moyens détaillants ont subi une réduction de leurs ventes due à l'exode rural, et à la ville, ils sont menacés par l'ouverture de *supermarchés*.

AUTRES DISTRIBUTEURS:　　En plus des petits grossistes et détaillants, il y a aussi une persistance des activités marchandes au niveau individuel de la part des marchands qui vendent des produits de tous genres sur les *marchés en plein air* et dans les foires°. Les placiers, qui font du *porte-à-porte*, représentent eux aussi une méthode de vente traditionnelle qui persiste de nos jours. De plus, la vente par correspondance°, notamment par catalogue, se pratique depuis bien longtemps en France et jouit actuellement d'un succès toujours croissant.[3]

fairs

mail-order

LES GRANDS MAGASINS: Les *grands magasins* représentent la grande innovation du XIXe siècle. En 1852, Artistide Boucicaut a fondé le magasin «Le Bon Marché», et a introduit à ce moment-là des techniques modernes: l'entrée libre,[4] le prix des articles affiché° et les prix assez bas pour écouler rapidement les marchandises. C'était déjà le principe fondamental du prix réduit des «discounts»: les ventes en quantité compensent les prix moins élevés.

displayed

Le grand magasin actuel réunit dans le même local bien des *rayons* spécialisés qui offrent chacun un grand assortiment de produits. Il organise souvent ses efforts promotionnels autour de thèmes (voyages exotiques, saisons de l'année) qui flattent les rêves du client et l'incitent à l'achat. Il dispose de *vitrines* et *d'étalages*, ingénieusement décorés pour plaire au client.

Les grands magasins continuent à garder leur emplacement° traditionnel au centre ville, mais ils créent aussi des succursales dans la banlieue°. Les ventes des succursales sont souvent supérieures en volume à celles de la maison mère. Les grands magasins bien connus qui jouissent du plus grand chiffre d'affaires sont les Nouvelles Galeries, le Printemps et les Galeries Lafayette.

location
suburbs

LES NOUVELLES FORMES DE DISTRIBUTION

L'amélioration du niveau de vie et l'accroissement de la consommation depuis la Deuxième guerre mondiale ont accéléré la transformation de la distribution. L'influence des techniques du marketing américain a été pour beaucoup° dans cette transformation. Les nouvelles tendances comprennent l'agrandissement des entreprises, l'intégration des circuits de distribution et l'accroissement des efforts associatifs. Les entreprises étendent° leurs activités par la création de succursales, de grandes surfaces, et par la cession de franchises. Avec l'intégration des fonctions, un producteur peut jouer à lui seul les rôles de grossiste et de détaillant, et il met ses marchandises à la portée du client-consommateur dans un point de vente lui appartenant°. D'autre part, les distributeurs se sont rendu compte qu'ils pourraient obtenir de meilleurs prix en se groupant pour leurs achats, et l'on assiste à un nombre accru° d'associations à tous les niveaux de la distribution.

greatly responsible for

extend

belonging to him

increasing

LES GRANDES SURFACES: Dans les 20 dernières années, l'exemple le plus frappant de l'innovation dans les méthodes de distribution est l'apparition des grandes surfaces°, comme les supermarchés et les *hypermarchés*. C'est Carrefour qui a lancé le premier supermarché en France en 1960, et le premier hypermarché en 1963. Le supermarché a une sur-

supermarkets and discount stores

face de vente de 400 à 2.500 mètres carrés° et offre un assortiment de produits essentiellement alimentaires. L'hypermarché, par contre, comporte plus de 2.500 mètres carrés et fait une plus large part aux produits non-alimentaires. Ce sont tous les deux des magasins de vente au détail, où sont pratiqués le libre service et le paiement des achats à des *caisses* à la sortie.

Les grandes surfaces se modèlent sur les «discounts» américains. Pour réduire les dépenses, on préfère construire sur des terrains moins chers à la périphérie des villes, ce qui nécessite l'aménagement de parkings. On économise aussi sur l'aménagement intérieur, en supprimant les vitrines et les étalages élaborés. Le libre service permet aussi une réduction du personnel, puisqu'il y a moins de vendeurs que dans les magasins traditionnels. En achetant en grosses quantités, les grandes surfaces bénéficient souvent de remises°. Toutes ces économies permettent d'alléger° le prix des articles vendus.

Pour sa part, le client apprécie les prix bas, mais est condamné à accepter l'impersonnalité des grandes surfaces; il ne peut que regretter l'attention personnelle du petit commerçant du coin.

Depuis leur fondation, les grandes surfaces ont connu un grand essor en France; en 1981, il y avait plus de 4.000 supermarchés. Pendant la même période, le nombre d'hypermarchés avait augmenté aussi d'un tiers, pour atteindre 460. Leur croissance a été ralentie° en partie à cause de la loi Royer, votée en 1973, pour «qu'une croissance désordonnée° des formes nouvelles de distribution ne provoque pas l'écrasement° de la petite entreprise . . .».

Pour concurrencer les grandes surfaces, les grands magasins ont créé des magasins populaires, qui, tout en offrant beaucoup moins de produits et de moins bonne qualité, ont des coûts de gestion et des prix moins élevés que les grands magasins dont ils dépendent. Ainsi, Uniprix et le Bazaar de l'Hôtel de Ville sont des filiales du Groupe Nouvelles Galeries, et le Prisunic dépend du Groupe Printemps.

LE CENTRE COMMERCIAL: Les *centres commerciaux*, modelés sur le «shopping center» américain, sont de vastes centres construits en banlieue qui comprennent des grands magasins entourés de° supermarchés, et de magasins et de boutiques spécialisés. D'immenses *aires de stationnement* sont aménagées pour les automobilistes.

LE FRANCHISAGE: Une forme de la distribution qui attire de plus en plus de petits commerçants est le franchisage. Selon cette formule, le franchiseur cède° à un franchisé le droit d'exploiter une *marque*, des méthodes ou des techniques contre paiement d'une redevance° basée sur le chiffre d'affaires. L'avantage pour le franchisé est qu'il peut rester indépendant, tout en bénéficiant d'une «corde de sécurité», parce que le franchiseur lui apporte aussi des conseils sur la gestion et la commercialisation. Le franchiseur, lui, peut multiplier ses points de vente, sans avoir à investir de gros capitaux dans la fondation d'une succursale.

Les pouvoirs publics encouragent le franchisage comme la meilleure formule pour permettre la survie du petit commerçant. Le franchisage se

square meters

quantity discounts | lighten, lower

slowed

disorderly
suppression

surrounded by

grants
royalty

pratique dans des domaines très variés, mais surtout dans la restauration, l'alimentation et l'hôtellerie.

LES COOPÉRATIVES DE CONSOMMATEURS: Les coopératives de consommateurs ont eu leurs origines vers le milieu du XIXe siècle, et la Fédération nationale des coopératives de consommation (FNCC) compte aujourd'hui plus de 3.000.000 ménages qui adhèrent à plus de 400 sociétés. Dans une coopérative, c'est l'idée du service qui domine, plutôt que celle du profit. Les sociétaires détiennent des parts, et ils reçoivent un intérêt selon les bénéfices de la coopérative et une ristourne° basée sur le montant de leurs achats.

rebate

COMMENT CALCULER UN BÉNÉFICE

Tout commerçant espère dégager° un bénéfice en vendant ses marchandises, car ce n'est pas en vendant au prix coûtant° ou à perte qu'il s'enrichira. Pour déterminer son prix de vente, il aura à compter avec les charges suivantes: le coût d'achat (ou le prix de revient), les *frais* de vente et les frais généraux°. Après déduction de toutes ces charges-là de son prix de vente, il arrivera à découvrir à combien se monte son bénéfice net.

earn

at cost

overhead

Le Coût d'achat	=	Le Prix d'achat	+	Les Frais d'achat
		C'est le prix qu'il faut payer au fournisseur pour les marchandises.		Ce sont les dépenses qui résultent de l'acquisition des marchandises: commissions à l'intermédiaire qui a facilité l'achat; transport; assurances; douanes; *magasinage*.

Les Frais de vente	Les Frais généraux
Ce sont les dépenses faites pour mettre les articles à la portée de sa clientèle: fixes et commissions à des VRP ou aux vendeurs en magasin; taxes dont le commerçant est passible envers l'Etat; emballage et conditionnement des articles publicité pour promouvoir les ventes.	Ce sont toutes les charges qui résultent du fonctionnement de son entreprise: salaires du personnel non affecté à la vente; charges sociales pour les employés; assurance et loyer de l'immeuble; chauffage, eau, électricité; téléphone, frais de la poste.

Remarquez:

1. Le prix de vente − le coût d'achat = la marge brute.
2. Le chiffre d'affaires (total des ventes pendant une période déterminée) = le coût d'achat (prix d'achat, frais d'achat) + la marge brute° (frais de vente, frais généraux, bénéfice net).   *gross margin*

NOTES:

1. Voir le Chapitre 5 sur les Finances.
2. Voyageurs, représentants et placiers sont tous des intermédiaires qui mettent en contact vendeurs et acheteurs, mais chacun se distingue par ses attributions. Souvent, pourtant, on utilise «VRP» pour se référer à la catégorie générale de représentant.
3. Les deux grandes maisons La Redoute et Les Trois Suisses se spécialisent dans la vente par catalogue.
4. A cette époque, on s'attendait à ce que le client n'entre dans un magasin que pour acheter. Les marchandises, empilées° derrière le comptoir, n'étaient pas accessibles au client. Elles ne portaient pas d'étiquettes° ni de prix.   *piled up*
labels

Vocabulaire et exercices (deuxième partie)

l'aire (*m.*) de stationnement / *parking lot*
s'approvisionner / *to get supplies, to stock up*
la caisse / *cash register*
le centre commercial / *shopping center*
le détaillant / *retailer*
l'entrepôt (*m.*) / *warehouse*
l'étalage (*m.*) / *display*
le frais / *expense, charge*
le grand magasin / *department store*
le grossiste / *wholesaler*

l'hôtellerie (*f.*) / *hotel business*
l'hypermarché (*m.*) / *discount store*
le magasinage / *warehousing*
le marché en plein air / *open-air market*
la marque / *brand name*
le porte-à-porte / *door-to-door sales*
le rayon / *department (in a store)*
la restauration / *restaurant business*
le supermarché / *supermarket*
la vente / *sale*
la vitrine / *shop window*

A. EXERCICE DE VOCABULAIRE: Complétez les phrases avec le mot qui convient.

1. Ce commerçant vend directement aux consommateurs, c'est un _____.
2. Dans n'importe quel magasin, on paie ses achats à _____.
3. On stocke les marchandises dans un _____.
4. Le Printemps est un _____ très connu.
5. Les _____ achètent aux producteurs et approvisionnent les détaillants.
6. Pour attirer les clients dans la rue, on prepare de belles _____.
7. La _____ de cette voiture est Renault.

8. Un ami de mon père est un grand chef de cuisine dans la _____ française.
9. Dans les rues de Paris, il y a beaucoup de _____, où on vend des fruits et des légumes.

B. QUESTIONS DE COMPRÉHENSION

1. Décrivez le secteur tertiaire.
2. Que font les grossistes?
3. Quels problèmes les détaillants ont-ils à la campagne?
4. Comment les grands magasins attirent-ils leur clientèle?
5. Quels avantages les distributeurs ont-ils en se groupant?
6. Comment les supermarchés et les hypermarchés réduisent-ils leurs frais?
7. Comment le gouvernement est-il intervenu pour protéger les petits commerçants contre les grandes surfaces?
8. Qu'est-ce que les grands magasins ont fait pour concurrencer les grandes surfaces?
9. Dans le franchisage, quels sont les avantages pour le franchisé et le franchiseur?
10. Quels magasins peut-on trouver dans un centre commercial?
11. Quelle est la différence entre le prix d'achat et les frais d'achat? entre les frais de vente et les frais généraux?
12. Que faut-il soustraire du prix de vente pour découvrir le bénéfice net?

C. À VOTRE AVIS

1. Quelle forme juridique de société choisiriez-vous si vous fondiez votre propre entreprise en France? Pourquoi?
2. Il y a des gens qui s'opposent au gigantisme des grandes sociétés. Quel est votre avis sur ce sujet?
3. Dans quelles circonstances préférez-vous fréquenter les grandes surfaces plutôt que les petites boutiques?
4. Selon vous, le gouvernement a-t-il raison d'intervenir pour protéger les petits commerçants? Justifiez votre réponse.
5. Discutez les méthodes de distribution et de vente aux Etats-Unis ou au Canada.

TRAVAUX PRATIQUES 1: La Structure d'une société commerciale

LE «MANAGEMENT» À LA FRANÇAISE

D'après les recherches faites par des experts, les cadres français et américains ont souvent des idées fort différentes sur la nature et l'importance des relations hiérarchiques° dans une société (autrement dit, de son management). L'individualisme des Français, encouragé par la nature très compétitive de leur système d'enseignement et renforcé par la nature hiérarchique de leur société, se manifeste en termes relationnels dans une entreprise. Les Français ne fonctionnent pas aussi bien que les Américains dans le travail d'équipe°, et ils sont motivés autant par le désir d'atteindre le pouvoir que par celui d'accomplir des tâches°. Les rapports dans une hiérarchie organisationnelle peuvent leur apparaître donc comme fondés sur une base personnelle ou sociale plutôt que fonctionnelle.

    Très influencé par les concepts des managements américain et japonais, le monde des affaires français est à la recherche de techniques qui conviennent le mieux à la mentalité et aux habitudes françaises. Pour en comprendre les complexités, il faut examiner la structure d'une entreprise commerciale aujourd'hui.

hierarchical

team work
tasks

LE P.-D.G. ET LE COMITÉ DE DIRECTION

Le *Président-Directeur Général* d'une société française agit à la fois comme Président du Conseil d'administration et comme Directeur général de la société. Il en résulte un cumul de responsabilités qui n'existe pas très souvent dans les sociétés américaines. Le P.-D.G. exerce un pouvoir considérable en jouant un double rôle, l'un «législatif» et l'autre «exécutif». Président le Conseil, il détermine la politique générale de l'entreprise, et en tant que Directeur général, il *met en œuvre* cette politique et *gère* toutes les opérations de l'entreprise.

Pour ce faire, il est aidé par les directeurs, ou *chefs de services*, et souvent par un Secrétaire général, qui forment ensemble le Comité de direction. Le Secrétaire général, une sorte de «administrative vice-president», supervise tout ce qui concerne les finances et les questions de personnel. Tout passe par le Secrétaire général avant d'arriver dans le bureau du P.-D.G.

Un autre service au niveau de la direction est le Contrôle de gestion, ou Bureau de plan-programmes°, qui travaille en liaison de conseil° avec le P.-D.G. En utilisant les résultats donnés par les divers services et à l'aide de renseignements fournis par les services de la comptabilité et financier, ce service s'occupe du planning et des budgets pour les divers services.

planning | advisory capacity

LES SERVICES ET LEURS FONCTIONS

Le nombre et l'organisation des services d'une entreprise peuvent varier selon la taille et l'activité de l'entreprise. Pourtant, ils sont organisés selon des fonctions bien distinctes. Dans une entreprise commerciale, il y a une fonction de gestion du personnel, une fonction financière et de *comptabilité* et une fonction commerciale.

LE SERVICE DU PERSONNEL: Le Service du personnel s'occupe:

du recrutement, de l'*embauche* et du *licenciement*;

de la tenue° des dossiers du personnel°;

keeping of | personnel files

de l'établissement de la paie;

de l'information du personnel sur ses droits° et ses devoirs°;

rights | duties

de la formation du personnel et de son *recyclage;*

des relations avec les organismes sociaux (comités d'entreprises, syndicats, inspection du travail, sécurité sociale).

LE SERVICE FINANCIER: Le Service financier participe à la conception et à l'application de la politique financière de l'entreprise. Il analyse le poids° relatif des dettes de l'entreprise et prend des décisions sur les *emprunts* à contracter pour couvrir les dettes. Ce service identifie les ressources de l'entreprise et s'occupe des investissements boursiers° et bancaires à faire à court, moyen et long terme°.

weight

stock exchange investments
short, medium and long term

LE SERVICE DE LA COMPTABILITÉ: Le Service de la comptabilité comprend deux divisions: la comptabilité générale et la comptabilité analytique°. La comptabilité générale:

management accounting

s'occupe du service de la caisse;

est responsable de l'élaboration de tous les documents comptables: le livre journal (enregistrement de toutes les activités journalières), le livre inventaire, le bilan, le livre de paie;

s'occupe de *la facturation*.

La comptabilité analytique:

opère la ventilation° des frais parmi les services pour déterminer le coût réel des opérations et pour découvrir les écarts°;

distribution discrepancies

fait des prévisions sur les *prix de revient* et de vente.

LE SERVICE COMMERCIAL (OU DU MARKETING): Ce service-clé englobe toutes les activités qui ont pour but de développer la vente maximum des produits ou des services dans les meilleures conditions possibles. Ses activités portent donc sur la commercialisation du produit et sa distribution, le marketing et la promotion des ventes, comme suit:

Le produit: dirige la conception, la création et l'amélioration du produit.

La distribution: dirige les ventes par courtiers°, commissionnaires°, VRP et vendeurs en magasin; dirige le Service des expéditions (*emballage, transport*) et le Service après-vente (entretien et réparation°).

brokers | commissioned agents

repair

Le marketing: dirige l'étude du marché: débouchés, goûts et besoins du public et prospection de la clientèle (enquêtes°, sondages).

questionnaires

La promotion: dirige le Service de la publicité; distribue des *échantillons*; s'occupe des stratégies de vente (réductions de prix, etc.).

Organigramme d'une entreprise française

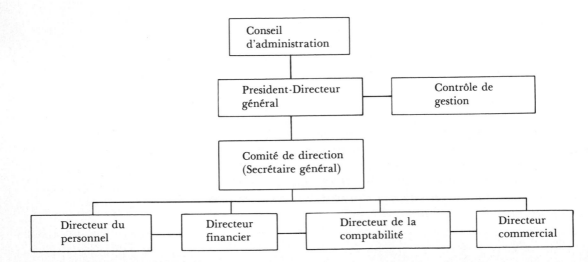

La taille et la multiplicité des opérations des moyennes et grandes entreprises[1] nécessitent une organisation d'une grand complexité, mais qui ne doit pas être dépourvue de souplesse°. Cependant, pour assurer leur bonne marche, les fonctions des divers services doivent être bien définies, la communication entre les responsables claire et les lignes d'autorité bien délimitées. L'*organigramme* abrégé ci-dessus offre une image graphique de l'organisation d'une entreprise typique de taille moyenne, comptant à peu près 1000 employés.

flexibility

NOTE:

1. Une moyenne entreprise emploie entre 50 et 1999 salariés; une grande entreprise emploie plus de 2000 salariés.

Vocabulaire et exercices

le chef de service / *department head*
la comptabilité / *bookkeeping, accounting*
l'échantillon (*m.*) / *sample*
l'embauche (*f.*) / *hiring*
l'emballage (*m.*) / *packing, wrapping*
l'emprunt (*m.*) / *borrowing*
la facturation / *billing*
gérer / *to manage*

le licenciement / *firing*
mettre en œuvre / *to implement*
l'organigramme (*m.*) / *organizational chart*
le Président-Directeur Général (P.-D.G.) / *Chairman of the Board and chief executive officer (CEO) of a company*
le prix de revient / *purchase cost*
le recyclage / *retraining*

A. QUESTIONS DE COMPRÉHENSION

1. Comment est-ce que les Français conçoivent les relations hiérarchiques dans une entreprise? Pourquoi? En quoi cette conception est-elle différente de celle des Américains?
2. Quelles fonctions le P.-D.G. cumule-t-il dans une entreprise française?
3. De quoi le Contrôle de gestion s'occupe-t-il?
4. Quelles sont les fonctions principales dans une entreprise commerciale?
5. En quoi les fonctions des services de la comptabilité générale et de la comptabilité analytique diffèrent-elles?
6. Quelles sont les activités sur lesquelles portent les responsabilités du Service commercial?

B. À VOTRE AVIS

1. Croyez-vous que le cumul des fonctions au poste de P.-D.G. soit une bonne idée? Donnez le pour et le contre.

2. Travaillez-vous mieux en équipe ou seul(e)? Qu'est-ce qui vous motive?

3. Dans quel service chercheriez-vous un emploi et pourquoi?

C. SITUATION: Vous allez faire un stage (*training period*) dans une entreprise française, et le P.-D.G. vous a reçu dans son bureau à votre arrivée. Il vous accorde cette interview pour que vous fassiez connaissance avec l'entreprise. Vous voulez l'interroger sur la structure de son entreprise. Le Président répond à vos questions. Jouez les deux rôles.

TRAVAUX PRATIQUES 2: Les Chambres de commerce et d'industrie

Les Chambres de commerce et d'industrie françaises (CCI) sont des organisations locales qui ont pour but d'encourager le développement de l'activité économique du commerce, de l'industrie et des services dans la ville ou la région. Elles datent de 1700, quand les premières ont été créées dans les principales villes portuaires° du royaume.   *harbor*

On trouve des Chambres de commerce dans tous les pays évolués°,   *developed*
mais la conception française de ces organismes est originale. Les CCI en France sont des *établissements publics* sous la tutelle° de l'Etat. Elles   *tutellage*
bénéficient d'impôts pour une partie de leur financement, et leurs membres sont élus au suffrage universel par les commerçants et les industriels immatriculés au Registre du commerce. Le statut des CCI est sans doute un compromis entre les tendances contradictoires des Français: d'une part, leur goût de la centralisation, puisque les CCI sont soumises au contrôle administratif et financier de l'Etat; d'autre part, celui de la décentralisation, puisqu'il y a 152 circonscriptions° dont les dirigeants sont   *districts*
élus par les membres.

Les CCI représentent une tradition libérale plutôt que dirigiste, en ce qui concerne le rôle de l'Etat dans l'économie. Même si ce sont des établissements publics, les Chambres sont obligées de se procurer de l'argent pour financer la plus grande partie de leur budget tout comme les entreprises privées.

Les sièges° dans les Chambres sont répartis entre commerçants, indus-   *seats*
triels et fournisseurs de services, selon l'importance économique de chaque secteur dans la circonscription.[1] Une représentation est assurée aux petites et moyennes entreprises, mais aucun groupe ne peut occuper plus de la moitié des sièges.

Leur mission est de:

1. représenter les entreprises auprès des pouvoirs publics, et conseiller les entreprises sur des questions d'ordre économique, financier et juridique;

2. fournir une aide personnalisée aux entreprises;
3. créer et administrer des travaux pour accroître la prospérité du commerce et de l'industrie.

La première mission n'est plus comme jadis° la mission la plus importante des CCI, mais elle démontre bien le rôle intermédiaire que jouent les CCI entre les pouvoirs publics et les entreprises.

before

Quant à leur deuxième mission, son importance s'est accrue au cours des dernières années, surtout pour les petites et moyennes entreprises. Les CCI ont créé des centres de documentation et d'information, et leurs assistants techniques sont chargés° de donner aux commerçants, aux fournisseurs de services et aux industriels des conseils qui touchent à toutes leurs activités (vente, gestion, comptabilité, exportation, informatisation et droit social et fiscal).

given the task of

C'est leur troisième mission qui distingue les CCI des Chambres de commerce américaines. Les services créés et administrés par les CCI françaises comprennent deux catégories importantes: l'enseignement et les services commerciaux et industriels.

En effet, ce sont les CCI qui ont créé la *formation* commerciale en France, et elles dirigent toute une gamme d'écoles commerciales et de centres technologiques où les CCI offrent un enseignement commercial. Les écoles fonctionnent du niveau secondaire au niveau supérieur. La CCI de Paris gère plus de quarante établissements [dont L'Ecole supérieure de commerce de Paris (ESCP), le Centre de perfectionnement aux affaires (CPA) et L'Ecole des affaires de Paris (EAP)]. D'autres CCI en province ont suivi l'exemple de la CCI de Paris.

La CCI de Paris a aussi été l'une des pionnières de la formation continue, grâce à laquelle les hommes d'affaires, les cadres, les gérants et les chefs d'entreprise peuvent *s'inscrire* pour se recycler et approfondir° leurs connaissances. Quelques exemples des programmes offerts par le Centre parisien de management sont «La Conversion° des femmes de 40 ans» et «Les Jeunes diplômés de l'enseignement supérieur à la recherche d'un premier emploi». Les CCI accueillent aussi des hommes d'affaires et des enseignants étrangers dans des cours spéciaux.

deepen

retraining

En plus de leur rôle important dans l'enseignement, les CCI administrent des services urbains utiles au commerce et à l'industrie. Elles agissent comme *concessionnaires* de l'Etat pour la construction et l'exploitation d'*installations* comme des ports maritimes et fluviaux, des aéroports, des zones industrielles, des magasins généraux° et des centres de *douane*. De plus, elles gèrent des foires et des *palais des congrès*.

warehouses

Le *champ d'action* des CCI est constamment élargi par les pouvoirs publics. Par exemple, elles jouent un rôle dans l'aménagement du territoire, dans l'aide à l'exportation, dans l'urbanisme commercial et dans la lutte contre la pollution. Les Chambres locales sont regroupées à l'échelon régional en 22 Chambres, qui *sont habilitées à* faire des études sur l'amélioration et la modernisation des services et des installations.

NOTE:

1. Il est interdit aux CCI d'intervenir dans l'agriculture ou dans les professions libérales. Il y a d'autres Chambres (d'agriculture, et de métiers), également des établissements publics, qui remplissent des fonctions similaires pour les agriculteurs et l'artisanat.

Vocabulaire et exercices

le champ d'action / *sphere of activity*
le concessionnaire / *concessionary with the exclusive right to sell, operate, administer, etc.*
la douane / *customs office*
l'établissement (*m.*) public / *public institution*

être habilité à / *to be empowered to*
la formation / *education, training*
s'inscrire / *to register*
les installations (*f.*) / *facilities*
le palais des congrès / *convention center*

A. QUESTIONS DE COMPRÉHENSION

1. Quel est le rôle des CCI françaises?
2. Comment les sièges des CCI sont-ils répartis?
3. Quelles sont les différentes missions des CCI françaises?
4. De quoi les assistants techniques sont-ils chargés?
5. Quel genre d'enseignement les CCI offrent-elles?

B. À VOTRE AVIS

1. Comparez l'étendue des activités des Chambres de commerce américaines et françaises.
2. Selon vous, pourquoi la collaboration entre les CCI et d'autres établissements publics est-elle souhaitable?
3. Débat: Prenez position pour un point de vue dans un débat avec un (une) de vos camarades. Justifiez votre point de vue.

   Les CCI devraient être . . .
   a. des établissements entièrement libres et formés de volontaires, comme aux Etats-Unis, parce que . . .
   b. un genre mixte comme dans le système français, parce que . . .
   c. un prolongement de l'Etat et soumises à son contrôle à tous points de vue, puisque . . .

LES FINANCES

INTRODUCTION

L'argent joue un rôle moteur dans la vie économique des Français, comme dans tous les pays évolués. Sans argent, on en serait encore à employer le *troc* comme moyen d'échange. L'argent, sous ses formes diverses, a plusieurs fonctions: il sert d'étalon° des valeurs; il permet le paiement des dettes pour des biens ou des services; et c'est aussi un moyen d'*épargne* et d'investissement. Tous ces emplois de l'argent permettent le développement économique d'un pays. C'est à partir de ces fonctions de la monnaie que nous allons examiner la monnaie[1] française, le franc: son utilisation, son émission° et sa circulation.

standard

issue

PREMIÈRE PARTIE: Monnaie, crédit, épargne

Pour payer leurs dettes, les Français emploient la monnaie, soit *en espèces* (*billets* de banque et monnaie métallique), soit scripturale (chèques, *virements*, cartes de crédit, *prélèvements*, *traites*).

LA MONNAIE EN ESPÈCES ET LA MONNAIE SCRIPTURALE

C'est sous le règne de Saint Louis au XIIIe siècle que la «livre» est devenue la première monnaie légale en France et elle l'est restée jusqu'à la Révolution. Depuis 1795, l'unité monétaire française est le franc, et il est

composé de 100 centimes. Les pièces° en circulation sont de 1, 2, 5 et 10   *coins*
francs, plus celles qui constituent la «petite monnaie» (les centimes: 5,
10, 20, 50). Ce sont les billets de banque de diverses coupures° (10, 50,   *denominations*
100, 200 et 500 francs) qui servent le plus souvent au *règlement comptant.*

   Depuis que le dollar n'est plus convertible en or, ce métal ne sert plus
d'étalon de valeur dans le cours des changes. Mais les gouvernements gardent tout de même de l'or dans leurs banques nationales comme réserves
monétaires. En 1980, l'encaisse or° de la Banque de France représentait   *gold reserves*
7% du total détenu° par les gouvernements dans le monde.   *held*

   La monnaie scripturale, le moyen le plus commode de payer les dettes,
est employée pour le règlement de dettes importantes, non seulement
entre commerçants et industriels, mais aussi entre particuliers.

LE CHÈQUE: Le chèque a été introduit en France en 1865, mais il a
fallu beaucoup de temps pour que son emploi soit généralisé. En 1966,
seulement 30% des ménages français avaient un *compte chèque,* alors
qu'en 1982, ce chiffre était de 95%. Depuis 10 ans, le nombre de
chèques tirés° a quintuplé, ce qui montre qu'une fois l'habitude prise, les   *drawn*
Français s'en servent beaucoup. Quand on ouvre un compte de chèques
bancaire ou postal,[2] on reçoit un *chéquier.* On peut *tirer un chèque* à
l'ordre d'un bénéficiaire ou à son propre profit. Pour *toucher un chèque,*
le bénéficiaire doit l'*endosser* au verso. S'il ne veut pas le toucher, le
bénéficiaire peut choisir d'en faire un *versement* sur son propre compte.
Une fois par mois, le détenteur° d'un compte reçoit un *relevé de compte,*   *holder*
qui en détaille les mouvements (versements ou *retraits*) et qui en indique
le solde.

   Les chèques à ordre (seul le bénéficiaire peut l'encaisser°) sont en gé-   *cash*
néral barrés, pour diminuer les risques de perte et de vol°, par deux   *theft*
traits° obliques et parallèles (//) et ne peuvent être encaissés que par   *lines*
l'intermédiaire d'une institution financière.

LE VIREMENT: Par ordre de virement, on peut faire virer° une   *transfer*
somme de son compte à celui d'une autre personne, soit dans la même
banque, soit dans une banque différente. Les virements peuvent même se
faire entre banques et centres de chèques postaux, et vice versa. Puisque
la banque s'en charge, le règlement est accéléré et il n'y a pas de risque
de perte dans la transmission qui est automatisée.

LA CARTE DE CRÉDIT: L'utilisation de la carte de crédit se répand
de plus en plus en France. Parmi les six millions de cartes détenues, celles
qui sont le plus en évidence sont la Carte Bleue (Visa) et l'Euro-
chèque, toutes deux émises par des banques. Le grand avantage de la
carte de crédit est évidemment de pouvoir différer° le règlement des achats   *postpone*
pendant un mois ou plus. La Carte Bleue s'utilise aussi dans les guichets°   *teller's windows*
automatiques pour obtenir des espèces.

LE PRÉLÈVEMENT AUTOMATIQUE: Le prélèvement automatique
sert à payer les *factures* répétitives et périodiques, telles que l'électricité,
le gaz, le téléphone et l'eau.

BANQUE NATIONALE DE PARIS

ORDRE DE VIREMENT

Par le débit de $\dfrac{\text{mon}}{\text{notre}}$ (1) compte ci-dessous _____

(nom ou raison sociale du donneur d'ordre)

CODE BANQUE	CODE GUICHET	NUMÉRO DE COMPTE	CLÉ RIB
3,0,0,4	0	0,0,0	

(adresse du donneur d'ordre)

▲ _____ reproduire ci-dessus les indications de votre relevé d'identité bancaire ▲

Veuillez $\dfrac{\text{virer}}{\text{tenir à la disposition}}$ (1) la somme de _____

(somme en lettres)

SOMME EN CHIFFRES

F F _____ , ____

_____ NOM DU BÉNÉFICIAIRE _____

en faveur
de

chez

Banque (1)

C.C.P. (1)

CODE BANQUE ou ETS	CODE GUICHET	NUMÉRO DE COMPTE	CLÉ RIB RIP ou RICE

(adresse du bénéficiaire)

(nom de l'établissement et du guichet du bénéficiaire)

_____ MOTIF OU RÉFÉRENCE DE L'OPÉRATION (Facultatif) _____

Date : _____

Signature

(1) Rayer la mention inutile.

VP. 0018 - 11-79

CREDIT LYONNAIS
fondé en 1863
S.A. au capital de 537.500.000 francs
Banque inscrite - r.c.s. lyon b 954 509 741

BORDEREAU DE VERSEMENT

INDICATIF DE L'AGENCE	POUR COMPTE NUMÉRO	C	MONTANT
		F	

Somme en lettres

Agence _____ , le _____

Signature pour Contrôle,   Signature de la partie versante,

BÉNÉFICIAIRE (1) nom, prénoms et adresse :

(1) Écrire en lettres capitales.

⑈5000045⑈

LA TRAITE: Dans le commerce intérieur en France, les règlements à terme° s'effectuent le plus souvent par traites. La traite s'utilise comme suit: un débiteur demande à son créancier de tirer une traite sur lui. La traite est une promesse de payer une dette, et le délai moyen de paiement d'une traite est de trois mois. Mais la traite est négociable et transmissible, donc elle sert de monnaie. Pour négocier la traite, le tireur la fait escompter° à la banque, et il en reçoit le montant en espèces moins la commission bancaire, qui s'appelle l'agio. Pour régler un de ses propres créanciers, le tireur peut la lui transmettre.

    Dans le commerce extérieur, les achats se règlent par traites (garanties par un crédit documentaire), accréditifs°, virements, ou chèques bancaires. Pour la plupart de ces procédures, ce sont les banques qui s'en chargent.

credit payment

discount

letter of credit

LE CRÉDIT

Les particuliers, les commerçants et les industriels ont souvent recours au crédit, c'est-à-dire la promesse de régler l'achat de produits ou de services *à court* ou *à long terme.* Les particuliers peuvent bénéficier d'un crédit à court terme lorsqu'ils achètent des marchandises (lave-vaisselle, téléviseur couleur, par exemple) *à tempérament.*

L'ÉPARGNE EN FRANCE

Les Français ont toujours fait grand cas de la sécurité que représente l'épargne. Si les formes que prend leur épargne se sont diversifiées ces derniers temps, le souci° de faire des économies pour mettre leur patrimoine° à l'abri d'un avenir incertain les anime toujours. On évoque quelquefois le stéréotype du Français mettant ses sous° ou ses Napoléons[3] dans le bas de laine° traditionnel. Si cette image est un peu désuète° aujourd'hui, la recherche de placements «sûrs» qui sont des «valeurs-refuges» contre l'inflation (comme la terre, la forêt ou l'or) n'en caractérise pas moins l'épargne en France, surtout en période d'instabilité économique. Le Français des années 80 peut choisir, parmi tout un éventail° d'investissements, un abri pour mettre son argent de côté.

concern
heritage
pennies
wool stockings |
  outdated

range

    Le taux d'épargne des ménages français a quelque peu fléchi° récemment, mais il représente toujours un pourcentage assez élevé du revenu national disponible, comparé à celui des Etats-Unis. Il y a plusieurs facteurs qui interviennent pour déterminer le choix d'investissement: la perspective de valorisation°, le rendement° dans l'immédiat, la fiscalité° et la *disponibilité* ou liquidité° de l'argent.

fallen

capital appreciation |
  return | taxation
liquidity

LES COMPTES D'ÉPARGNE ET D'ÉPARGNE-LOGEMENT: Les comptes d'épargne dans les banques et autres organismes financiers sont à vue° ou à terme variable. L'avantage d'un *compte à vue* est la disponibilité de son argent pour l'épargnant; l'avantage d'un *compte à terme* est le taux d'intérêt plus élevé qui varie selon le terme du dépôt.

"payable at sight"

L'épargne-logement offre la possibilité de combiner l'épargne sur un plan de cinq ans avec un prêt à la fin qui présente un taux d'intérêt avantageux pour la construction ou l'acquisition d'un logement principal.

LA BOURSE: Pour les investisseurs qui acceptent de courir de plus grands risques, les actions et les *obligations* s'achètent et se vendent à la *Bourse*.[4] Les actions représentent des fractions du capital d'une société, et font de l'actionnaire un co-propriétaire de la société. Le cours d'une action fluctue tous les jours sur le marché. Si la société prospère, le détenteur d'actions ordinaires° reçoit des dividendes dont le montant varie.
common stock

L'obligation est un titre de créance° qui représente un *emprunt* fait par l'émetteur (l'Etat, les collectivités publiques, les sociétés anonymes). Le prix que paie l'épargnant à la souscription d'une obligation est sa «valeur nominale»; s'il garde l'obligation jusqu'à l'*échéance*, le prix du remboursement sera égal ou supérieur à la valeur nominale; s'il la vend avant terme, il n'est pas assuré de recevoir la valeur nominale.
claim

Si l'épargnant veut investir sans prendre la responsabilité de la gestion de son portefeuille°, il peut choisir un club d'investissement ou une société d'investissement à capital variable (qui correspond à un «mutual fund»).
portfolio

On peut aussi spéculer sur l'or, en pièces ou en lingots°, à la Bourse. Comme aux Etats-Unis et au Canada, il y a des sociétés d'investissement qui se spécialisent dans l'*immobilier* «habitation» ou «commercial» et dans les groupements forestiers.
bullion

L'ÉTAT ET LES ÉPARGNANTS: Le gouvernement peut intervenir par des moyens divers pour influencer le choix de l'investisseur. Par exemple, les intérêts sur les comptes d'épargne sont exonérés° d'*impôts* jusqu'à une certaine limite. Pour encourager l'expansion et la modernisation du secteur industriel privé, l'Etat offre quelques stimulants. Par exemple, les contribuables° peuvent déduire de leur revenu imposable° les achats d'actions françaises jusqu'à une certaine limite. Cependant, les Français se méfient traditionnellement des aléas° de la Bourse.
freed of
taxpayers | taxable
risks

Le gouvernement peut aussi exiger° l'épargne, comme il l'a fait au printemps de 1983 dans le cadre de son programme d'austérité. A ce moment-là, le gouvernement a forcé les Français à lui faire un prêt obligatoire, remboursable sur plusieurs années, et dont le montant était de 10% de l'impôt sur le revenu payé en 1982.
require

NOTES:

1. «L'argent» se dit de l'emploi individuel de «la monnaie», qui a un sens plus abstrait et qui a le sens de monnaie nationale (le dollar, le franc). «La monnaie» veut dire aussi *change* en anglais. «Une devise» décrit toute monnaie étrangère utilisée pour régler les échanges.
2. Voir le Chapitre 6 pour une discussion des services bancaires de la poste.
3. Pièce en or cotée° à la Bourse et dont la valeur sert d'étalon à certains bons et obligations émis par l'Etat.
quoted

4. Les origines de la Bourse remontent au XIVe siècle. Le Palais de la Bourse à Paris est un édifice impressionnant, construit entre 1808 et 1826, d'après les plans de Brongniart. La Bourse de Paris n'est qu'une des sept Bourses françaises. Les autres Bourses se trouvent à Bordeaux, Lille, Lyon, Marseille, Nancy et Nantes. Une même valeur ne peut être cotée que sur une seule Bourse.

Vocabulaire et exercices (première partie)

à court (long) terme / *short (long) term*
à tempérament / *on the installment plan*
le billet / *bill (of currency)*
la Bourse / *stock exchange*
le chéquier / *checkbook*
le compte à terme / *term account*
le compte à vue / *regular savings account*
le compte chèque / *checking account*
la disponibilité / *availability*
l'échéance (*f.*) / *maturity*
l'emprunt (*m.*) / *borrowing*
en espèces / *in cash*
endosser / *to endorse*
l'épargne (*f.*) / *savings*

la facture / *bill*
l'immobilier (*m.*) / *real estate*
l'impôt (*m.*) / *tax*
l'obligation (*f.*) / *bond, debenture*
le prélèvement / *automatic payment*
le règlement comptant / *cash payment*
le relevé de compte / *bank statement*
le retrait / *withdrawal*
tirer un chèque / *to write a check*
toucher un chèque / *to cash a check*
la traite / *bill of exchange*
le troc / *barter*
le versement / *deposit*
le virement / *transfer*

A. EXERCICE DE VOCABULAIRE: Donnez les mots qui correspondent aux définitions suivantes:

1. argent qu'on met de côté
2. un transfert de fonds à quelqu'un
3. action de déposer de l'argent sur un compte bancaire
4. financer en paiements mensuels ou trimestriels
5. échanger un chèque contre des espèces
6. action d'écrire un chèque
7. en pièces et en billets
8. date de paiement d'une obligation
9. ensemble d'immeubles et de maisons
10. contribution obligatoire à l'Etat basée sur le revenu

B. QUESTIONS DE COMPRÉHENSION

1. Quelle différence y a-t-il entre la monnaie en espèces et la monnaie scripturale?
2. Quelles sont les pièces et les coupures de billets français qui ont cours?

3. Comment le détenteur d'un compte chèque est-il tenu au courant du solde de son compte?

4. A quoi sert le chèque barré?

5. Dans quels cas emploie-t-on un prélèvement automatique?

6. Comment est-ce que les traites peuvent servir de monnaie?

7. Quelles formes de l'épargne le Français moyen préfère-t-il en période d'instabilité économique?

8. Quelles formes de l'épargne y a-t-il pour l'épargnant qui accepte de courir des risques? Quelle est la différence entre une action et une obligation?

9. Comment le gouvernement intervient-il pour encourager l'épargne?

DEUXIÈME PARTIE: Les Institutions financières en France

LES BANQUES

Les *banques de dépôts* françaises avec lesquelles la plupart des particuliers et des commerçants font des affaires offrent à leur clientèle de multiples services, dont les suivants sont les plus importants:

1. le dépôt de *fonds*, l'encaissement° de chèques et le paiement automatique de factures: *cashing*

2. l'investissement de fonds et les conseils sur les investissements;

3. l'octroi° de prêts à terme variable;   *granting*

4. les opérations de change pour les touristes;

5. la garde de titres°, de documents importants et de biens° de valeur dans des *coffres-forts*.   *securities | personal property*

Ces banques-là ne représentent qu'une seule des composantes du système bancaire et financier français. D'autres organismes permettent la création et la circulation de la monnaie, en faisant le commerce de l'argent.

LA BANQUE DE FRANCE: Le système bancaire français est coiffé°   *headed by*
par la Banque de France, créée en 1800 et nationalisée en 1945. A cause de son triple rôle, on l'appelle la Banque de la Nation, la Banque de l'Etat et la Banque des banques.

En tant que Banque de la Nation, elle seule est autorisée à *émettre des billets de banque*, privilège dont elle jouit depuis 1848. C'est elle qui détient les réserves d'or et de devises, et qui négocie avec les banques nationales des autres pays les questions de crédit réciproque qui résultent des échanges. Elle est aussi chargée de la participation de la France au Système monétaire européen, et des relations avec les organismes monétaires internationaux. Elle intervient sur le marché des changes pour limiter la fluctuation du cours du franc, décourageant ainsi la spéculation. Elle s'occupe également de la balance des paiements de la France.

Dans son rôle de banquier de l'Etat, elle reçoit la collecte des impôts et des taxes, qu'elle dépose sur le compte courant° du *Trésor de l'Etat.* Les retraits sur ce compte servent surtout à régler les créanciers de l'Etat et à financer les activités des collectivités locales aidées par l'Etat.

En tant que banquier des banques, la Banque de France ressemble à certains égards au Federal Reserve américain. (La grande différence, pourtant, est que la Fed agit indépendamment du gouvernement dans l'élaboration de la politique monétaire.) Dans ce rôle de banquier, la Banque de France refinance régulièrement les banques commerciales.

Pour régulariser la masse monétaire selon les besoins de l'économie, la Banque de France collabore avec le Ministre de l'économie et le Conseil National du Crédit, et met en œuvre la politique monétaire du gouvernement en régularisant l'émission de la monnaie et en facilitant ou en freinant° le crédit. Si elle augmente le taux d'intérêt (le *taux de base bancaire*) et décroît par conséquent la circulation de la monnaie, la Banque de France prend des mesures anti-inflationnistes, puisqu'elle décourage ainsi les banques et autres institutions financières d'*emprunter*. S'il y a une baisse de l'inflation, la Banque suit une politique monétaire contraire pour *revigorer* l'économie.

LES BANQUES INSCRITES[1]:   Le secteur bancaire français a subi° de grands changements depuis la fin de la Deuxième guerre mondiale. Tous ces changements ont été entrepris° dans le but de *promouvoir* le développement industriel de la France et la réalisation des Plans, ce qui nécessitait d'importants capitaux d'investissement.

Le développement bancaire au XIXe siècle avait conduit à une grande spécialisation dans les opérations des différentes banques. Consacrant° cette évolution, une loi de 1945 a défini les statuts des différents types de banques, dont deux nous intéressent ici. Les banques de dépôts (la grande majorité, même aujourd'hui) ne pouvaient recevoir du public que des dépôts à vue et à court terme (moins de deux ans) pour les prêter également à court terme. Les *banques d'affaires* se spécialisaient dans le *placement* de *valeurs mobilières*, dans des participations financières° dans les entreprises et dans des opérations spéculatives sur le marché monétaire. Elles pouvaient accorder du crédit à moyen (deux à sept ans) et à long (plus de sept ans) termes.[2]

De nouvelles mesures prises en 1966 ont assoupli° les distinctions entre les deux types de banques en permettant aux banques de dépôts de jouir des privilèges des banques d'affaires, et aux banques d'affaires de recevoir les dépôts des commerçants. Il en est résulté une concurrence acharnée° entre les banques pour attirer l'épargne des Français. Il y a eu, en effet, un foisonnement° d'ouvertures de *guichets* partout en France pour recevoir l'épargne des particuliers (4558 en 1966, comparé à 9800 en 1976).

Aujourd'hui les banques assument pleinement leur fonction socio-économique, celle de diriger l'épargne des ménages vers le développement économique de la nation. Parmi toutes les institutions financières françaises, ce sont les banques qui restent les plus grandes créancières des entreprises françaises.

checking account

slowing down

underwent

undertaken

confirming

investment

relaxed

fierce

multiplying

LES INSTITUTIONS FINANCIÈRES SPÉCIALISÉES

En plus des banques proprement dites, il existe toute une gamme d'organismes et d'institutions financiers spécialisés qui se groupent selon des critères juridiques et fonctionnels ou selon leurs clientèles.

LES ÉTABLISSEMENTS FINANCIERS: Les établissements financiers sont sous le contrôle du Conseil National du Crédit, et ils entreprennent toutes sortes d'activités financières et de crédit, mais sans recevoir de fonds du public. On y trouve des établissements de crédit-bail mobilier et immobilier° et de financement de ventes à crédit°.

equipment and real estate leasing | credit sales financing

LES ORGANISMES À STATUT SPÉCIAL: Parmi les organismes à statut spécial, directement sous la tutelle du Ministre des finances, se rangent les Banques Populaires, les Caisses du Crédit Agricole, et les banques et caisses du Crédit Mutuel°, toutes d'origine et de nature mutualistes ou coopératives. Les Banques Populaires font traditionnellement des prêts aux artisans et aux petites entreprises, mais avec leur croissance et l'élargissement de leur clientèle, elles ressemblent aux banques de dépôts. Le Crédit Agricole,[3] deuxième banque en France en importance, utilise ses ressources pour le financement d'activités agricoles. Le Crédit Mutuel fait des prêts à des particuliers pour l'équipement familial, l'habitat et le crédit personnel.

credit union

LES INSTITUTIONS PUBLIQUES DE CRÉDIT: Un groupe important d'institutions publiques de crédit comprend:

1. La Caisse des Dépôts et Consignations, qui a pour mission de gérer les fonds des caisses d'épargne et de prévoyance°. Elle reçoit non seulement l'épargne des ménages venant des caisses, mais aussi des fonds venant de la collecte de la sécurité sociale. Elle redistribue ces sommes sous forme de prêts à des collectivités locales ou à des établissements publics pour la réalisation de zones industrielles ou de programmes de construction.

contingency

2. Le Crédit Foncier fait des prêts, sur *hypothèque*, pour l'immobilier, aussi bien que des prêts aux municipalités pour financer de futurs immeubles°.

buildings

3. Le Crédit National fait des prêts à des entreprises industrielles et commerciales, et leurs sources de fonds sont publiques et privées.

4. La Banque Française du Commerce Extérieur *accorde des crédits* pour financer l'exportation.

PERSPECTIVES POUR L'AVENIR

Le secteur bancaire français s'internationalise de plus en plus, tant en France qu'à l'étranger. Les banques françaises se sont implantées dans un millier de villes partout dans le monde. Onze banques françaises sont implantées aux Etats-Unis (à New York, en Californie, et à Chicago), dont cinq figuraient parmi les vingt principales banques du monde en 1980. Parmi leurs services, on trouve le financement de filiales américaines de sociétés françaises et de sociétés américaines ayant des filiales en France. Depuis 1945, il y a eu également une multiplication de grands réseaux bancaires étrangers implantés en France, qui pratiquent des opérations similaires à celles des banques françaises aux Etats-Unis. Il en résulte que Paris devient une ville financière internationale.

Le Gouvernement socialiste cherche à formuler un cadre° juridique commun pour les établissements financiers, sans pourtant nuire à° la diversité ou à la personnalité propre de ces établissements. Il espère ainsi créer pour la France une «communauté bancaire» qui réponde mieux à ses besoins financiers toujours croissants pour son développement économique dans un monde où la concurrence augmente de plus en plus.

D'autre part, le secteur bancaire a été profondément touché par l'informatique, et il consacre beaucoup de ses ressources au financement de ce secteur. En quinze ans, l'informatique a pénétré dans toutes les opérations bancaires, en allant de l'amélioration de la gestion des banques, aux rapports avec la clientèle et aux relations entre banques françaises et étrangères.

Quelles formes prendront les banques de l'avenir avec les développements prodigieux dans le domaine de l'informatique? Après le paiement *en nature*, en or, en billets, par chèque et par carte de crédit, ce sera pour demain «la banque à domicile», où l'abonné° au système TELETEL pourra, en composant des numéros sur son clavier d'ordinateur°branché° sur son téléviseur, procéder à la vérification de son compte chèque avant de régler une facture.[4]

framework
without harming

subscriber
computer keyboard /
plugged into

NOTES:

1. Les banques inscrites sont l'ensemble des banques commerciales inscrites° au Conseil National du Crédit.
2. Exemples de banques de dépôt: Banque Nationale de Paris, Crédit Lyonnais, Société Générale. En 1981, il y en avait 289. Exemples de banques d'affaires: Banque Worms, Banque de l'Indochine et de Suez, Lazard, Rothschild.
3. Le Crédit Agricole a été fondé en 1891 pour donner au «paysan», négligé par les grandes banques, les facilités de crédit dont il avait besoin. De ses humbles origines, il est devenu une banque internationale, à multi-service, et dont les intérêts dépassent de loin ceux de l'agriculture.
4. Pour plus de renseignements sur le rôle croissant de l'informatique dans le secteur bancaire, voir le Chapitre 6.

registered

Vocabulaire et exercices (deuxième partie)

accorder des crédits / *to give credit*
la banque d'affaires / *commercial bank*
la banque de dépôts / *deposit bank*
le coffre-fort / *safe*
émettre des billets de banque / *to issue (print) money*

emprunter / *to borrow*
en nature / *in kind (by goods or services)*
les fonds / *funds*
le guichet / *(teller's) window*
l'hypothèque (f.) / *mortgage*
le placement / *investment*

promouvoir / *to promote*

revigorer / *to stimulate*

le taux de base bancaire / *prime rate*

le Trésor de l'Etat / *Treasury department*

les valeurs mobilières (*f.*) / *stocks and bonds, securities*

A. EXERCICE DE VOCABULAIRE: Complétez les phrases suivantes avec le mot qui convient.

1. Un mode de paiement qui n'utilise pas la monnaie est un paiement _____.
2. L'investissement de fonds est un _____.
3. Un prêt à long terme pour financer l'achat d'une maison s'appelle une _____.
4. L'employé de banque travaille derrière son _____.
5. Je n'ai pas assez d'argent. Il faut que j'en _____ pour acheter une voiture.
6. Pour sauvegarder son argent ou des documents importants, on les met dans un _____.
7. Créer de la monnaie, c'est _____ des billets de banque.

B. QUESTIONS DE COMPRÉHENSION

1. Quels sont les services les plus importants des banques de dépôts?
2. Nommez une des fonctions de la Banque de France dans chacun de ses trois rôles.
3. Quelle était la différence entre les banques de dépôts et les banques d'affaires avant 1966?
4. Quel a été le résultat de l'assouplissement des distinctions entre les différentes sortes de banques?
5. Que fait le Crédit Agricole?
6. Quel rôle le Crédit Foncier joue-t-il?
7. Quels rôles les banques françaises implantées aux Etats-Unis jouent-elles?
8. Quelles sont les perspectives pour l'avenir du système bancaire?

C. À VOTRE AVIS

1. Est-ce que le troc se pratique encore de nos jours? Dans quelles circonstances?
2. Quels sont pour vous les avantages et les inconvénients de la carte de crédit?
3. Croyez-vous que les chèques barrés soient une bonne idée?
4. Si vous disposiez de fonds à investir, quels placements feriez-vous et pourquoi?
5. Selon vous, est-ce qu'une banque nationale devrait avoir le droit d'agir indépendamment du gouvernement?
6. Discutez du moyen dont dispose la Banque de France pour limiter le crédit, et décrivez les circonstances dans lesquelles elle le mettrait en œuvre.
7. Est-ce que les finances vous intéressent? Dites pourquoi.

VALEURS	% du nom.	% du coupon
3 %	27 20	1 677
5 %	36 90	1 110
3 % amort. 45-54	71	2 178
4 1/4 % 1963	103 20	2 655
Emp. N. Eq. 6 % 67	114 90	5 359
Emp. 7 % 1973	8375	
Emp. 8,80 % 77	105 10	8 077
9,80 % 78/93	87 40	7 652
8,80 % 78/86	87 10	3 182
10,80 % 79/94	89 10	6 835
13,25 % 80/92	98 20	11 762
13,80 % 80/87	100 30	7 146
13,80 % 81/99	100 05	3 705
10,75 % 01/07	100 10	10 025
16,20 % 82/90	108	4 438
16 % juin 82	106 60	13 940
E.D.F. 7,8 % 61	135 20	3 737
E.D.F. 14,5 % 80-92	99 50	11 763
Ch. France 3 %	160	
CNB Bques janv. 82	99 50	4 771
CNB Paribas	99 45	4 771
CNB Suez	99 65	4 771
CNI janv. 82	99 47	4 771

VALEURS	Cours préc.	Dernier cours
De Dietrich	311	315
Degremont	128	133 10
Delalande S.A.	131 20	132 50
Delmas-Vieljeux	495	491
Dév. Rég. P.d.C (Li)	119 10	119 50
Didot-Bottin	264	263
Dist. Indochine	349	345
Drag. Trav. Pub.	200	200
Duc-Lamothe	295	290
Dunlop	4 90	5 30
Eaux Bass. Vichy	915	910
Eaux Vittel	692	720
Ecco	1970	1968
Economats Centre		
Electro-Banque	233 80	230
Electro-Financ.	395	396
Elf-Antargaz	160	155
E.L.M. Leblanc	550	565
Entrepôts Paris	225	218
Epargne (B)	1249	1249
Epargne de France	220	228 80
Epeda-BF	928	930
Escaut-Meuse	294	290
Eurocom	473	477
Europ. Accumul.	33 50	34 80
Eternit	260 30	251
Félix Potin	929	929
Ferm. Vichy (Ly)	107 10	111 40 d
Files-Fourmies	3 40	3 40
Finalens	80	....

VALEURS	Cours préc.	Dernier cours
Naval Worms	109 50	109
Navig. (Nat. de)	57 50	55 60
Nicolas	316 50	320
Nodet-Gougis	69	68 10
OPB Paribas	94	92
Optorg	86 50	86
Origny-Desvroise	138 20	139
Palais Nouveauté	292	293
Paris-Orléans	103 20	101 50
Part. Fin. Gest. Im.	216	207 o
Pathé-Cinéma	165 50	165
Pathé-Marconi	92	
Piles Wonder	88	91 50
Piper Heidsieck	245	245
Porcher	185	192
Profils Tubes Est	6 85	6 85
Prouvost ex-Lain.R.	34 90	34 90
Providence S.A.	281	285
Publicis	768	800
Raff. Souf. R.	171 50	165
Ressorts Indust.	96 50	96 50
Ricqlès-Zan	133	127 70 o
Ripolin	45 20	45 25
Risle (La)	10 70	
Rochefortaise S.A.	70 10	70
Rochette-Cenpa	17	17
Rosario (Fin.)	88	86
Rougier et Fils	48	48
Rousselot S.A.	384	378
Sacer	56 50	
SAFAA	80	....

VALEURS	Cours préc.	Dernier cours
B. N. Mexique	7 25	....
B. Régl. Internat.	39850	39500
Barlow Rand	100	100
Bell Canada	188	197 50
Blyvoor	138	
Bowater	26	24
British Petroleum	53 50	53
Br. Lambert	365	....
Caland Holdings	98 80	
Canadian-Pacific	349 50	344 20
Cockerill-Ougre		
Cominco	360	357
Commerzbank	556	590
Courtaulds	13 20	
Dart. and Kraft	679	676
De Beers (port.)	77 50	
Dow Chemical	284	282
Dresdner Bank	640	650
Femmes d'Auj.	79	
Finoutremer	200	
Finsider	0 40	
Foseco	20 50	20 50
Gén. Belgique	290	288
Gevaert	372	378
Glaxo	130	130
Goodyear	285	300
Grace and Co	385	385
Grand Metropolitan	51	50 50
Gulf Oil Canada	105 40	110 50
Hartebeest	750	760
Honeywell Inc.	896	900
Hoogoven	87	86 50

SICAV

	21/4	Émission Frais incl.	Rachat net
Actions France		173 09	165 24
Actions-Investiss.		233 29	222 71
Actions sélectives		254 83	243 27
Aedificandi		289 83	276 69
A.G.F. 5000		217 35	207 49
Agfimo		324 79	310 06
Altefi		203 16	193 95
A.L.T.O.		169 59	161 90
Amérique Gestion		474 79	453 26
Bourse-Investiss.		228 93	218 55
Capital Plus		1138 07	1138 07
C.I.P.		749 41	715 43
Convertimmo		252 48	241 03
Cultura		054 50	015 00
Crediter		322 24	307 63
Croiss. Immobil.		297 52	284 03
Démeter		58044 56	57870 95 ◆
Drouot-France		230 49	220 04
Drouot-Investiss.		568 88	543 08
Drouot-Sécurité		177 32	169 28
Energia		214 71	204 97
Epercourt Sicav		5585 75	5557 96
Epargne Associations		21518 85	21454 49
Epargne-Croiss.		1189 20	1135 27
Epargne-Industr.		391 94	374 17
Epargne-Inter		559 52	534 15
Epargne-Oblig.		157 71	150 56
Epargne-Unie		728 69	695 65
Epargne-Valeur		288 22	275 15
Eurocic		7389 52	7054 43
Euro-Croissance		321 97	307 37
Financière Privée		722 50	689 74
Foncier Investiss.		533 76	509 56

TRAVAUX PRATIQUES 1: La Fiscalité

Les multiples services publics dont jouissent les Français sont financés par les impôts dont les individus, les entreprises, les produits et les services sont *frappés*. La *fiscalité* comprend les impôts directs qui frappent le revenu des individus (personnes physiques) et des entreprises (personnes morales), et les impôts indirects (appelés souvent les *taxes*) qui frappent les produits et les services. En 1979, les recettes fiscales publiques correspondaient à un peu plus de 23% de la Production Intérieure Brute en France, un taux légèrement supérieur à celui des Etats-Unis.

Le tableau suivant montre la source des impôts et des taxes en France en 1982, et l'emploi des recettes° par les divers services publics.

revenue

	Sources		Emplois
43,6%	Taxe à la valeur ajoutée (TVA) sur les produits et les services	26,8%	Solidarité (prévention sanitaire, logement, personnes âgées, anciens combattants, travailleurs privés d'emploi et handicappés)
20,6%	Impôt sur les revenus des individus et des entreprises individuelles	23,1%	Education et culture (écoles, lycées, collèges, universités, maisons de la culture, stades)
8,8%	Impôt sur les sociétés		
27 %	Autres impôts (divers impôts directs ou indirects, droits de douane, etc.)	21,6%	Services généraux du pays (administration, justice, ordre public, Ambassades à l'étranger)

Sources	Emplois
	16,1% Défense nationale (armées de terre, de mer et de l'air, modernisation de l'armement)
	12,4% Action économique (aides à l'industrie, routes nationales, ports, aéroports, activités nouvelles, aide aux zones en difficulté)

A titre de comparaison, le budget américain de l'année 1983 estimait les recettes et emplois fiscaux comme suit.

Sources		Uses	
35%	Individual income taxes	42%	Direct benefit payments for individuals (Social Security)
6%	Corporate income taxes		
29%	Social insurance receipts	29%	National defense
5%	Excise taxes	11%	Grants to states and localities
22%	Borrowing	12%	Net interest
3%	Other	6%	Other federal operations

Source: Office of Management and Budget.

Il y a une grande variété d'impôts qui sont *perçus* en France, mais ce sont les deux principales sources de revenu pour l'Etat qui nous intéressent ici: l'IRPP et la TVA.

L'IMPÔT SUR LE REVENU DES PERSONNES PHYSIQUES (IRPP)

Comme aux Etats-Unis, l'impôt sur le revenu des individus en France est proportionnel (plus on gagne, plus on paie) et *progressif* (pour chaque *tranche d'imposition*, le taux augmente). Le *contribuable* français paie l'IRPP soit par tiers° au courant de l'année, soit *mensuellement* par prélèvement automatique. On estime que le Français moyen paie entre un et deux mois de salaire en impôt sur le revenu annuel.

    thirds

La plupart des Français arrivent à préparer eux-mêmes leur *feuille de déclaration d'impôt*. Après avoir établi son assiette fiscale° (le total de ses revenus), le Français profite de certaines *exonérations* sur ses intérêts et dividendes et d'une *déduction* pour frais professionnels. En plus, il déduit° de son revenu imposable certaines charges qui lui sont permises°, comme les primes d'assurance décès°. Ensuite, on détermine le nombre de *parts*. (Un couple marié avec un enfant *à charge* a deux parts et demie, par exemple.) Puis, on trouve le quotient familial (QF) en divisant le revenu imposable par le nombre de parts. On cherche au barème° la tranche qui correspond au QF, et voilà, il n'y a plus qu'à payer l'impôt.

    tax base

    deducts | allowed
    life insurance premiums

    rate schedule

L'entreprise individuelle et la société en nom collectif sont imposées comme les individus physiques. Toutes les autres formes juridiques de sociétés ont leurs bénéfices nets imposés à 50%, comme aux Etats-Unis.

Le système fiscal français est très particulier en ce qui concerne l'imposition des non-salariés° «au forfait°». Ici, c'est *le fisc* qui calcule le revenu probable et les impôts selon des renseignements fournis par le contribuable sur son chiffre d'affaires. C'est surtout à cause de ce système «forfaitaire» que les Français ont la réputation d'éviter de payer leurs impôts en les sous-estimant.

self-employed | by estimated tax

LA TAXE À LA VALEUR AJOUTÉE (TVA)

Source principale de revenus pour l'Etat, la TVA frappe tous les produits et services selon la valeur ajoutée par chacun des intermédiaires. Bien sûr, c'est le consommateur qui la paie, car elle est calculée sur le prix de vente. Tous les produits ne sont pas imposés° uniformément.

taxed

LES MÉTHODES D'IMPOSITION — SUJET DE CONTROVERSE

Le problème de la méthode la plus équitable d'imposition n'est pas facile à résoudre. Quel impôt devrait être la source principale des revenus de l'Etat? L'IRPP en France ne représente qu'une part relativement faible du total des recettes fiscales. Il y a des gens qui prétendent° qu'un pareil° système fiscal aggrave l'inégalité des salaires, déjà assez marquée en France, et que pour redistribuer la richesse, il faudrait dépendre d'avantage de l'impôt direct sur le revenu. Mais en dépendant trop de ce dernier, on risque d'étouffer° l'initiative privée, ce qui pourrait se traduire par une économie moins productive. Selon un sondage de L'EXPANSION, les Français eux-mêmes préféreraient l'impôt sur le revenu plutôt que la TVA, mais ils veulent que le système fiscal ait un maximum d'efficacité sociale, économique et technique.

claim
such a

stifle

Vocabulaire et exercices

à charge / *dependent*
le contribuable / *taxpayer*
la déduction / *deduction*
l'exonération (*f.*) / *exemption*
la feuille de déclaration d'impôts / *income tax return*
le fisc / *Internal Revenue Service*
la fiscalité / *taxation*

frapper / *to tax*
mensuellement / *monthly*
la part / *personal exemption*
percevoir / *to collect (taxes)*
progressif / *graduated (income tax)*
la taxe / *sales tax*
la tranche d'imposition / *tax bracket*

A. QUESTIONS DE COMPRÉHENSION

1. Quelle est la différence entre un impôt et une taxe?
2. Que signifient les mots «proportionnel» et «progressif»?
3. Expliquez comment on détermine l'impôt sur le revenu personnel.

4. Comment certains Français arrivent-ils à éviter de payer tous les impôts qu'ils doivent?

5. Qu'est-ce que c'est que la TVA?

B. À VOTRE AVIS

1. Comparaisons: Avec un(e) camarade, comparez les tableaux qui décrivent la source et l'emploi des impôts en France et aux Etats-Unis, en discutant des sujets suivants:
   Sources:
   a. l'importance de l'impôt sur les revenus des individus
   b. l'impôt sur les sociétés et «corporate income tax»
   Emplois:
   a. la part du budget consacrée à la défense nationale (Pourquoi ce décalage entre les deux pays, d'après vous?)
   b. la part consacrée à l'éducation et à la culture (Sous quel(s) poste(s) du budget américain trouverait-on ces renseignements?)
   c. le coût relatif de l'administration gouvernementale dans les deux pays

2. Débat: Quelle devrait être la source principale de revenus d'un gouvernement? Prenez position dans un débat. Voici quelques possibilités:
   a. l'impôt sur le revenu individuel
   b. la taxe à la valeur ajoutée
   c. l'impôt sur les sociétés
   d. une combinaison de 1, 2 et 3, et d'impôts divers

TRAVAUX PRATIQUES 2: Comment lire un bilan

M. Girardot, un des 35 *agents de change* agréés° de la Compagnie des   *approved*
Agents de Change à Paris, s'est réuni avec une douzaine de membres
d'un club d'investissement chez Mme Denant, une des «clubistes» et
l'hôtesse de leur première réunion à Cergy-Pontoise, ville nouvelle au
nord-ouest de Paris. M. Girardot leur explique l'importance du *bilan* annuel d'une société comme source de renseignements sur sa *solvabilité*.
Comme la plupart des clubistes ne s'y connaissent pas en investissements, il leur montre un bilan hypothéthique° pour leur expliquer ce   *hypothetical*
que c'est.

M. Girardot: Avant de répondre à vos questions, je me permets de
vous expliquer ce que c'est qu'un bilan et ce que représentent les postes°   *entries*
les plus importants. Un bilan annuel nous donne une idée de l'état de
santé financière d'une entreprise à un certain moment dans le temps,
notamment pour un exercice qui se clôt° le dernier jour de l'année.   *ends*
Regardons d'abord le *passif*.

M. Quête: Pardon, Monsieur, pourquoi ne pas commencer à gauche,
avec l'*actif*?

M. Girardot: Je pourrais procéder ainsi, Monsieur, mais je préfère
identifier d'abord la source des ressources de notre entreprise avant de
passer à leur emploi. Et c'est effectivement ce qu'est le passif — l'origine

BILAN (Annual Report)

ACTIF (Assets)			PASSIF (Liabilities)		

ACTIF IMMOBILISÉ (Fixed assets)	FRAIS D'ÉTABLISSEMENT (Start-up costs) — FONDS COMMERCIAL (Goodwill, patents, trademarks, franchises, etc.)	IMMOBILISATIONS INCORPORELLES (Intangible assets)	CAPITAUX PERMANENTS (Stockholders' equity and long-term debts)	CAPITAUX PROPRES (Stockholders' equity): CAPITAL (Stock) — RESERVES (Reserves) — REPORT À NOUVEAU (Retained earnings) — RESULTATS DE L'EXERCICE (Net profit for the fiscal year)	SITUATION NETTE (Total stockholders' equity)
	TERRAINS (Land) — MACHINES (Machinery) — IMMEUBLES (Buildings)	IMMOBILISATIONS CORPORELLES (Tangible assets)		PROVISIONS POUR (Provisions for): RISQUES (Risks, bad debts) — IMPÔTS (Taxes) — CHARGES (Expenses)	PROVISIONS (Cover)
	PARTICIPATIONS (Stock investments)	IMMOBILISATIONS FINANCIÈRES (Investment holdings)		DETTES À LONG TERME (Long-term debts): BANQUE (Bank notes payable) — PRÊTS À PLUS D'UN AN (Loans for more than a year) — OBLIGATIONS (Bonds)	DETTES (Debts)
ACTIF CIRCULANT (Current assets)	MATIÈRES PREMIÈRES (Raw materials) — PRODUITS EN COURS OU FINIS (Merchandise in production or ready)	STOCKS (Inventories)	EXIGIBLES À COURT TERME (Current liabilities)	DETTES À COURT TERME (Short-term debts): FOURNISSEURS (Accounts payable, suppliers) — PRÊTS À COURT TERME (Short-term loans)	
	CRÉANCES (Accounts receivable)				
	VALEURS DISPONIBLES (Marketable securities) — BANQUE (Bank accounts) — CAISSE (Cash)				

des ressources avec, aussi, les *dettes passives*. Et remarquez l'ordre des postes: en haut on trouve les *capitaux permanents*, et en bas les *exigibles à court terme*. C'est un ordre d'exigibilité croissante°, puisque, l'entreprise n'a pas à régler ses comptes avec ses actionnaires (à moins de liquidation des biens) tandis que les dettes à court terme sont exigibles dans un délai d'un an ou moins.[1]

*increasing require-
ment of payability*

La *situation nette* comprend le capital (les actions), les réserves (requises par la loi, et qui doivent représenter 1/10 du capital), le *report* des bénéfices des exercices antérieurs qui n'ont pas été distribués, et, enfin, les *résultats de l'exercice*, que l'on espère trouver positifs.

Mme Denant: Veuillez me permettre de poser une question sans doute un peu bête, Monsieur, mais je ne vois pas comment les résultats peuvent figurer ici, en haut de cette colonne. Ils devraient se trouver à la fin, comme solde, n'est-ce pas? Après tout, c'est le but d'un bilan, me semble-t-il.

M. Girardot: Très bonne question, Madame, mais vous vous méprenez° sur le but d'un bilan. Si vous voulez apprendre en détail quels ont été les produits° et les charges° de l'exercice précédent, ce qui donne comme solde le bénéfice net, c'est dans le Compte de Résultats qu'il faut les chercher.[2] Ce document-là est préparé avant celui dont nous parlons, car le bénéfice net doit figurer sur le bilan. Et, après tout, le bénéfice net fait partie de la situation nette et appartient aux actionnaires.

are mistaken

revenues | expenses

Regardez maintenant les *provisions*, qui représentent les sommes retenues pour payer les charges à venir: risques, mauvaises dettes, impôts, charges diverses. On les compte parmi les capitaux permanents, pourtant, car l'entreprise dispose de cet argent pour l'investir à court terme, par exemple, jusqu'à ce qu'on en ait besoin. Il en va de même° des dettes à long terme, mais la date de leur échéance étant à plus long terme, on peut faire une utilisation plus rentable des fonds qu'elles représentent. Voilà pour le passif.

It is the same for

Passons maintenant à l'actif du bilan, qui représente l'emploi que l'entreprise a fait de ses ressources, et les *dettes actives*, c'est-à-dire ce que les débiteurs doivent à l'entreprise. Ici, le critère de l'ordre en est un de liquidité croissante. L'*actif immobilisé* est très peu liquide; on ne recouvrera jamais sans doute les frais d'établissement°, et il est d'ailleurs difficile d'assigner une valeur aux autres *immobilisations incorporelles*, comme le fonds de commerce. Rappelez-vous que celui-ci comprend, entre autres, la notoriété de l'entreprise, les brevets, etc. Par contre, en bas de la colonne, on trouve la caisse° qui est tout ce qu'il y a de plus liquide.

start-up costs

cash on hand

Les *immobilisations corporelles* comprennent les terrains, machines et immeubles, inscrits° à leur coût d'acquisition moins les *amortissements*. Ainsi, il n'est pas permis de compenser les ravages de l'inflation en général dans un bilan. Mais, d'autre part, pour tous les actifs corporels et incorporels (sauf les terrains) il est permis aux sociétés de rectifier en partie cet inconvénient par le moyen des amortissements.

entered

M. Quête: Ah oui, j'en ai souvent entendu parler, de ces fameux amortissements, sans y rien comprendre.

M. Girardot: Au fond, c'est un moyen d'augmenter ce qu'on appelle le cashflow, c'est-à-dire les fonds dont peut disposer l'entreprise pour faire de l'autofinancement pour l'achat de nouveaux équipements, etc. Voici comment on y arrive: on compense la perte de valeur° des biens corporels et incorporels due à l'usure du temps°, en amortissant leur coût sur plusieurs années. Le montant° des amortissements peut être ajouté aux charges dans le Compte de Résultats, et le tout déduit du bénéfice brut. Le bénéfice net en est par conséquent diminué, ce qui réduit les impôts. En même temps, l'entreprise dispose réellement de la somme représentée par les amortissements, et avec les provisions et le bénéfice net, on arrive au cashflow. Vous voyez, c'est simple comme bonjour!

M. Quête (perplexe): Oui, j'y vois un peu plus clair. Mais il faudra que j'y réfléchisse.

Mme Denant: Est-ce que le cashflow est la même chose que le *fonds de roulement?*

M. Girardot: Non, mais patientez un peu, nous y arriverons. Les *immobilisations financières* peuvent comprendre aussi des participations de l'entreprise dans d'autres sociétés. Les *stocks*, ou valeurs d'exploitation, comprennent la matière première des marchandises avant leur transformation, les produits en cours de fabrication et ceux déjà commandés, mais pas encore expédiés ni payés. (Vous voyez donc que les stocks participent à fois à l'actif immobilisé et à l'*actif circulant*, ou disponible.) Le fonds de roulement consiste justement en tout l'actif circulant ou quasi-disponible (les produits prêts à expédier, les créances de l'entreprise sur ses clients et les valeurs disponibles — à la banque ou à la caisse) moins le passif exigible à court terme.

Remarquons en passant que le solde de l'actif et celui du passif doivent nécessairement s'équilibrer, car on a disposé de toutes les ressources d'une manière ou d'une autre, et il faut en rendre compte.

M. Quête: Tout cela est très bien, mais comment voulez-vous que nous profitions de la lecture d'un bilan pour nos investissements futurs? Je ne vois pas le rapport.

M. Girardot: Mais de plusieurs manières. Par exemple, le fonds de roulement dont je vous ai parlé est un indice important de la solvabilité d'une entreprise. En règle générale, on n'investit pas dans une société à moins que son actif disponible soit au moins deux fois plus important que son passif exigible à court terme. Autrement, cette société ne sera pas en mesure de profiter des opportunités qui se présentent, faute de° disponibilités.

Un autre indice de la santé d'une société dérive d'une comparaison des composantes de son capital. La répartition en serait détaillée dans un bilan réel. En règle générale, les obligations ne devraient pas représenter plus du quart de la capitalisation, alors que le nombre des actions ordinaires émises devrait totaliser au moins la somme des obligations et des actions de préférence°. C'est que les banques hésitent à prêter à des entreprises lourdement endettées, et que les épargnants hésitent à investir dans une telle entreprise, car les obligataires° et les détenteurs d'actions de préférence ont la priorité au moment du versement des dividendes. Il est

loss of value
wear and tear
amount

for lack of

preferred stock

bond holders

donc possible que les détenteurs d'actions ordinaires ne reçoivent que des dividendes modestes.

Il y a d'autres indices dans un bilan pour vous guider dans vos choix d'actions, et aussi dans la lecture du Compte de Résultats, mais je crois qu'il vaudrait mieux en finir pour ce soir.

NOTES:

1. L'ordre de présentation de l'actif et du passif est renversé dans le bilan d'une entreprise américaine.
2. Le Compte de Résultats° rassemble les renseignements présentés dans le Compte d'Exploitation Générale° et le Compte de Pertes et Profits°.

statement of income statement of operating results | profit and loss statement

Vocabulaire et exercices

l'actif (*m.*) / *assets*
l'actif circulant (disponible) / *current assets*
l'actif immobilisé / *fixed assets*
l'agent (*m.*) de change / *stockbroker*
l'amortissement (*m.*) / *depreciation, amortization*
le bilan / *balance sheet, annual report*
les capitaux permanents / *stockholders' equity*
la dette active / *debt owed to you*
la dette passive / *debt owed to someone*
les exigibles à court terme / *current liabilities*
le fonds de roulement / *working capital*

l'immobilier (*m.*) / *real estate*
les immobilisations corporelles (incorporelles) / *tangible (intangible) assets*
les immobilisations financières / *investment holdings*
le passif / *liabilities*
la provision / *cover, reserve*
le report / *what is brought forward*
les résultats de l'exercice / *fiscal year net profit*
la situation nette / *shareholders' equity*
la solvabilité / *solvency*
les stocks / *inventories*

ACTIVITÉS: Avec un(e) camarade, déterminez à quel poste de l'actif ou du passif du bilan de Touche-A-Tout, SA, seraient inscrits les faits comptables suivants. Expliquez pourquoi vous feriez de la sorte.

1. La banque a prêté 50.000 F à Touche-A-Tout pour un an.
2. Touche-A-Tout détient 15% des actions de la société Balzac, sa filiale.
3. Touche-A-Tout n'a pas distribué tous les bénéfices de l'exercice 1982.
4. Touche-A-Tout possède jusqu'à 55 brevets d'invention.
5. Touche-A-Tout vient d'émettre des obligations à long terme.
6. Touche-A-Tout a pour 20.000 francs de dettes actives, et le débiteur vient de déposer son bilan.
7. Les marchandises commandées par Romain et Fils, SNC, ont été emballées mais pas encore expédiées.
8. La trésorerie de Touche-A-Tout a des disponibilités de 30.000 francs.
9. Touche-A-Tout doit 15.000 francs à ses fournisseurs.
10. Les actionnaires de Touche-A-Tout détiennent pour 5.000.000 francs d'actions.

Chapitre 6

LES COMMUNICATIONS

INTRODUCTION

Les moyens de communication n'ont jamais été aussi importants qu'aujourd'hui dans tous les pays. Dans un monde de plus en plus complexe, il est essentiel pour les gens qui veulent être informés de *se tenir au courant* des événements à l'intérieur et à l'extérieur du pays et de se familiariser avec les nouveaux développements techniques, économiques et financiers dans le monde. Et différents médias permettent différentes sortes de communications. Pour se mettre au courant des dernières *nouvelles*, on lit la presse et on écoute la radio ou la télévision. Pour communiquer avec d'autres, on emploie la poste, le télégraphe ou le téléphone. Pour accéder° aux statistiques ou aux renseignements d'ordre° historique, géographique, technique ou autre, on a recours à° l'informatique. En France, la plupart de ces moyens de communication se sont développés en leur temps, quelquefois avec de l'avance, quelquefois avec du retard sur d'autres pays industrialisés.

get access to | of a nature | resorts to

PREMIÈRE PARTIE: Les Médias

LA PRESSE

Alors que les autres médias sont des monopoles d'Etat, ou bien dépendent financièrement de l'Etat, seule la presse *imprimée* est indépendante.

Elle bénéficie de la liberté de la presse, telle qu'elle est inscrite dans la Constitution et la Déclaration des droits de l'homme.

LES QUOTIDIENS: On trouve à Paris 10 grands *quotidiens*. On peut aussi les acheter en province, où 110 autres quotidiens, locaux ou régionaux, sont publiés. Les quotidiens parisiens jouent donc le rôle de quotidiens nationaux. Quatre d'entre eux sont même imprimés dans de petites imprimeries° dans certaines villes de province pour arriver plus vite sur le marché.   *print shops*

Les grands quotidiens parisiens n'arrivent à survivre qu'avec peine. Les cinq plus grands ne vendent pas, à eux tous, plus d'un million d'*exemplaires* par jour dans toute la France. On donne en général plusieurs raisons pour expliquer la situation: tout d'abord, ils sont trop nombreux; ensuite, ils acceptent peu de *publicité*; finalement, l'augmentation du nombre de *postes de télévision*, qui apportent les nouvelles journalières°   *daily* directement à la maison, a entraîné° une baisse des ventes de journaux.   *lead to*

Les journalistes, mal payés en général, *rédigent* la plupart des articles du journal pour lequel ils travaillent. D'autres contributions s'y ajoutent qui viennent des agences de presse, comme ASSOCIATED PRESS (AP), UNITED PRESS INTERNATIONAL (UPI), ou AGENCE FRANCE PRESSE (AFP). Avec REUTER (Grande-Bretagne) et TASS (URSS) ce sont les cinq plus grandes agences de presse du monde.

Comme presque tous les grands quotidiens parisiens et régionaux s'identifient avec un mouvement politique, leurs tendances politiques sont reflétées dans les sujets abordés° et le ton de leur *rubriques*. Au moment   *tackled* d'une crise politique en France, il *paraît* souvent des quotidiens qui reflètent une nouvelle tendance, mais qui pourraient très bien disparaître peu après.

Parmi les dix quotidiens parisiens, on mentionnera les cinq plus grands, c'est-à-dire les moins mal lotis° quant à leur *tirage*:   *least badly off*

LE FIGARO, de loin le plus ancien, puisqu'il a été fondé en 1854, a toujours été de la même tendance politique que le Gouvernement, jusqu'à l'avènement des Socialistes en 1981. Il représente donc maintenant l'opposition.

LE MONDE, fondé au lendemain de la Deuxième guerre mondiale, était alors un journal apolitique, dont la réputation était mondiale pour ses reportages objectifs. Il a changé de position et se trouve maintenant du côté des Socialistes. C'est aussi le seul dont les employés soient propriétaires du journal.

LE QUOTIDIEN DE PARIS, lancé dans les années 70, a triplé ses ventes depuis mai 1981, grâce à la position anti-socialiste qu'il avait adoptée à ce moment-là.

LE MATIN, créé comme un journal de gauche pendant la même décade que LE QUOTIDIEN, lui fait concurrence ainsi qu'au FIGARO.

LIBÉRATION, né presque en même temps que les deux derniers, tend à créer une balance entre tous, par sa tendance libérale et sa position anti-communiste.

Il faut citer encore deux journaux d'opinion, L'HUMANITÉ et LA CROIX. Le premier est l'organe du Parti communiste; le second est le journal catholique le plus coté° en France. Eux aussi ont des difficultés finan- *esteemed* cières. Les quotidiens de province, dont l'un d'eux, OUEST FRANCE, a une *diffusion* plus grande que celle du MONDE, se concentrent, comme on peut s'y attendre, surtout sur les nouvelles régionales.

Il est de fait que tous ces quotidiens sont plus ou moins dans le rouge, et que pour tenir°, certains obtiennent des subventions du gouvernement *to hold on* et d'autres créent des innovations. LE FIGARO, par exemple, a inauguré un supplément du dimanche, LE FIGARO MAGAZINE, et un supplément *mensuel*, LE FIGARO LITTÉRAIRE. LE MONDE publie aussi des suppléments *hebdomadaires* et mensuels, comme LE MONDE DE LA MUSIQUE et LE MONDE POLITIQUE.

En tous cas, il semble que les grands quotidiens ne s'en sortiront que° *will only pull through* lorsqu'ils seront entièrement équipés d'ordinateurs et que les journalistes pourront taper° directement leurs colonnes sur le clavier° du terminal. *type | keyboard* Ceci représentera une économie de temps et de personnel, mais, bien sûr, un investissement initial considérable, puisqu'il faudra remplacer les imprimeries traditionnelles par des machines modernes.

LES HEBDOMADAIRES «GÉNÉRALISTES»:   Par contre, les hebdomadaires de la même catégorie, c'est-à-dire les «généralistes», ont des tirages bien supérieurs à ceux des grands quotidiens. Parmi d'autres:

PARIS-MATCH, un magazine abondamment illustré de photos, présente un certain nombre d'articles «sérieux» sur des sujets actuels, mais se concentre en général sur des sujets plus frivoles, comme la vie des vedettes° de cinéma et d'autres personnalités. *stars*

L'EXPRESS, créé en 1953, *fait des reportages* sur les nouvelles politiques, internationales, etc., sur le même modèle que TIME ou NEWSWEEK aux Etats-Unis.

LE POINT, créé 20 ans après L'EXPRESS, suit un format similaire.

LE FIGARO MAGAZINE offre, le dimanche, des articles de fond sur l'*actualité* et sur l'art de vivre, plus des suppléments sur l'art, la science et le tourisme.

LE NOUVEL OBSERVATEUR, un magazine de gauche, offre surtout des *enquêtes* sur certains problèmes d'actualité.

LE CANARD ENCHAÎNÉ, un journal satirique populaire, s'efforce de mettre en relief° les défauts° du Gouvernement au pouvoir, quel qu'il soit°. *to accentuate | faults | no matter which* Malgré la loi sur la liberté de la presse, le Président de Gaulle s'est vu obligé de fermer LE CANARD ENCHAÎNÉ pendant quelques jours, lorsque certaines remarques faites à son sujet lui avaient déplu°. Il est vrai que *displeased him* le ton du journal est extrêmement caustique, mais il plaît à l'esprit frondeur° du public. *anti-authority*

LES AUTRES PUBLICATIONS PÉRIODIQUES: Le reste de la presse périodique, qui compte en tout plus de 8.500 titres, se divise en de nombreuses catégories, parmi lesquelles on ne nommera que quelques-unes:

la presse économique, financière et sociale, à laquelle appartiennent LES ÉCHOS et L'EXPANSION; la presse littéraire, qui comprend LE FIGARO LITTÉRAIRE, LES NOUVELLES LITTÉRAIRES, LA REVUE DES DEUX MONDES et d'autres; la presse féminine, où l'on trouve FEMMES D'AUJOURD'HUI (une publication féministe), ELLE, ÉCHO DE NOTRE TEMPS et MARIE-FRANCE; la presse des jeunes; et la presse sportive.

LA RADIO ET LA TÉLÉVISION

En 1890, le Français Edouard Branly a inventé et construit le premier radio-conducteur°, ce qui a permis au Russe Popov de construire la première antenne en 1896. Puis, l'Italien Marconi a effectué, en 1897, les premières liaisons radio-*diffusées*, qu'on a appelées la télégraphie sans fil°. Mais les *émissions* privées sont restées interdites en France jusqu'en 1919, la radio étant un instrument de guerre. Ce n'est qu'en 1921 que la première station française, déjà installée au sommet de la Tour Eiffel en 1903, est devenue station d'Etat. Elle a commencé alors des émissions pour le grand public, et a fonctionné dès le début sous la tutelle du Ministère des P.T.T.

    Depuis, la radio et la télévision françaises ont toujours été gérées par l'Etat. Elles ont même fait partie d'une seule organisation, l'O.R.T.F.,[1] entre 1959 et 1974, mais sont maintenant placées sous l'autorité d'établissements publics variés. Radio-France coiffe° les stations de radio, et chacune des *chaînes* de télévision constitue une société nationale, l'Etat en étant le seul actionnaire.

    Pour financer la production et l'émission des programmes, l'Etat a recours à une *redevance* annuelle que les Français doivent payer pour chacun des postes de radio et de télévision qu'ils possèdent. En effet, les revenus de la publicité (interdite au début, et réglementée maintenant quant à sa durée maximum par jour) sont insuffisants pour subvenir aux° besoins financiers des stations de radio et de télévision.

RADIO-FRANCE: Pendant très longtemps, les stations françaises ne diffusaient que de la musique classique et des nouvelles. Pour écouter de la musique populaire ou du rock, il fallait tourner le bouton° sur une des stations périphériques°, qui diffusaient en langue française en dehors de France et qui survivaient grâce à leurs nombreuses publicités. Les plus connues sont: EUROPE 1 (dans la Sarre, en Allemagne), RADIO-LUXEMBOURG et RADIO-MONTE-CARLO, et elles sont toujours populaires. Les grands réseaux français qui dépendent de Radio-France offrent maintenant des programmes plus variés. Ce sont:

FRANCE-INTER, qui émet 24 heures sur 24 des *jeux* radiophoniques, de la musique populaire, des *programmes de variétés* et des *bulletins sportifs*;

FRANCE-INTER PARIS, qui diffuse pendant 14 heures par jour de la musique ininterrompue, sauf pour° les trois ou quatre minutes d'*informations* nationales et locales par heure;

detector

wireless

heads

support

knob
outlying the borders of France

except for

FRANCE-CULTURE, qui se spécialise dans les émissions culturelles et éducatives;

FRANCE-MUSIQUE, qui diffuse essentiellement de la musique classique et retransmet les programmes des nombreux festivals qui ont lieu l'été.

LES RADIOS LIBRES: Cependant, quelques groupes d'intérêts divers revendiquaient° depuis longtemps la liberté de diffuser leurs propres° programmes. Certains qui s'étaient appelés eux-mêmes «radios libres» fonctionnaient même clandestinement°. Puis, le gouvernement socialiste a annoncé qu'il accorderait° des licences à quelques stations privées. Plus de 150 en ont fait la demande, comme SHALOM pour la communauté juive et NANA pour les féministes. Vingt-deux de ces stations à Paris et une centaine en province ont obtenu une licence en 1982 et au début de 1983. Quant au maire de Paris, il dispose de la sienne à la Tour Eiffel, comme il se doit°! Pour contrebalancer cette prolifération de radios privées, l'Etat se propose de créer des «radios décentralisées». Il y en a une centaine de prévues° en province, dont quatre sont déjà en service. En plus, deux stations à Paris s'adressent chaque jour aux travailleurs immigrés, dans leur langue.

demanded | own

secretly

would grant

as should be

planned

LE CHAÎNES DE TÉLÉVISION: Les trois sociétés chargées de la conception de la *programmation* des émissions télévisées sont représentées par les trois chaînes françaises:

TF1 (Télévision Française 1) offre des émissions variées, telles que des *feuilletons*, des téléfilms, des concerts de musique classique, des jeux, des variétés, des sports et des programmes culturels.

A2 (Antenne 2) diffuse des émissions sensiblement comparables à celles de TF1, sauf que les émissions culturelles, les journaux télévisés et les magazines d'*actualité* sont plus nombreux.

FR3 (France-Régions 3) comprend une station à Paris et douze stations régionales (certaines des émissions sont produites par FR3 PARIS, et les autres par chacune des douze stations régionales). Les magazines régionaux traitent de° l'actualité sportive et de sujets sociaux, économiques ou culturels particuliers à la région.

treat

Il faut noter que, au début, la qualité de l'*image* à la télévision française était supérieure à celle d'autres procédés°, mais l'encombrement des ondes° a obligé la France à adopter en 1978 le standard européen de 625 lignes. D'autre part, le procédé SECAM (séquentiellement et à mémoire) pour la télévision en couleurs offre une plus grande stabilité de l'image et un meilleur rendu° des couleurs. Beaucoup de pays, y compris l'Union Soviétique, ont adopté ce système.

Les chaînes ne commencent leurs émissions journalières que vers midi et les terminent avant minuit. Les messages publicitaires, qui ne doivent pas durer° plus de 22 minutes par jour, sont groupés en blocs de trois à

processes

congestion of the airwaves

rendering

to last

	SAMEDI	**DIMANCHE**	**LUNDI**

1 TF 1

SAMEDI

20.35
SERIE
DALLAS
Scepticisme : J.R. n'hésite pas à employer tous les moyens pour ruiner les Farlow.
★★★ (p 59)

21.25
DIRECT
DROIT DE REPONSE
★ (p.60)

DIMANCHE

20.35
CINEMA
UNE PLACE AU SOLEIL

Montgomery Clift.
Une tragédie américaine.
★★★ (p.76)

LUNDI

20.35
CINEMA
LE POINT DE MIRE
Une tragédie d'après le roman de Pierre Boulle.
★★ (p.91)

22.15
MAGAZINE
SANTE
La douleur : comment ressent-on la douleur ?
★ (p.92)

2 A2

SAMEDI

20.35
VARIETES
CHAMPS-ELYSEES
Spécial Edith Piaf.
Hommage à Piaf pour le 20e anniversaire de sa mort.
★★★ (p.64)

21.50
TELEFILM
UNE FEMME NOMMEE GOLDA (3)
Le succès de Golda aux Etats-Unis.
★★★ (p.66)

DIMANCHE

20.35
JEUX
LA CHASSE AUX TRESORS
Dans le décor somptueux de l'île de la Martinique.
★★★ (p.81)

21.40
REPORTAGE
PASSIONS D'ENFANTS
Les diverses passions des enfants de huit à quinze ans.
★★ (p.82)

LUNDI

20.35
EMMENEZ-MOI AU THEATRE
L'HOMME, LA BETE ET LA VERTU

Henri Tisot
La seule comédie écrite par Pirandello.
★★★ (p.95)

3 FR3

SAMEDI

20.35
SOIREE INTER REGIONS
TOUS ENSEMBLE
« La fête basque » (réseau national) et « La sagesse de la terre » (Rennes).
★★ (p.69)

22.15
MUSIQUE
MUSI-CLUB
Hommage à Igor Markevitch.
★★★ (p.71)

DIMANCHE

20.35
MAGAZINE
BOITE AUX LETTRES
La vie d'artiste. La situation matérielle des créateurs français.
★★ (p.85)

22.30
CINEMA DE MINUIT
LES MISERABLES
Avec Harry Baur. La version de 1933.
★★★ (p.87)

LUNDI

20.35
TELEFILM
DANS LA CITADELLE

Claude Rich
Huis clos sur le racisme et la faim.
★ (p.98)

cinq minutes entre les différentes émissions. Cela veut dire que la publicité n'interrompt jamais aucun programme, chose que la moyenne des Français n'accepterait pas.

Les Français se plaignent souvent du manque d'objectivité des journaux télévisés, car les présentateurs sont en fait forcés de donner les nouvelles en suivant la ligne politique du Gouvernement. Il est de fait, par exemple, que bien des cadres et des présentateurs ont dû démissionner°, et d'autres ont été mis à la porte°, après l'élection des Socialistes en mai 1981.

had to resign | were fired

On parle maintenant de créer une quatrième chaîne, mais d'après bien des Français, la qualité d'une bonne partie des programmes existants est peu satisfaisante en général (à l'exception sans doute de vieux films, américains pour le plupart, et de programmes artistiques et culturels). Les Français se demandent ainsi si la quatrième ne serait pas une répétition des programmes médiocres des autres.

Par contre, les programmes choisis pour être retransmis par les satellites de télécommunications[2] sont d'une qualité technique et d'un contenu supérieurs. Les émissions de TELEFRANCE (programmes littéraires, historiques, artistiques, musicaux et films français) peuvent être reçues sur différentes chaînes dans les grandes villes des Etats-Unis.

NOTES:

1. Office de radio et télévision françaises.
2. L'organisation INTELSAT (International Telecommunications Satellite), créée en 1964, regroupe 102 pays.

Vocabulaire et exercices (première partie)

l'actualité (f.) / *current events*
le bulletin sportif / *sports newscast*
la chaîne / *channel*
diffuser / *to broadcast*
la diffusion / *circulation (total sales)*
l'émission (f.) / *(TV, radio) broadcast, show*
l'enquête (f.) / *investigation*
l'exemplaire (m.) / *copy*
faire un reportage / *to report*
le feuilleton / *serial*
l'hebdomadaire (m.) / *weekly*
l'image (f.) / *picture*
imprimé / *printed*
les informations (f.) / *(radio) news*
le jeu / *game show*

mensuel (elle) / *monthly*
les nouvelles (f.) / *news*
paraître / *to be published*
le poste de télévision / *TV set*
la programmation / *programming*
le programme de variétés / *variety show*
la publicité / *advertising*
le quotidien / *daily newspaper*
la redevance / *fee, tax*
rédiger / *to write*
la rubrique / *newspaper column (general sense)*
se tenir au courant / *to keep informed*
le tirage / *total print run*

A. **EXERCICE DE VOCABULAIRE:**   Donnez les mots ou expressions qui correspondent aux définitions suivantes.

1. un journal qui sort chaque jour de la semaine
2. la taxe sur les postes de radio et de télévision en France
3. reproduit sur papier
4. rédiger des articles sur des sujets d'actualité
5. un magazine qui sort une fois par semaine
6. émission de télévision en plusieurs épisodes
7. magazine qu'on reçoit une fois par mois
8. rester informé

B. QUESTIONS DE COMPRÉHENSION

1. Quel média bénéficie de la loi sur la liberté de la presse?
2. Quelle est la situation financière des quotidiens de Paris? Pour quelles raisons se trouvent-ils dans cette situation?
3. Qui écrit les articles de journaux?
4. Comment marchent les hebdomadaires «généralistes»?
5. Comment les émissions de télévision et de radio sont-elles financées?
6. Pourquoi les stations périphériques se sont-elles installées?
7. Expliquez pourquoi les radios libres ont fait leur apparition en France.
8. Que va faire le Gouvernement français pour contrebalancer les radios libres?
9. Quelle est la fonction des stations de télévision régionales?

DEUXIÈME PARTIE: Les P.T.T. et l'informatique

LES P.T.T.

Les P.T.T. (Postes, Télégraphes et Téléphones), qui sont également appelés les Postes et Télécommunications, sont un monopole d'Etat placé sous l'autorité d'un ministre. Comme son nom l'indique, les P.T.T. sont responsables de divers services.

LA POSTE: La poste se charge de l'expédition de cartes postales; de lettres (ordinaires, *recommandées, en valeur déclarée* ou par avion); d'imprimés comme les magazines et les journaux; de *paquets-poste*, qu'ils soient envoyés en recommandé ou en valeur déclarée; et d'argent par *mandats*. On peut également se servir de *la poste restante* dans tous les bureaux de poste.

   La poste parisienne assure aussi l'expédition de pneumatiques, qui sont des lettres ordinaires affranchies° à un tarif légèrement plus élevé. Les pneus sont insérés dans des cylindres et envoyés à un autre bureau de

stamped

poste dans Paris ou sa proche banlieue°, par des tubes souterrains° sous la pression d'air comprimé°. Ils sont distribués à leurs destinataires quelques heures après leur envois. C'est très commode° quand on veut se mettre en rapport° avec des gens qui n'ont pas le téléphone.

    Il est intéressant de noter que le premier transport de courrier par avion a été effectué par le Français Henri Pequet en Inde, en 1888. D'autres pionniers, comme Didier Daurat et Jean Mermoz, ont ouvert les routes postales de l'air, de Toulouse au Maroc et au Sénégal, puis du Sénégal au Brésil et en Patagonie. Saint-Exupéry en a décrit les aventures et les dangers dans son roman *Vol de nuit*.

    Les *timbres-poste*, qui sont en vente dans les bureaux de tabac aussi bien que dans les bureaux de poste, sont émis par l'Etat. Les timbres français sont très souvent artistiques. Quand ils ne reproduisent pas les traits° de Marianne, ils représentent souvent le blason° d'une ville, un château historique, un fameux site, l'œuvre d'un artiste célèbre, ou bien ils honorent un explorateur, un musicien, une découverte ou une réussite technique, comme celle du Concorde. Ils peuvent même être humoristiques, comme celui qui représente une France joufflue° qu'un enfant arrose° gentiment°.

LES SERVICES BANCAIRES: Un service important des P.T.T. est celui des chèques et des virements postaux. On peut ouvrir à la poste un C.C.P. (compte courant postal) qui fonctionne comme un compte courant dans une banque ordinaire. L'avantage d'avoir un C.C.P., c'est qu'on peut aller dans n'importe lequel des 18.000 bureaux de poste en France pour faire ses opérations bancaires.

    Non moins important est le service de la Caisse Nationale d'Épargne. Quand les femmes n'avaient pas le droit d'avoir leur compte en banque personnel sans l'autorisation de leur mari, c'était le seul moyen à leur disposition de mettre de l'argent de côté et de le retirer° quand elles voulaient.[1] Traditionnellement, on ouvre aussi un compte d'épargne pour les enfants à leur naissance, pour leur apprendre plus tard la valeur de l'argent. Aujourd'hui beaucoup de Français en font usage et les sommes déposées rapportent un intérêt annuel d'environ° 7½%, taux comparable à celui des banques de dépôts.

LE TÉLÉGRAPHE ET LE TÉLEX: Les P.T.T. s'occupent aussi de l'émission et de la réception des télégrammes, ainsi que de l'organisation du télex. On trouve des téléimprimeurs dans beaucoup de bureaux de poste, pour les usagers° qui ne possèdent pas cette machine dans leurs bureaux.

LE TÉLÉPHONE: La qualité du service téléphonique, qui laissait beaucoup à désirer il y a encore une dizaine d'années, est maintenant excellente. A ce moment-là, il fallait attendre entre deux et trois ans pour obtenir un *appareil de téléphone* chez soi. Dans le temps°, lorsqu'on voulait donner un *coup de téléphone* d'une *cabine téléphonique* à la poste, il fallait passer par une standardiste° pour obtenir la communication et l'attente était souvent longue. Le chansonnier° Fernand Reynaud a

near suburb | underground
compressed
convenient
to get in touch

features | coat-of-arms

chubby-cheeked
waters | gracefully

to take it out

about

users

in old times

operator
singer

même prétendu dans un de ses sketches comiques que, de Paris, il valait mieux appeler New York pour obtenir immédiatement le 22 à Asnières (dans la banlieue de Paris).

Aujourd'hui, pourtant, il n'est plus nécessaire de passer par des standardistes puisque l'automatisation est faite à 100% dans toute la France. De plus, on prévoit qu'en 1992, 34 millions d'*abonnés* auront un *annuaire* électronique, sous la forme d'un terminal de vidéotex. L'annuaire électronique n'en est qu'à son stage expérimental, mais la réaction des quelques volontaires qui l'utilisent à titre gratuit° est enthousiaste.

D'un autre côté, le relevé° des appels téléphoniques n'est pas donné aux abonnés, à moins qu'ils n'en fassent la demande et qu'ils payent une taxe supplémentaire.

free of charge
statement

L'INFORMATIQUE

L'une des industries de pointe qui reçoit aujourd'hui l'encouragement et le soutien du gouvernement français est l'informatique, et la France se trouve à l'avant-garde. L'informatique combine les mots ⟨⟨information⟩⟩ et ⟨⟨automatique⟩⟩. L'Académie française[2] a défini l'informatique comme ⟨⟨la science du traitement rationnel, notamment par machine automatique, de l'information considérée comme le support des connaissances et communications dans les domaines technique, économique et social⟩⟩.

On peut diviser l'informatique en plusieurs branches, bien que celles-ci dépendent très souvent les unes des autres: (1) la *télématique*, qui met en œuvre simultanément l'informatique et les télécommunications; (2) la *bureautique*, ou l'introduction de machines électroniques dans les bureaux; (3) et la *robotique*, ou l'emploi de robots pour certaines fonctions remplies auparavant par des humains.

LA TÉLÉMATIQUE: C'est de beaucoup la plus importante des branches de l'informatique. Un centre mondial de recherches et de rencontres a été créé à Paris en 1982 qui se propose, entre autres, d'aider au développement des pays, en particulier de ceux du tiers-monde°. Il projette aussi d'aider à apprendre aux personnes déplacées dans le monde du travail à se recycler pour avoir accès à de nouveaux emplois. Déjà, des pays arabes et africains participent à des expériences-pilotes, et une équipe importante de savants° français et étrangers participent aux recherches, sous la direction de Jean-Jacques Servan-Schreiber.[3]

Third World

scientists

Mais l'accès du grand public à la télématique n'en est encore qu'à ses débuts, comme on l'a vu pour l'annuaire électronique. On prédit pourtant qu'elle apportera un changement radical dans les façons de penser et les habitudes des gens.

LA BUREAUTIQUE: C'est l'application de l'informatique aux travaux du bureau. Elle recouvre aujourd'hui quatre applications principales: le *traitement de textes*, le courrier° électronique, la gestion du temps et la gestion des mémoires individuelles. Elle est employée dans bien des sec-

mail

teurs: l'industrie, le commerce, la banque, les P.T.T., le journalisme, la restauration, la gestion des communes°, la médecine, l'école et la musique. *municipal adminis-tration*

Le secteur bancaire a été l'un des premiers à utiliser l'informatique à grande échelle°. On trouve dans toutes les banques des terminaux légers qui permettent aux employés de guichet° d'interroger les fichiers° centraux et d'effectuer les opérations en présence des clients. Les banques emploient aussi les machines automatisées de distribution de billets°, à base de cartes de mémoire. *on a large scale* *tellers | files* *automatic bill distributors (paper money)*

Les journalistes pourront aussi se servir de terminaux portatifs spécialisés. Ces petits micro-ordinateurs transmettent directement l'article, une fois terminé et corrigé, à l'imprimerie, par un simple branchement sur le réseau téléphonique à la vitesse de trente caractères par seconde.

Par ailleurs, la téléconférence entre hommes et femmes d'affaires et le télétravail, c'est-à-dire le travail à domicile, sont également des voies nouvelles qui pourraient garder hommes et femmes dans leurs bureaux ou même à leurs foyers° — un changement de style de vie révolutionnaire. *homes*

LA ROBOTIQUE: Quant à la robotique, son introduction date déjà de nombreuses années, et elle est employée dans des industries diverses: l'automobile, la construction mécanique, la métallurgie et la construction électrique. Des robots capables de reconnaître les formes de pièces ont été développés et leur opération se déroule avec un haut degré de précision à l'aide d'un calculateur et d'un sonar. Utilisé dans une chaîne de fabrication° chez Renault, par exemple, le robot est déjà une réussite, puisqu'il peut manipuler des tonnes de métal par jour, là où trois personnes étaient nécessaires. *assembly line*

Les robots promettent aussi de s'installer dans l'agriculture. Déjà, le robot ASPARAGUS cueille° les pousses° d'asperges, et dans les vignobles, un de ses cousins taille° les sarments de vigne°. *picks | shoots* *prunes | shoots of grape vines*

CONCLUSION

La question se pose maintenant de savoir si la révolution informatique est une révolution civilisatrice, ou si, au contraire, ses effets ne résulteront pas en un «abêtissement°» de la population. Certains se plaignent qu'il n'y ait plus pour les étudiants de gymnastique intellectuelle comme celle de lire le grec et le latin dans le texte, ou celle de faire des mathématiques, puisque les machines à traduction et les calculateurs seront là. D'autres déclarent, au contraire, que les étudiants mettent la rigueur du raisonnement informatique à profit pour mieux apprendre les disciplines classiques. *stupefying effect*

D'un autre côté, dans les bureaux, beaucoup d'hommes et de femmes qui utilisent des *ordinateurs* dans leurs emplois variés se plaignent de la monotonie de leur travail. Si certains ont considéré le changement comme une promotion au début, ils se sentent maintenant coupés du monde extérieur, disqualifiés en quelque sorte. Leur tâche°, qui autrefois consistait à chercher le renseignement ou l'information pour les clients, est maintenant accomplie par l'ordinateur. Un grand nombre d'entre eux *task*

souffrent également de maux de tête°, causés par la fatigue de la vue° *headaches / sight*
produite par la concentration sur *l'écran* du terminal.

Une chose est certaine, pourtant, c'est que l'informatique est là pour
longtemps. Ce que le monde en fera, ce qu'il y gagnera, nous ne le sau-
rons que dans les années 2000 ou peut-être avant, si l'on en croit les mots
d'un journaliste: «Sur la façade de nombreuses demeures° du début du *dwellings*
siècle, on lisait: ‹Gaz à tous les étages°›. Bientôt ne verra-t-on pas: *floors*
‹Informatique à tous les étages›? L'ordinateur est devenu un outil° si *tool*
maniable°, son prix a baissé à une telle allure° que les particuliers ne les *easy to handle / rapidly*
verront plus seulement sur leurs lieux de travail mais disposeront tout
naturellement à domicile° de terminaux, comme c'est déjà le cas pour *at home*
quelques ‹privilégiés›.»[4]

NOTES:

1. La loi du 13 juillet 1965 qui amendait le Code civil a changé cette situation.
2. L'Académie française est chargée de la rédaction° et de la mise à jour° du Diction- *writing / updating*
naire de la langue française.
3. Jean-Jacques Servan-Schreiber, fondateur du magazine L'EXPRESS, est l'auteur, entre
autres, de *Le Défi américain* et *Le Défi mondial.*
4. Jean Gloaguen, «Informatique: la révolution en marche», L'EXPRESS, 24 septembre
1982.

Vocabulaire et exercices (deuxième partie)

l'abonné(e) / *subscriber*
l'annuaire (*m.*) / *telephone directory*
l'appareil (*m.*) de téléphone / *telephone*
la bureautique / *office automation*
la cabine téléphonique / *pay telephone booth*
le coup de téléphone / *telephone call*
l'écran (*m.*) / *screen*
en valeur déclarée / *insured (mail)*
le mandat / *money order*
l'ordinateur (*m.*) / *computer*

le paquet-poste (*pl.*, paquets-poste) / *packages*
la poste restante / *general delivery*
recommandé / *registered mail*
la robotique / *automation by means of robots*
la télématique / *data processing in which distant terminals are linked by telephone to central data banks*
le timbre-poste / *stamp*
le traitement de texte / *word processing*

A. EXERCICE DE VOCABULAIRE: Répondez aux questions suivantes en employant les mots
du vocabulaire.

1. Comment s'appelle quelqu'un qui a un numéro de téléphone?
2. Où trouve-t-on le numéro de téléphone d'un abonné?
3. Où voit-on l'image sur un ordinateur?

4. Que met-on sur une lettre pour l'envoyer?

5. D'où téléphone-t-on dans la rue ou à la poste?

6. Comment s'appelle une des nouvelles technologies dans le traitement de textes?

B. QUESTIONS DE COMPRÉHENSION

1. Quelles sont les différentes fonctions des P.T.T.?

2. En quoi les services bancaires des P.T.T. sont-ils pratiques?

3. En quoi le téléphone a-t-il fait des progrès en France?

4. Quel sera l'un des avantages du téléphone pour les abonnés dans l'avenir?

5. Quelles sont les différentes branches de l'informatique? Décrivez-les.

6. Quels secteurs ont déjà employé la bureautique? Comment?

7. Comment la téléconférence et le télétravail vont-ils changer les habitudes des gens?

8. Quels sont déjà les rôles de la robotique? Dans quels secteurs?

9. D'après le texte, quels sont le pour et le contre de l'informatique à l'école?

10. Comment pourra-t-on utiliser l'informatique à la maison?

C. À VOTRE AVIS

1. Discutez de la liberté de la presse. Pensez-vous qu'un journal satirique devrait avoir la permission d'exister? Pourquoi?

2. Est-il nécessaire d'avoir de nombreuses chaînes de télévision? Expliquez le pour et le contre.

3. Est-il préférable d'avoir peu de publicité à la télé, sans interruption des programmes, ou d'en avoir beaucoup qui interrompt les programmes? Discutez vos raisons, qu'elles soient esthétiques, personnelles ou financières.

4. Comment l'informatique est-elle en train de changer la vie des gens?

5. Discutez de l'emploi des robots dans l'industrie. Quels en sont les avantages et les désavantages? Les emplois qu'ils suppriment sont-ils vraiment remplacés par d'autres?

6. Une préparation dans l'informatique est-elle nécessaire aujourd'hui pour obtenir une bonne situation? Donnez des exemples.

7. En général, est-ce que les nouvelles technologies améliorent la vie? Discutez le pour et le contre du progrès.

TRAVAUX PRATIQUES 1: Le Vidéotex, un nouveau média

Le *vidéotex*, qui fait partie de la grande famille télématique, est bien
près d'être mis à la portée° du grand public. Ce service, en voie d'expéri-
mentation, permet de relier° les abonnés du téléphone à des systèmes qui
commandent d'inépuisables° masses de renseignements. Il leur offre même
plus, puisque les capacités de *données* de l'ordinateur permettent à l'utilisateur de dialoguer avec la machine, donc de créer de nouvelles données.

    L'une des techniques françaises vidéotex fait emploi d'un procédé
d'émission par câbles, nommé TELETEL. Le gouvernement a décidé, en
1978, de mener° deux *expériences* avec TELETEL et le grand public. La
première est celle de l'annuaire électronique dont on a parlé plus haut, à
Rennes et dans ses environs, dans le département d'Ille-et-Vilaine. La
seconde est en opération depuis le printemps de 1981, dans la région de
Vélizy, chef lieu de canton° du département des Yvelines, dans la banlieue de Paris.

    C'est ainsi que, dans la petite commune de Vélizy, 2.500 «cobayes°»
peuvent consulter des *banques de données* comme le catalogue de la
Redoute[1] ou les horaires° de la S.N.C.F. Quelques-uns peuvent même
payer de chez eux les commandes° qu'ils passent. L'utilisateur° commence par composer un numéro sur le *clavier* qu'il garde sous son *téléviseur couleur*. Le mot S.N.C.F., par exemple, paraît sur l'écran, puis
des noms de villes et des propositions de places dans les trains. A mesure
qu'il tape sur le clavier, des cases° se remplissent et l'abonné fait son

within reach
to connect
inexhaustible

to conduct

county capital

"guinea pigs"

schedules
orders | user

spaces

choix. Il passe donc sa commande, et la page-écran confirme sa réservation: «Vous avez demandé une couchette première° pour Nice le 5 juillet, etc.». Plus tard, il pourra aller retirer son billet au guichet TELE-TEL de la gare la plus proche, muni des° renseignements que l'ordinateur lui a communiqués.

first class berth

equipped with

Certains deviennent des fanas de° TELETEL et peuvent passer des heures à pianoter° sur le clavier du terminal. Ils peuvent avoir accès à des jeux aussi bien qu'à des renseignements d'ordre administratif ou commercial. Ils peuvent vérifier leurs comptes en banque et recevoir des messages d'autres abonnés. Ce qui est encore plus extraordinaire, c'est que d'autres fournisseurs d'information peuvent ajouter les banques de données de leur organisation à celles déjà emmagasinées° dans la mémoire de l'ordinateur. Les fournisseurs d'information supporteront éventuellement les coûts totaux de télécommunication.

fanatics of
tapping away

stored

L'Angleterre et la France s'étant mis d'accord sur une norme commune pour standariser les *matériels* des systèmes vidéotex, les 26 états membres de la Conférence européenne pour les postes et télécommunications (C.E.P.T.) l'ont adoptée également. Ainsi, les utilisateurs des systèmes TELETEL (France) et PRESTEL (Grande-Bretagne) pourront avoir accès aux programmes élaborés dans tous ces pays.

Pour ouvrir le vidéotex à tous, certaines municipalités, comme Nantes et Grenoble, se sont maintenant lancées dans la télématique collective. On y retrouve le même système qu'à Vélizy, mais il se nomme TÉLEM à Nantes et CLAIRE à Grenoble.

TELEM dispose de quatre mille pages d'informations, classées en neuf *rubriques*. Celles-ci couvrent l'action municipale, l'aide au troisième âge°, les services sociaux, l'enseignement, les transports, les P.T.T., le logement, les loisirs° et la culture. Les terminaux installés dans différents lieux publics de la ville sont à la disposition des Nantais, en «libre-service°». Un personnel formé° à utiliser le terminal guide le public.

assistance to the elderly | leisure

self-service | trained

A Grenoble, par contre, les terminaux, bien que simples à utiliser par du personnel compétent, sont trop complexes pour être mis directement à la disposition du public. En effet, le logiciel mis au point pour le projet CLAIRE est du type documentaire: un simple *mot-clé* appelle l'information, et un guide donne les termes associés à ce mot qui permet d'affiner° la demande. Mais la liste des mots-clés est de 1.500, et elle a demandé à un ingénieur près de trois années de travail.

to refine

La Direction générale des télécommunications (D.G.T.) a donc proposé ce système à des professionnels. En 1980, le plan prévoyait° 80.000 terminaux vidéotex professionnels pour 1985. Deux ans plus tard, La D.G.T. espérait en installer 500.000 à la même date. Il s'agit en priorité d'informatiser° les cadres. A la Régie Renault, par exemple, on a trouvé que, sur 33.000 cadres, 2.000 seulement s'intéressaient à l'informatique, mais que 20.000 pourraient être formés à utiliser eux-mêmes un terminal de type TELETEL. Ils pourraient ainsi consulter les *dossiers*, envoyer et recevoir des messages et établir des carnets de rendez-vous°.

planned

to train

appointment schedules

On peut juger, d'après ce qui a été dit sur les emplois variés de TELE-TEL et des autres systèmes vidéotex, que des possibilités infinies existent.

Bien que limitative, la liste ci-dessus indique que la France, après quel-que retard, est définitivement entrée dans l'ère° télématique, grâce au vidéotex.

NOTE:

1. La Redoute est un catalogue de ventes par correspondance pour des produits variés.

Télétel.
La puissance de l'informatique. La simplicité du téléphone.

Voici Télétel : tout un monde de services en direct.

Télétel va donner une nouvelle dimension à votre vie professionnelle, à votre entreprise, quelles que soient sa taille et son activité, et vous ouvrir l'accès à des ressources informatiques de toutes natures et de toutes puissances.

Télétel, informez-vous en direct. Chacun peut, de son poste de travail, interroger des banques de données professionnelles ou des services d'information pratique.

Sans intermédiaire, sans connaissances spéciales, sans contrainte d'horaire.

Télétel, communiquez en direct. En concevant des services internes (boîtes à lettres électroniques, journal d'entreprise...) vous optimisez les circuits de communication dans votre entreprise, sans modifier vos structures, sans bousculer vos habitudes.

Télétel, agissez en direct. Vous dynamisez votre force de vente, vous resserrez vos liens avec vos distributeurs, vos clients, vos fournisseurs, grâce à des services de consultation (catalogues, stocks, tarifs) et de commande en direct.

Bientôt vous pourrez même proposer directement vos services ou vos produits au grand public (3 millions de terminaux seront installés par les PTT d'ici 1986).

Voici Télétel, un nouvel outil de compétitivité, une nouvelle liberté pour travailler et entreprendre.

Simple, pratique, économique : le terminal MINITEL 1 coûte 70 F par mois en location entretien, la communication coûte 0,30 F la minute, indépendamment de la distance.

Télétel est maintenant disponible pour toutes les professions, partout en France. Pour recevoir un dossier "Spécial Entreprises", écrivez à DGT/Télétel - BP 111 - 75722 Paris Cedex 15 ou téléphonez au **NUMÉRO VERT** Appel gratuit **16.05.00.00.01**

Les Communications   127

Vocabulaire et exercices

la banque de données / *data bank*
le clavier / *keyboard*
les données / *data*
le dossier / *file*
l'expérience (*f.*) / *experiment*
le matériel / *hardware*

le mot-clé / *key word*
la rubrique / *heading*
le téléviseur couleur / *color TV set*
le vidéotex / *mass media data processing equipment*

A. QUESTIONS DE COMPRÉHENSION

1. Quels services le vidéotex peut-il rendre à un abonné?
2. Où se passent les deux expériences de TELETEL?
3. Décrivez les opérations à faire sur un vidéotex pour obtenir des renseignements de la S.N.C.F.
4. Quelle est l'importance de la C.E.P.T.?
5. Décrivez le logiciel de CLAIRE.
6. Quels sont les projets de la D.G.T.?
7. Pour quelles raisons le logiciel de CLAIRE peut-il marcher pour les cadres de la Régie Renault?

B. À VOTRE AVIS

1. Etes-vous fana de l'informatique? Pourquoi?
2. Est-ce qu'il est difficile de produire un logiciel? En connaissez-vous un exemple?
3. Discutez des avantages d'organiser les cadres d'une société avec l'informatique.
4. Est-ce que la France est vraiment dans l'ère télématique, d'après ce que vous savez? Expliquez vos raisons.
5. Discutez d'autres utilisations de l'informatique qui seront possibles dans l'avenir.
6. Sera-t-il aussi possible de standardiser les matériels pour que tous les logiciels puissent s'y adapter?

TRAVAUX PRATIQUES 2: Un Coup de téléphone

Mme Gaillard est en ville à Paris pour la journée. Elle est *représentante* pour une maison de parfums et vient d'apprendre qu'elle doit se rendre le lendemain à Grasse, sur la Côte d'Azur, pour affaires. Elle entre donc dans un bureau de poste pour téléphoner à son mari et lui annoncer la nouvelle. C'est justement une poste modernisée, où on doit se servir de *pièces de monnaie* au lieu de *jetons* dans les cabines téléphoniques. L'ennui°, c'est que l'*utilisateur* ne sait jamais s'il va parler pour cinq francs ou pour deux francs. Et malheureusement, une fois que la pièce est *in-*

the trouble

sérée dans la fente° de l'appareil, la machine ne rend pas la *monnaie*. — slot

Et il n'y a pas de standardistes non plus! Seul, un affichage lumineux° — lighted sign
permet à l'utilisateur de savoir combien il lui reste de *crédit-temps*.

M. Gaillard est directeur d'une petite entreprise à Versailles. Mme
Gaillard met un franc dans la fente et *compose le numéro* de son mari
sur *le cadran*. Sa secrétaire répond:

—Allô! J'écoute°! — *(standard response in answering phone)*

—Allô? Puis-je parler à M. Gaillard, s'il vous plaît? demande la jeune
femme.

—C'est de la part de qui°? — who's calling

—Mme Gaillard!

—Oh, pardon, Madame, je n'avais pas reconnu votre voix! s'excuse la
secrétaire. Ne quittez pas°! Je vous le passe tout de suite! — hold on

—Allô, Jacqueline, où es-tu? demande son mari.

—Je suis à Paris, mon chéri. Ecoute, voilà ce qui se passe: il faut que
j'aille à Grasse demain matin. Mais l'avion pour Nice part très tôt d'Orly,
et je crois qu'il vaut mieux que je passe la nuit à Paris. J'irai chez Brigitte. Je viens de lui *passer un coup de fil*. C'est bien, parce qu'elle n'ha-
bite pas loin d'Orly.

—C'est vraiment bien du dérangement°! Ils n'auraient pas pu t'avertir — that's really an inconvenience
plus tôt?

—Peut-être, répond Mme Gaillard. Puis le téléphone devient silen-
cieux. Allons bon! s'exclame-t-elle maintenant. Il faut que je remette une
pièce d'un franc.

Elle pose le *récepteur* sur la tablette° de la cabine, met la pièce et dit: — shelf
«Allô?»

—Allô, je suis toujours à l'appareil! dit la voix de son mari. Tu veux
que je te *rappelle*? Tu n'as plus de monnaie? demande-t-il.

—Non, chéri, ça va. Alors, voilà! Je vais rentrer en vitesse à la maison
pour faire ma valise. Je te préparerai quelque chose à manger, puis j'irai
chez Brigitte pour dîner.

—Bon, d'accord. Quand est-ce que tu rentres? demande-t-il encore.

—Après-demain dans l'après-midi, répond Mme Gaillard.

—Bon. Alors, à vendredi soir. Au revoir, ma chérie, et bon voyage!

—Merci, dit-elle. A vendredi! Et elle *raccroche* d'un air soulagé°. — relieved

Vocabulaire et exercices

le cadran / *dial*
composer le numéro / *to dial the number*
le crédit-temps / *time allotment*
insérer / *to insert*
le jeton / *token*
la monnaie / *change*
passer un coup de fil / *to call on the phone*

la pièce de monnaie / *coin*
raccrocher / *to hang up*
rappeler / *to call back*
le récepteur / *receiver*
le/la représentant(e) / *sales representative*
l'utilisateur (-trice) / *user*

A. QUESTIONS DE COMPRÉHENSION

1. Quelle nouvelle Mme Gaillard annonce-t-elle à son mari?
2. D'où Mme Gaillard va-t-elle partir le lendemain matin?
3. En quoi le bureau de poste où elle va est-il modernisé?
4. Qu'est-ce qui va se passer ce soir-là?
5. Décrivez les différentes phases d'un appel téléphonique.
6. Quelles sont les formules de politesse employées quand on passe un coup de fil et quand on en reçoit un?

B. À VOTRE AVIS

1. Discutez des avantages du téléphone pour communiquer avec d'autres personnes. Est-ce difficile pour vous de parler en français au téléphone?
2. Expliquez pourquoi ce serait pratique d'avoir une carte de crédit à bande magnétique des P.T.T. pour se servir du téléphone.
3. Jouez le rôle de deux personnes au téléphone, en créant un nouveau dialogue.
4. Est-ce plus avantageux d'avoir un service des téléphones qui est un monopole d'Etat, ou vaut-il mieux le laisser dans les mains de plusieurs sociétés anonymes privées?

Chapitre 7

La Publicité

INTRODUCTION

L'écrivain Jean Cocteau (1889–1963) a dit de la *publicité* qu'elle était «la poésie du commerce». Cette pensée ne correspond sans doute pas à l'opinion de la majorité des gens. Mais, s'il est vrai qu'elle tient une place importante dans le budget et les ventes commerciales de bien des entreprises, n'a-t-elle pas aussi droit à une place dans notre culture moderne, parmi les œuvres artistiques? L'existence d'un musée de *l'affiche* à Paris, l'un des rares musées de ce genre dans le monde, semble justifier cette présomption.

Quelle est donc la place de la publicité dans la société française, et quels en sont les attraits qui entraînent le public à acheter les produits?

PREMIÈRE PARTIE: L'Art de la publicité

L'HISTOIRE DE LA PUBLICITÉ

La publicité a fait ses débuts en France vers la fin du XIXe siècle sous forme d'affiches. Le peintre Henri de Toulouse-Lautrec en a fait un art, lorsqu'il a peint des portraits très expressifs et plutôt caustiques d'Yvette Guilbert et de Jeanne Avril, les vedettes° des spectacles de music-hall pour lesquels il créait des affiches de publicité. Ce n'est que récemment qu'on appelle ce genre d'affiche artistique un «poster» pour le distinguer

stars

de la «vulgaire°» affiche publicitaire, et qu'on peut les acheter dans des boutiques spécialisées.

commonplace

Au début de notre siècle, les affiches se sont transformées et sont devenues des instruments de propagande (propagande patriotique pendant la Première guerre mondiale, propagande politique après la guerre). Puis, au début de l'industrie cinématographique, la publicité s'est tournée vers l'affiche de cinéma. Quant à la promotion commerciale de produits, elle n'est venue que plus tard, et n'a trouvé un marché important qu'au début des années 70, lorsque l'économie de la France se trouvait en plein essor°. Le Français moyen pouvait enfin se permettre d'acquérir certains objets, comme des réfrigérateurs, des télés couleurs, et des machines à laver, auparavant° considérés comme des *objets de luxe*. Les Français, habitués à épargner, étaient alors encouragés à la *dépense*, pour augmenter leur *bien-être*. (L'expression a été employée tant de fois qu'elle a perdu de sa valeur, puisqu'aujourd'hui, on parle plutôt de leur «mieux-être».)

in full expansion

before

LES FORMES DE PUBLICITÉ

Il existe plusieurs formes de publicité, et celle qui sera choisie dépend de la nature du produit ou du service à vendre, de la position° de l'*annonceur* (organisme privé ou public) et du fait que le produit ou le service est déjà connu du public ou non. D'abord, si l'annonceur est une entreprise industrielle ou commerciale, il fera de la «publicité de *lancement*», pour lancer son nouveau produit sur le marché et le faire connaître du grand public. S'il a des raisons particulières de redoubler ses efforts à une saison ou une autre de l'année (Noël, les grandes vacances, la rentrée des classes), il fera de la «publicité de *rendement*», avant et pendant cette période de l'année. S'il fait partie d'un groupe de commerçants ou de producteurs qui vendent le même produit ou le même service, il se joindra à eux pour faire de la «publicité collective». Mais si le produit ou le service est déjà connu du public, il devra maintenir l'image du produit ou du service en faisant de la «publicité de prestige». Si l'annonceur est un des organismes officiels du gouvernement qui ne vend rien, à proprement parler°, sinon une idée, cette publicité est dite de «persuasion sociale».

status

strictly speaking

LES MOYENS DE PUBLICITÉ

Malgré tout, la publicité n'est sans doute pas aussi répandue en France qu'aux Etats-Unis. Elle existe dans les mêmes médias, plus le cinéma, mais il y en a moins. L'affichage, comme on l'a vu plus haut, date de nombreuses années, mais on n'en voit pas autant sur les grandes routes de France que sur celles des Etats-Unis. Certaines lois régissent° l'utilisation des *panneaux* publicitaires à la campagne comme à la ville. Certains endroits, sur les murs et sur les toits°, sont réservés à la publicité dans les villes. Parmi les endroits réservés à la publicité, nous citerons les colonnes

govern

roofs

Morris, qu'on trouve surtout dans les rues des grandes villes. (Ces colonnes ont pris leur nom d'un ambassadeur américain à Paris pendant la Révolution française.) Par contre, *il est défendu d'afficher* sur les bâtiments publics. Mais, bien que leurs murs portent la mention «Défense d'afficher», parfois des graffitis, politiques ou autres, transgressent les règlements°.

regulations

La presse française, c'est-à-dire les journaux et les magazines, surtout ceux à grand tirage, offre une excellente occasion° de faire connaître certains produits, comme les appareils audio-visuels, les articles de luxe, les cigarettes et les alcools. Mais si l'on feuillette° quelques journaux et magazines, on s'aperçoit que les quotidiens à tirage national n'ont presque pas de *réclames*. Par contre, les hebdomadaires, comme LE POINT et JOURS DE FRANCE, ainsi que les magazines féminins ELLE et MARIE-FRANCE, en contiennent beaucoup plus, qu'il s'agisse de vins, de parfums ou de montres. Pour l'annonceur, évidemment, le tout est de choisir le journal ou le magazine qui est le plus apte à *attirer* la clientèle à qui le produit ou le service est destiné.

chance

leaf through

La publicité au cinéma existe depuis longtemps en France. Les films à court métrage° qu'on y montre peuvent inclure un produit en vente dans la salle de cinéma, comme des bonbons ou des glaces°. Certains cafés et restaurants, situés près de la salle de cinéma, peuvent également choisir de *faire passer une réclame* pour leurs établissements. Celles-ci passent à l'écran au début de la séance° ou bien entre les actualités° et le long métrage°.

short films
ice cream

show | news clips
feature film
joined in

La radio et la télévision se sont naturellement mises au pas°, mais lentement. Comme on le sait, la radio et la télévision françaises étaient, jusqu'en 1974, sous la coupe° de l'O.R.T.F. (Office de radiodiffusion-télévision française), qui ne permettait pas la publicité. Cependant, dès° 1969, les redevances que payaient les Français sur leurs postes ne suffisaient plus à couvrir les frais des émissions. C'est ainsi que les trois chaînes de télévision ont maintenant la permission de téléviser une série de réclames à certaines heures, mais seulement pour une durée de 22 minutes par jour. Celles-ci sont groupées sur des périodes de cinq à dix minutes, de préférence aux *heures d'écoute maximum*, mais sans jamais interrompre un programme.

under the control
since

Les spots publicitaires à la radio sont aussi un phénomène récent. Les restrictions pour la publicité se sont relâchées°, comme à la télévision, en 1969. De plus, à l'avènement du Gouvernement socialiste en 1981, certains postes libres ont reçu la permission de diffuser des programmes de leur choix ainsi que des spots publicitaires qui leur permettent de financer leurs émissions. Les postes périphériques de Radio Luxembourg, Radio Monte Carlo et Europe, eux, ont toujours vécu de la publicité.

relaxed

Finalement, les producteurs agricoles et les industriels français ont depuis longtemps des *foires* auxquelles ils assistent° régulièrement. Mais l'idée des *congrès* est bien plus récente et a été modelée sur le monde des affaires aux Etats-Unis. Là aussi, la publicité joue son rôle, sous forme d'étalages de produits et de toutes sortes d'*imprimés*. Certaines grandes

attend

villes sont devenues de grands centres complètement équipés pour recevoir les congrès. Lyon, par exemple, un centre commercial même du temps des Romains à cause de ses deux fleuves partiellement navigables et de sa situation stratégique en France, est le site d'une foire internationale depuis très longtemps et est devenu également un centre de congrès.

Il y a, bien sûr, d'autres moyens de faire de la publicité pour un produit ou un service. Pour n'en citer que quelques-uns: les pages jaunes des annuaires téléphoniques; la publicité dans le ciel à la traîne° d'un avion; les calendriers; les affiches qui peuvent être posées sur les côtés des autobus ou des voitures commerciales, sur les murs des stations de métro et dans les wagons de métro; les *enseignes* des magasins; les catalogues; les *concours*; et les *primes*.

in tow

Vocabulaire et exercices (première partie)

l'affiche (*f.*) / *advertisement, poster*
afficher / *to post bills*
l'annonceur (*m.*) / *sponsor*
attirer / *to attract*
le bien-être / *well-being*
le concours / *contest*
le congrès / *convention, exposition*
la dépense / *spending*
l'enseigne (*f.*) / *sign (shop)*
faire passer une réclame / *to show an advertisement*

la foire / *trade fair*
l'heure d'écoute maximum / *prime time*
il est défendu de / *it is forbidden to*
l'imprimé / *printed matter*
le lancement / *launching*
l'objet de luxe (*m.*) / *luxury item*
le panneau / *billboard*
la prime / *giveaway*
la publicité / *advertising*
la réclame / *advertisement*
le rendement / *return*

A. EXERCICE DE VOCABULAIRE: Donnez le mot qui correspond aux définitions suivantes.

1. un morceau de papier qu'on met sur les murs
2. lois qui limitent nos actions
3. article de grande valeur
4. on y gagne des prix
5. plaque sur laquelle on inscrit le nom d'un magasin
6. première publicité pour un produit
7. publicité pour augmenter les ventes
8. exposition de produits
9. entreprise qui fait passer de la publicité
10. objet distribué gratuitement pour attirer la clientèle

1. Qu'est-ce qu'un poster?
2. Décrivez l'histoire de la publicité en France.
3. De quoi dépend le choix de la forme de publicité?
4. Décrivez les cinq sortes de publicité.
5. Où peut-on afficher dans les villes françaises? Où ne doit-on pas afficher?
6. Qui passe des réclames dans les cinémas?
7. Pourquoi n'y a-t-il pas beaucoup de publicité à la télévision en France?
8. Quelle différence y a-t-il entre une foire et un congrès?
9. Nommez quelques autres moyens de publicité.

DEUXIÈME PARTIE: Les Techniques publicitaires

Il y a de nombreuses *agences de publicité* en France, dont les plus connues sont Havas et Publicis. Certaines se spécialisent dans les campagnes publicitaires pour leurs clients annonceurs dans un seul média: la radio, la télévision, la presse ou l'affichage. Il existe aussi un Bureau de vérification de la publicité qui fait savoir aux annonceurs si leurs projets de publicité sont en conformité avec la réglementation en vigueur. Beaucoup d'annonceurs adhèrent à cet organisme professionel.

Quelles sont donc les qualités de la publicité qui font que les Français sont plus aptes à l'apprécier, donc plus susceptibles d'être attirés par le produit? Naturellement, comme toute bonne publicité dans n'importe quel pays, elle devra contenir des arguments en faveur du produit ou du service, que ce soit pour sa qualité, son confort, sa *nouveauté*, sa durabilité, son prix bas ou réduit, sa beauté ou sa *technicité*. Elle devra également présenter des idées comme celles de la jeunesse, la beauté, la séduction, le luxe, le *bonheur*, la sécurité, l'aventure ou l'amour, dont peut bénéficier l'acheteur éventuel. La voix ou l'image publicitaire se fera quelquefois didactique ou conseillère, quelquefois séductrice ou confidente, et en appelera° tantôt aux connaissances techniques ou scientifiques du futur client, tantôt à son sens moral ou civique, tantôt à son expérience, ou bien simplement aux *plaisirs des sens* des clients.   *will appeal*

Mais par-dessus tout°, et ceci est très français, le texte publicitaire doit   *above all*
attirer autant par sa forme que par son *contenu*. (La présentation esthétique du message publicitaire compte presque autant que le message.) Le contenu du message doit être présenté avec humour, originalité, charme ou poésie. Ceci dit, nous n'allons pas prétendre que certains produits, comme les produits ménagers, soient toujours présentés avec charme et poésie!

Les thèmes suivis par la publicité en France sont de deux sortes: les thèmes classiques, qui représentent la France traditionnelle, tels que la femme, l'enfant, la famille, la sexualité, et l'épargne; et les thèmes nouveaux, qui représentent la France en évolution, tels que le retour à la nature, la lutte contre *le gaspillage*, la protection de l'environnement, la défense des consommateurs, le troisième âge, les loisirs et le *régime*. Les réclames s'efforcent également de jouer sur les points forts et les points faibles des Français: l'attachement au passé, la bonne nourriture, la mode, le patriotisme et l'individualisme, parmi d'autres.

Par exemple, en partant du fait que la crise de foie° est la maladie chronique (réelle ou imaginaire) de bien des Français, l'annonceur publicitaire d'une eau minérale bien connue oriente souvent sa publicité sur ce problème de santé°. Telle sa réclame qui représentait des scènes tirées de° fables de La Fontaine et où l'animal de la fable disait: «Mon foie? . . . connais pas!». Les vertus guérissantes° de cette eau étant ainsi reconnues, la personne qui en buvait régulièrement était assurée de ne pas souffrir de (ou ne pas «connaître») son foie.

liver illness

health

drawn from

healing

Dans le domaine des plaisirs de la table, une réclame pour des vins montre toujours des plats appétissants à côté des bouteilles, car pour les Français, la nourriture est toujours meilleure avec du vin. (C'est peut-être dommage pour leur foie, mais tant pis°!)

too bad

Dans un autre domaine, lorsqu'il s'agit de *vanter* les mérites d'une matière textile (comme la laine°), l'artiste publicitaire peut en draper la silhouette d'une femme, comme d'une élégante robe longue, tout en commentant sur la réputation de la femme française en général: «Elle fait la mode dans le monde».

wool

La variété est aussi un ingrédient nécessaire pour retenir l'attention du public français. Très souvent, une série de réclames paraissent en même temps dans plusieurs magazines et à l'affiche, mais avec de légères° différences ou même avec une *mise en scène* différente. Le *couplet publicitaire* d'un produit à la télé ou à la radio est souvent modifié, et les voix sont différentes.

slight

Malgré tous les efforts des annonceurs et des agences de publicité, les Français restent en général *méfiants* à l'égard des° produits ainsi présentés au public, car ces efforts, disent-ils, sont frivoles et ne *visent* qu'à des satisfactions momentanées. Ceci ne les empêche pas d'acheter les dernières nouveautés sur le marché, de suivre la mode, d'essayer de nouveaux vins et de nouvelles recettes, en un mot d'améliorer leur bien-être.

with regard to

Vocabulaire et exercices (deuxième partie)

l'agence de publicité (*f.*) / *advertising agency*
le bonheur / *happiness*
le contenu / *content*
le couplet publicitaire / *jingle*
le gaspillage / *waste*
méfiant / *distrustful*
la mise en scène / *staging*

la nouveauté / *novelty*
le plaisir des sens / *sensual pleasure*
le régime / *diet*
la technicité / *technical nature*
vanter / *to boast of*
viser à / *to aim at*

DES HOMMES AU SERVICE DE LA FRANCE.

LES "MARINES"
DE KELIAN

Lignes pures.
Lignes aériennes.
Lignes en mouvement
et, Courbes qui mettent
la jambe en valeur.
Stéphane Kélian, a traité
ses modèles d'été
comme une architecture.
Nytro: 595 F.

COLLANT VOILE SUPER FIN DIM

Raffinées,
élégantes,
terriblement
séduisantes,
vos jambes
se voilent d'un
Dim: les voilà
habillées!

DIM

Arpège... et rien d'autre.

Drakkar Noir : la douce violence d'un parfum d'homme.

HITACHI *Je suis la vie.*

HAVAS CONSEIL

A. EXERCICE DE VOCABULAIRE: Donnez le mot qui correspond aux définitions suivantes.

1. emploi abusif de quelque chose
2. entreprise qui s'occupe de faire de la réclame pour ses clients
3. quelque chose qui vient de sortir sur le marché
4. faire beaucoup de compliments sur quelque chose
5. ensemble de musique et de mots qui font reconnaître la marque d'un produit
6. action de manger moins pour maigrir (*lose weight*)

B. QUESTIONS DE COMPRÉHENSION

1. En général, quels sont les ingrédients d'une bonne publicité?
2. Décrivez les éléments des thèmes traditionnels et des nouveaux thèmes de la publicité en France.
3. Quels sont les points faibles et les points forts des Français sur lesquels on peut jouer en faisant de la publicité?
4. De quelles façons peut-on varier une réclame?

C. À VOTRE AVIS

1. Comparez les différents moyens de publicité et discutez des avantages qu'offre chacun de ces moyens pour vendre différents produits.
2. Analysez les qualités de quelques annonces publicitaires que vous trouverez dans des magazines français.
3. Comparez deux réclames passées en France et aux Etats-Unis pour le même produit ou le même service.
4. Où finit la persuasion sociale et où commence la propagande? Discutez.
5. Etes-vous influencé(e) par la publicité? Avez-vous jamais acheté un produit à cause de sa publicité? Quelles qualités de la publicité vous ont attiré?
6. Créez une affiche pour un produit de votre choix, ou pour une idée de persuasion sociale.

TRAVAUX PRATIQUES 1: La Publicité à la télévision

Un *film* publicitaire *à court métrage* (de 30 à 60 secondes) peut donner d'excellents résultats pour fixer l'image d'un produit dans l'esprit des clients éventuels. Il est d'autant plus efficace s'il emploie un *truc publicitaire* comme celui contenu dans le script suivant, et mieux encore s'il est précédé ou suivi d'autres réclames, dans des magazines et sur des affiches, qui rappellent la dernière image du film.

L'*Image*	Le *Son*	
1. *plan américain:* Une jeune femme marche dans la rue d'un pas pressé°.	musique légère° et rapide, *bruits* de rue, *circulation* automobile	*light* *hurried*
2. *plan moyen:* Monsieur X (un homme très connu) apparemment impatienté, consulte sa montre.	la musique *s'énerve* un peu	
3. *gros plan:* Les deux personnages finissent par se rencontrer.	la musique *éclate* en sons irrités	
4. gros plan de Monsieur X: La colère° est visible sur son visage. Le retard de la jeune femme entraîne° une dispute.	bruits de voix en colère°	*angry voices* *anger* *causes*

L'*Image*	Le *Son*	
5. plan moyen: Monsieur X la quitte et se dirige vers son vélo-moteur.	bruits de circulation	
6. plan moyen: Monsieur X s'é- loigne° sur son vélo-moteur. On ne voit pas sa tête.	voix off°: «Eh oui, vous l'avez reconnu. C'est un Peugeot,[1] le même que le vôtre.»	*off-camera voice moves into the distance*

NOTE:

1. Notez que si l'annonceur parlait d'une voiture Peugeot, il dirait «une Peugeot». Mais comme il s'agit ici d'un vélo-moteur, il parle d'«un Peugeot».

Vocabulaire et exercices

le bruit / *noise*
la circulation / *traffic*
éclater / *to burst*
s'énerver / *to get tense*
le film à court métrage / *short film*
le gros plan / *close-up*

l'image / *picture*
le plan américain / *long shot*
le plan moyen / *medium shot*
le son / *sound*
le truc publicitaire / *advertising gimmick*

A. QUESTIONS DE COMPRÉHENSION

1. Comment savez-vous que la jeune femme est en retard?
2. Y a-t-il des voitures dans la rue? Qu'est-ce qu'on entend aussi?
3. Comment le script décrit-il les sentiments des deux personnages?
4. Pourquoi ne voit-on pas la tête de Monsieur X sur la dernière image?
5. Qui ou quoi les spectateurs ont-ils reconnu?

B. À VOTRE AVIS

1. Quelle sorte de film convient le mieux pour une annonce publicitaire à la télévision? Expliquez vos raisons.
2. Décrivez le truc publicitaire employé dans cette annonce. Discutez de l'efficacité d'un slogan comme celui-ci.
3. Est-il nécessaire pour une société d'être déjà bien établie sur le marché pour se permettre de passer une annonce comme celle-ci?

C. EXERCICES PRATIQUES

1. Ecrivez le script d'une annonce publicitaire de 30 secondes pour la télévision. Décidez d'un slogan pour un produit de votre choix, et travaillez autour, aussi bien avec le son qu'avec l'image.

2. Transcrivez le script d'une réclame que vous voyez souvent à la télé, avec sons et images séparés. Décrivez le slogan employé et le truc publicitaire s'il y en a un. Sont-ils efficaces, à votre avis?

TRAVAUX PRATIQUES 2: À la radio

Le temps accordé° à la publicité à la radio est limité, par exemple à 1 minute 30 pour une émission de 30 minutes. Les messages publicitaires prennent des formes diverses: des *communiqués*, qui sont en général des textes courts de 30 secondes et de 120 mots au maximum; des *minutes publicitaires*, ou communiqués plus longs; et des programmes *patronnés*. Voici un exemple de publicité à la radio. C'est une «minute publicitaire» d'une durée de 65 secondes.

allowed

Le *Bruitage*	Le *Texte à lire*	
musique joyeuse	Voix de femme: Au menu aujourd'hui, salade soleil et Mayonnaise Sibon, une salade dont les couleurs suffisent° à vous *mettre en appétit!*	*are enough*
claquement de langue	Ce qui lui donne sa *saveur*? Un *mélange* original de légumes et de fruits frais, et *le goût* délicat de la Mayonnaise Sibon à l'*huile* de tournesol°. Il vous faut des grains de maïs, des tomates	*sunflower*
gazouillis° d'oiseaux	concassées°, des feuilles de *romaine* coupées en lanières°, des *poivrons* verts et rouges finement émincés°, des *quartiers* de *pamplemousse* et des petits cubes d'ananas.	*chirping* | *crushed* *strips* *thinly sliced*
bruit de *cuillère* et de *fourchette* qui remuent la mayonnaise dans la salade	Mélangez avec la Mayonnaise Sibon; salez° et poivrez° à votre goût. C'est tout!	*salt* | *pepper*

Le *Bruitage*	Le *Texte à lire*	
musique triomphale	Sibon — cinq sauces riches en saveurs . . . et en plaisirs: la sauce tartare aux six épices, la sauce à la moutarde à l'ancienne, la sauce à l'Armagnac, la sauce béarnaise à l'estragon° et aux fines herbes . . . et la mayonnaise au tournesol.	*tarragon*

Vocabulaire et exercices

l'ananas (*m.*) / *pineapple*
le bruitage / *sound effects*
le claquement de langue / *clicking of the tongue*
le communiqué / *message*
la cuillère / *spoon*
la fourchette / *fork*
le goût / *taste*
l'huile (*f.*) / *oil*
le mélange / *mixture*

mettre en appétit / *to whet the appetite*
la minute publicitaire / *spot*
le pamplemousse / *grapefruit*
patronné / *sponsored*
le poivron / *pepper (green or red)*
le quartier / *segment (of a fruit or vegetable)*
la romaine / *romaine lettuce*
la saveur / *flavor*

A. QUESTIONS DE COMPRÉHENSION

1. Quel bruitage est employé dans ce spot publicitaire?
2. Pourquoi l'emploi de l'huile de tournesol va-t-il pousser le consommateur à acheter cette sauce plutôt qu'une autre?
3. Les consommateurs français aiment manger des aliments frais. Comment cette annonce répond-elle à leurs désirs? Enumérez les raisons.
4. En quoi cette annonce est-elle aussi une recette (*recipe*) de salade? Comment le chef et la cuisinière doivent-ils procéder pour exécuter cette recette?

B. À VOTRE AVIS

1. Avez-vous envie de manger cette salade? Pourquoi?
2. Est-ce que le bruitage suffit pour attirer l'attention des consommateurs éventuels et leur faire acheter un produit?
3. Avez-vous envie d'acheter les sauces énumérées dans l'annonce?

C. EXERCICES PRATIQUES

1. Ecrivez un spot publicitaire à la radio d'une minute pour un produit de votre choix. Faites-le en forme de script.

2. Expliquez les différences entre les annonces à la radio et à la télévision. Lesquelles sont les plus efficaces? Pourquoi?

3. Votre société s'est installée en France. Vous voulez la faire connaître du grand public, ainsi que les produits ou le service que vous avez à vendre. Pour cela, vous allez organiser une campagne publicitaire. Plusieurs possibilités vous sont ouvertes: dans la presse, à la télévision et au cinéma, à la radio et à l'affiche. De plus, vous avez peut-être l'intention d'assister à un congrès ou à une foire, où votre produit ou votre service pourrait être exposé. Vous allez donc travailler avec votre service de publicité pour décider quels médias employer et de quelle façon lancer votre produit ou service sur le marché français. Dites ce que vous allez faire.

LES CLASSES SOCIALES ET LE MONDE DU TRAVAIL

INTRODUCTION

Les classes sociales en France ont leurs origines dans la structure des occupations au Moyen Age. Du temps de la *féodalité*, la société française était divisée en deux classes: les *seigneurs* et les serfs. Les seigneurs étaient, soit les délégués° (d'un roi, d'un duc ou d'un comte), soit les propriétaires de terres immenses, et les serfs travaillaient la terre pour eux. Parmi les nobles ou seigneurs, il y avait des *chevaliers*[1] qui étaient responsables de la défense du château (du comté, du duché, ou du royaume) et d'autres nobles qui faisaient partie du *clergé*. Quel qu'ait été leur titre, leur qualité de naissance leur donnait à tous le droit de vivre dans le loisir.

 Or, l'histoire de la civilisation française s'est inscrite dans les cadres de cette société féodale, même après que le pouvoir des rois et de leurs délégués a diminué au cours des siècles pour disparaître à la Révolution. A mesure que de nouveaux *métiers* étaient créés par les besoins de la société, certaines *couches sociales prenaient le dessus*, pendant que les plus humbles continuaient à œuvrer° pour les autres. Seule, la classe bourgeoise[2] s'est agrandie au cours des siècles, en absorbant, petit à petit, les membres de classes inférieures.

 Aujourd'hui, bien que les différences entre les classes sociales tendent un peu à s'estomper°, il existe encore des barrières entre classes. En effet, la mobilité sociale n'existe vraiment qu'à l'intérieur des classes déjà établies. On peut observer qu'en général, l'appartenance à une classe sociale

delegates

to work

to blur

en France dépend plus du *milieu* et de la *formation* du *chef de famille* que de ses revenus.

PREMIÈRE PARTIE: L'Évolution des classes sociales

L'ÉMERGENCE DE LA BOURGEOISIE COMMERÇANTE

Alors qu'elle était auparavant une société presque entièrement rurale, où chacun pouvait subvenir à° ses besoins, la société du XIIe siècle a vu se créer une nouvelle classe sociale, la bourgeoisie. En effet, un siècle de prospérité commerciale s'est ouverte pendant lequel les fabricants° et les marchands ont *fait fortune.* Un nouveau désir pour les plaisirs matériels et les marques extérieures de la fortune a stimulé la demande pour une table de mets° plus variés et plus raffinés, ainsi que pour des vêtements de drap° et de fourrure°, plus riches et plus élégants. Des villes se sont développées pour absorber le trop-plein° des campagnes *surpeuplées*; elles ont abrité° les «nouveaux riches» de l'époque.

    Puis, l'accroissement de la clientèle, les progrès matériels et les exigences nouvelles ont demandé une spécialisation des tâches°. C'est ainsi que de nouvelles industries et de nouveaux métiers ont fait leur apparition. Les ateliers° des artisans se sont alors groupés dans une même rue, et des associations de métier, des guildes ou des confréries, en un mot tout un système corporatif s'est installé. Les premiers *syndicats* étaient nés.

    A la base de cette société, le *paysan* restait le serf du seigneur dont il cultivait les terres, et il continuait à payer de lourds impôts à son seigneur et à son roi. Le clergé, lui, se divisait maintenant en deux groupes: le haut clergé, composé d'évêques°, de chanoines° et de moines°, recrutés parmi les nobles; et le bas clergé, recruté parmi les fils de serfs, qui desservait° les paroisses° dans les campagnes. Les classes sociales se distinguaient alors comme suit:

le roi

le haut clergé

les nobles (seigneurs)

les artisans et les marchands (bourgeois)

le bas clergé

les serfs (paysans)

L'ÉMERGENCE DE LA BOURGEOISIE FINANCIÈRE

Au cours des siècles, l'argent avait fait son apparition comme moyen d'échange, et la concurrence sur les produits manufacturés commençait à se faire sentir° entre les grandes villes d'Europe. Jacques Cœur,[3] au XVe siècle, a été le premier à faire des investissements fonciers° et à offrir du

Marginal glosses:
provide for
manufacturers
dishes
woolen cloth | fur
overflow
sheltered
tasks
workshops
bishops | canons
monks
served | parishes
to be felt
land investments

crédit aux courtisans du roi. Il a ainsi contribué à la création de l'esprit d'entreprise en France.

Cependant, au XVIe siècle, dans une France encore rurale à 90%, la paysannerie commençait déjà à être appauvrie° par le morcellement des terres et par les guerres de religion.⁴ L'argent allait à ceux qui en avaient déjà, et la bourgeoisie s'enrichissait en prêtant avec *usure* de l'argent aux endettés. A la ville, c'était le commerce qui enrichissait les maîtres de métiers et les intermédiaires dans les circuits du commerce aux niveaux national et international. L'ascension sociale des marchands, des hommes d'affaires les plus fortunés et des officiers qui pouvaient se permettre financièrement d'acheter des fiefs et des seigneureries a ainsi provoqué un élargissement de la classe bourgeoise.

impoverished

LES DÉBUTS DE LA HAUTE BOURGEOISIE INDUSTRIELLE

Au XVIIIe siècle, à la «veille» de la Révolution, trois ordres divisaient la société française: la noblesse (500.000 personnes), le clergé (150.000 personnes) et le Tiers-Etat⁵ (24,5 millions de personnes). C'est alors qu'une nouvelle classe sociale a apparu, grâce à la production industrielle qui était en voie de transformation. Certains nobles et de riches bourgeois se sont alors intéressés aux industries nouvelles: la métallurgie et les industries chimiques. Ils ont pris la direction des industries charbonnières et ont obtenu des concessions minières dans la Métropole et aux colonies.

Les bourgeois, laborieux, économes et sévères, avides° d'acquérir des connaissances, se sont créé leur propre culture sous le signe des nouvelles idées. C'est à cette époque que Jean-Jacques Rousseau (1712–1778) et Voltaire (1694–1778), tous deux sortis de la bourgeoisie, ont contribué leurs idées révolutionnaires.

eager

LA TRANSFORMATION ÉCONOMIQUE ET POLITIQUE

Cependant, la crise économique qui s'est produite dans les années 1780 a déclenché° un malaise financier dans le pays. Le roi Louis XVI, ne sachant pas comment y faire face, s'est entouré de mauvais conseillers. Même sa reconnaissance de pouvoirs politiques au Tiers-Etat (égaux à ceux de la noblesse et du clergé), à l'Assemblée des Etats-Généraux en mai 1789, n'a rien changé. La Révolution a éclaté. Depuis, bien des historiens se sont disputés sur le fait de savoir si la Révolution a été une révolution de la prospérité (faite par les bourgeois qui demandaient plus de pouvoirs politiques) ou bien une révolution de la misère (faite par les paysans qui revendiquaient leur part de prospérité).

triggered

APRÈS LA RÉVOLUTION

Toujours est-il que la société de l'Ancien Régime (comme on appelle le régime qui a précédé 1789) s'est désintégrée. La noblesse s'est alors constituée en classe fermée dans deux domaines très précis, celui de l'armée et celui du clergé. La bourgeoisie, qui détenait maintenant le pouvoir économique, s'est vue cependant exclue des fonctions politiques. Les paysans qui formaient encore 85% de la population active, eux, n'ont guère vu leur statut ni leur niveau de vie changer.

Par contre, la Révolution a préparé le chemin au mouvement socialiste en France. Le Comte de Saint-Simon (1760-1825), par exemple, a été le précurseur du socialisme moderne, en élaborant un système d'organisation de la société fondé sur l'industrialisme. D'ailleurs l'Etat jouait déjà un rôle exceptionnel dans l'activité économique de la France, en dépit du libéralisme officiel qu'il affichait. Pourtant, c'est en 1864 que les travailleurs se sont organisés pour la première fois.

La grande bataille° politique, qui commençait déjà au XIXe siècle et qui continue de nos jours, s'est jouée et se joue encore entre la droite ou les nobles qui forment aujourd'hui la classe dominante (et même dirigeante, comme sous la présidence de Giscard d'Estaing) et la gauche représentée par une partie de la classe populaire (les *ouvriers* et les *employés*). Au centre, *la classe moyenne* (les bourgeois) et le reste de la classe populaire (les paysans) votent soit à droite, soit à gauche, selon leur idéologie et leur intérêt personnel.

battle

NOTES:

1. Les chevaliers étaient des nobles qui recevaient un cheval et un équipement pour entrer dans la chevalerie, institution militaire féodale.
2. Il y a déjà longtemps, on entendait par «bourgeois» quelqu'un qui vivait de ses rentes. Aujourd'hui, le terme décrit la classe moyenne en général.
3. Jacques Cœur (1395-1456) a noué° des relations commerciales avec les pays du Levant°, l'Italie et l'Espagne. Ses activités étaient multiples (banque, change, mines, métaux précieux, épices, draps).
4. Les guerres contre le Protestantisme. Bien des protestants ont émigré en Angleterre, en Allemagne et aux Etats-Unis. Ils se sont appelés les Huguenots.
5. Le Tiers-Etat était composé de tous ceux qui ne faisaient pas partie de la noblesse ou du clergé (les paysans et les bourgeois).

established
Middle East

Vocabulaire et exercices (première partie)

le chef de famille / *head of the family*
le chevalier / *knight*
la classe moyenne / *middle class*
le clergé / *clergy*
la couche sociale / *social stratum*
l'employé(e) / *white-collar worker*
faire fortune / *to become wealthy*
la féodalité / *feudal period*
la formation / *training*

le métier / *occupation, trade, profession*
le milieu / *(social) background*
l'ouvrier (ère) / *blue-collar worker*
le paysan / *peasant*
prendre le dessus / *to take over*
le seigneur / *lord*
surpeuplé / *overpopulated*
le syndicat / *labor union*
l'usure (f.) / *usury*

A. EXERCICE DE VOCABULAIRE: Complétez les phrases suivantes avec le mot qui convient.

1. Mon fils a choisi le _____ de garagiste.
2. Il sort d'un _____ social très intellectuel.
3. Sciences-Po donne une _____ dans les sciences politiques, économiques et sociales.
4. Mon oncle a _____ en Amérique.
5. Le _____ représente les ouvriers.
6. La Chine est un pays _____.
7. A l'époque féodale, le délégué du roi était un _____.

B. QUESTIONS DE COMPRÉHENSION

1. Pour quelles raisons de nouveaux métiers ont-ils été créés au Moyen Age?
2. Quelles étaient les deux classes sociales au temps de la féodalité?
3. Comment le commerce a-t-il commencé au XIIIe siècle?
4. Quand sont nés les premiers syndicats?
5. Qui a été le premier à accorder du crédit?
6. Qui a bénéficié du commerce au XVIe siècle?
7. Quelles professions les nobles ont-ils adoptées au XVIIIe siècle?
8. Comment étaient les bourgeois au XVIIIe siècle (qualités et défauts)?
9. Qu'est-ce qui a déclenché la Révolution de 1789?
10. Quelle était la situation de la bourgeoisie après la Révolution?

DEUXIÈME PARTIE: Les Conditions du travail

LA RÉVOLUTION DES STRUCTURES SOCIALES

On pourrait déduire de ce qui précède que la société française est encore peu mobile. Et cela est vrai. Pourtant, elle est depuis quelque temps caractérisée par une forte mobilité quant à la répartition° de la popula- *division*
tion active. Ceci est dû à ce que la France a vécu de 1954 à 1975, la plus grande révolution de son histoire. Cette révolution silencieuse (ponctuée par la Révolution de mai 1968, beaucoup plus bruyante, qui a déclenché des réformes sérieuses dans l'enseignement) est survenue° dans les modes *arrived*
de vie des Français, ainsi que dans les structures sociales. Il y a plusieurs raisons pour ces changements dans les structures sociales: l'exode rural, nécessaire et voulu par le gouvernement; le déclin ou l'expansion de certaines activités industrielles; et la croissance du secteur tertiaire.

Les agriculteurs, par exemple, ne représentent plus aujourd'hui que 8,2% de la population active. Or, les enfants d'agriculteurs qui n'avaient plus suffisamment de terres à cultiver ont donc dû adopter un autre métier que celui de leurs parents. Ils sont devenus ouvriers, employés ou commerçants, à moins qu'ils n'aient eu la chance° et surtout le courage de surmonter les barrières sociales pour faire des études qui leur permettent de monter dans l'*échelle sociale.*

luck

Dans les activités industrielles, il est arrivé un déséquilibre d'emploi avec le déclin des industries navale, sidérurgique et de certains textiles, et avec l'expansion de l'énergie nucléaire et l'informatique, industries qui ont créé de nombreux nouveaux emplois. Par contre, l'automation et la robotique ont déplacé des milliers de personnes qui soit sont au chômage, soit ont dû se recycler.[1] Le secteur tertiaire, lui, s'est agrandi à un tel point qu'il emploie aujourd'hui 50% de la population active, dont presque les trois quarts sont des femmes qui sont arrivées en masse sur le marché du travail.

On prévoit d'autres mutations dans les années à venir, mais on ne sait pas encore dans quels secteurs, d'où la difficulté de prévoir quels seront les meilleurs *débouchés* et, pour les jeunes, de faire le choix difficile d'un métier. Il en est résulté le raisonnement de la part des *dirigeants* qu'il vaudrait mieux que chacun travaille moins pour faire place à d'autres moins fortunés.

LES EMPLOIS

Chaque classe sociale contient elle-même des sub-divisions par secteur, comme le tableau ci-dessous de l'échelle sociale le démontre:

	Secteur primaire	Secteur secondaire	Secteur tertiaire
Classe dominante	grands exploitants	*patronat* *cadres supérieurs*	Hauts fonctionnaires cadres supérieurs *professions libérales*
Classe moyenne	petits exploitants	*cadres moyens* artisans	employés *petits commerçants* petits fonctionnaires (Classe A)
Classe populaire	ouvriers agricoles	ouvriers *manœuvres*	personnel de service petits fonctionnaires (Classes B et C)

LES SALAIRES

Pour les salaires, il faut noter tout d'abord que le Salaire minimal de croissance° (SMIC)[2] est fixé annuellement par l'Etat et est basé sur le *coût de la vie.* Le SMIC était de 3319,16 francs par mois (ou $466) au 15 octobre 1982 sur la base de 169 heures de travail par mois (= 39 heures par semaine).

minimum wage

Le tableau qui suit donne une idée du revenu moyen disponible° (c'est-à-dire après les impôts) de certaines catégories professionelles.[3]

available

Revenu disponible en francs courants

	1970	1975	1980
Exploitants agricoles	37 500	60 400	93 600
Salariés agricoles	21 000	43 600	79 300
Professions indépendantes	65 500	111 400	191 700
Cadres supérieurs	68 000	114 800	185 100
Cadres moyens	41 400	71 800	118 700
Employés	31 100	55 000	93 500
Ouvriers	28 200	51 400	90 900

Quant aux salaires des femmes comparés à ceux des hommes, le tableau suivant démontre l'écart qui existe encore en France entre les deux.

Salaire brut (avant les impôts) sur 13 mois[4] en francs

	Hommes	Femmes	Ecart
Directeur du personnel	23.450	16.500	42%
Directeur des ventes	22.500	17.500	28%
Ingénieur informatique	15.150	12.000	26%
Psychologue d'entreprise	13.000	10.500	23%
Comptable	7.800	6.700	16%
Ouvrier	4.850	4.400	10%
Serveur restaurant	6.000	5.600	7%
Vendeur	5.400	5.100	6%

LES BÉNÉFICES SOCIAUX

Tout salarié a un contrat de travail qui peut être écrit (pour un an ou plus) ou verbal. La législation du travail *réglemente* la durée du travail, l'interdiction de certains travaux dangereux, le travail de nuit et les *congés payés*. La semaine de travail a été réduite de 40 à 39 heures par semaine par le Gouvernement socialiste en 1982. Il espère la réduire encore à 35 heures. Depuis 1983, tous les salariés ont droit à cinq semaines de congés payés par an (qu'ils ne peuvent toutefois pas prendre toutes à la fois). De plus, les jours fériés° légaux de l'année sont au nombre de onze.   *holidays*

Sous le régime de la sécurité sociale, tous les Français et toutes les Françaises, et les étrangers qui sont salariés, quel que soit leur âge et même s'ils sont titulaires d'une pension, sont affiliés° obligatoirement aux   *inscribed* assurances sociales. Les non-salariés, les veufs° et les veuves°, et autres   *widowers | widows* volontaires peuvent *s'inscrire* à la sécurité sociale pour bénéficier d'une assurance personnelle.

Tous peuvent donc bénéficier d'une *assurance maladie*, une assurance maternité, une *assurance invalidité*, une *assurance vieillesse*, une *assurance décès* et une *assurance-chômage*. Les *cotisations* pour ces assurances sont payées aux deux-tiers (à peu près) par l'employeur et le reste par l'employé, dont la part de cotisation est déduite automatiquement de sa paie.[5] Le taux est fixé sur un pourcentage du salaire jusqu'à un plafond de salaire déterminé.

En 1982, les taux de remboursement sur l'assurance maladie variaient entre 80% pour une hospitalisation et 75% pour les médecins, les dentistes, les infirmiers et infirmières°. L'assurance maternité prévoyait des sommes fixes pour le remboursement des frais médicaux prénatals et postnatals, plus des indemnités journalières de congé de 16 semaines. L'assurance vieillesse assurait au bénéficiaire une pension d'un minimum de 10.900 francs et d'un maximum de 42.480 francs par an selon le salaire. (En règle générale, l'âge de la retraite est fixée à 60 ans pour les hommes et les femmes salariés.) *nurses*

A ces bénéfices s'ajoutent les *allocations familiales*, qui se montent à une certaine somme à partir du second enfant et qui augmente avec chaque enfant.

Les accidents du travail et les maladies professionnelles, aussi bien que d'autres charges sociales, sont toutes à la seule charge de l'employeur.

On peut déduire de cette énumération que les dépenses nettes de la Solidarité nationale, comme on appelle maintenant la Sécurité sociale, dépassent souvent ses recettes°. Ce déficit peut être attribué à diverses causes, comme un plus grand nombre de chômeurs, une augmentation de la consommation médicale, un accroissement du nombre des assurés et bien entendu un ralentissement de la croissance économique du pays. Dans le cas où la Sécurité sociale est «dans le rouge», le gouvernement peut prendre des mesures pour permettre de résorber° le déficit, par exemple en relevant° les cotisations et en augmentant la participation de l'Etat au Fonds national de solidarité. *receipts* *to bring down* *raising*

LES RAPPORTS ENTRE LES SALARIÉS ET LES ENTREPRISES

La politique contractuelle des pouvoirs publics définit les droits des *travailleurs* en cinq points clés:

1. la négociation annuelle sur les salaires et le temps du travail;
2. l'expression directe et collective des salariés, avec les cadres de l'entreprise et avec ou sans les syndicats;
3. la préservation de l'unicité° de responsabilité de l'employeur, qui doit libérer les capacités d'innovation des travailleurs, qui à leur tour doivent être informés et réactifs; *uniqueness*
4. l'obligation de respecter les accords signés; et
5. les droits et les devoirs de chacun envers l'entreprise.

Les négociations entre ouvriers/employés et leurs entreprises peuvent donc se faire de deux façons: par la représentation des travailleurs aux réunions entre travailleurs et patronat, ou par leur représentation par leurs syndicats. Nul n'est, pourtant, tenu d'adhérer à un syndicat. Mais, comme on peut s'y attendre, il y en a de nombreux, qui représentent quelquefois un parti politique. (Voir l'Appendice C pour une liste des principaux syndicats.)

CONCLUSION

Il devient évident au lecteur à la fin de ce chapitre que la vie laborieuse des Français est réglementée dans bien des détails, et que leur santé et leur vie familiale sont protégées de bien des manières. Le paradoxe est que les Français restent encore très individualistes dans leur pensée, tout en se reposant en quelque sorte sur l'Etat pour leur bien-être matériel. L'Etat doit pourtant s'attendre à° des *bouleversements* sociaux comme *to expect* ceux qui secouent° quelquefois les fondations de la société française, car *shake* il y a toujours des inégalités entre les membres des différentes classes sociales, entre les travailleurs de sexe différent et même entre travailleurs d'un même secteur.

NOTES:

1. Alors que le chômage n'existait pratiquement pas en France depuis 1945, il a atteint des taux extrêmement élevés au début des années 80 (7,5% en 1980 et 1981, 11% en 1982). (Moins de 3% est considéré comme un taux normal par les économistes.)
2. Prononcer SMIG, selon l'ancien sigle° *Salaire minimal interprofessionnel garanti.* *acronym*
3. Source: Quid 1983. Le franc valait approximativement $0.18 en 1980.
4. En France, on reçoit un mois de salaire supplémentaire au moment de Noël.
5. Sauf pour l'assurance-chômage.

Vocabulaire et exercices (deuxième partie)

l'allocation familiale / *family allowance, subsidy*
l'assurance-chômage (f.) / *unemployment insurance*
l'assurance décès / *life insurance*
l'assurance invalidité / *disability insurance*
l'assurance maladie / *health insurance*
l'assurance vieillesse / *old-age insurance*
le bouleversement / *upheaval*
le cadre moyen / *middle manager*
le cadre supérieur / *senior manager*
le congé payé / *paid vacation*
la cotisation / *premium*

le coût de la vie / *cost of living*
le débouché / *job prospect*
le dirigeant / *leader*
l'échelle (f.) sociale / *social ladder*
s'inscrire / *to join*
le manœuvre / *unskilled worker*
le patronat / *employers (as a group)*
le/la petit(e) commerçant(e) / *small businessperson (retailer)*
la profession libérale / *professionals*
réglementer / *to regulate*
le travailleur / *worker (general sense), skilled worker*

A. EXERCICE DE VOCABULAIRE

1. Dans quelle catégorie êtes-vous si . . .
   a. vous avez un magasin de chaussures?
   b. vous êtes architecte?
   c. vous travaillez dans un bureau?

    d. vous faites partie de l'ensemble des chefs d'entreprise?

    e. vous travaillez sur la chaîne de montage d'une usine?

    f. vous êtes un ouvrier manuel sans connaissances spéciales?

2. De quelle assurance recevez-vous de l'argent si . . .

    a. vous avez eu un accident de travail?

    b. vous avez une grande famille?

    c. vous avez plus de 60 ans?

    d. votre conjoint *(spouse)* est mort?

B. QUESTIONS DE COMPRÉHENSION

1. Qu'est-ce qui a contribué à la révolution des structures sociales en France entre 1945 et 1975?

2. Expliquez les conséquences de l'exode rural.

3. Comment les changements dans l'industrie ont-ils contribué aux changements dans les structures sociales?

4. Dans quelle classe et quel secteur se trouvent les manœuvres?

5. Quelle catégorie professionnelle gagnait le plus en 1980? Laquelle gagnait le moins?

6. Qu'est-ce que la législation du travail réglemente en France?

7. Nommez les cinq assurances sociales principales.

8. Quelles sont les parts de cotisation de l'employeur et de l'employé?

9. Comment l'Etat compense-t-il le déficit de la Sécurité sociale?

10. Comment les travailleurs sont-ils encouragés par les pouvoirs publics à participer à la vie de l'entreprise?

11. Quels recours les travailleurs ont-ils pour résoudre leurs problèmes avec leurs employeurs?

C. À VOTRE AVIS

1. Devrait-il y avoir une classe dirigeante intellectuelle dans une société?

2. Les crises économiques déclenchent des changements dans un pays. Discutez celles que vous connaissez.

3. Préférez-vous rencontrer des gens du même milieu que vous?

4. Quels sont les débouchés aujourd'hui aux Etats-Unis?

5. Comment les classes sociales sont-elles divisées aux Etats-Unis?

6. Estimez-vous que, à qualification égale, les femmes devraient être payées autant que les hommes?

7. Seriez-vous partisan(e) d'une retraite à un plus jeune âge aux Etats-Unis? Expliquez.

8. Etes-vous partisan(e) des bénéfices sociaux? Si oui, jusqu'à quel point?

9. Etes-vous pour ou contre l'action syndicale? Expliquez vos raisons.

TRAVAUX PRATIQUES 1: L'Éducation et les débouchés

En dépit du° fait que l'*enseignement*, non seulement au niveau secondaire mais au niveau supérieur, a été gratuit pour tous depuis le XIXe siècle, les considérations sociales entrent encore en jeu° quand il s'agit de faire le choix d'une *carrière*. Et ce qui rend ce choix encore plus difficile de nos jours, c'est le fait qu'il y a des changements constants dans les débouchés, qui dictent parfois aux jeunes de se diriger vers une spécialité, plus par nécessité que par inclination.

In spite of

come into play

Le mot «éducation» se comprend de deux manières en français: il décrit, d'une part, la formation intellectuelle et professionnelle d'un individu et, d'autre part, sa connaissance et sa pratique des usages de la société. C'est ainsi que l'on reconnaît l'homme et la femme «bien éduqués». On peut même se risquer à dire que cet heureux concours de circonstances peut assurer à quelqu'un une place enviable sur le marché du travail.

L'ENSEIGNEMENT SECONDAIRE

La scolarité étant obligatoire jusqu'à l'âge de 16 ans, les enfants entrent à l'âge de 6 ans à l'école élémentaire, qui va de la classe de 11ème à la classe de 5ème.[1] En fin de 5ème, ils peuvent choisir de: 1) aller au Collège[2] pendant deux ans; 2) préparer un C.A.P. (Certificat d'aptitude professionnelle); 3) entrer au L.E.P. (Lycée d'enseignement professionnel) pendant trois ans. Dans les deux derniers cas, les élèves reçoivent une formation d'ouvrier ou d'employé qualifié, et font un *apprentissage* dans le métier qu'ils ont choisi.

Dans le cas où l'élève veut poursuivre ses études secondaires au Collège, il devra choisir le baccalauréat ou le brevet qu'il va préparer. En fin de classe de première, il ou elle passera les *épreuves* de français; en fin de classe terminale (la dernière), il ou elle passera le reste des épreuves. Il existe 11 options pour le bac, qui vont du Bac A1 (philosophie, langue vivante, histoire-géographie, mathématiques, latin, grec, éducation physique) au Bac E. Il y a également 14 options pour le bac de technicien, qui vont du BTn pour les techniques informatiques et la programmation au BTn pour les techniques commerciales. Des brochures informent parents et élèves sur les conditions requises pour obtenir ces diplômes et sur les débouchés ouverts aux diplômés.

L'ENSEIGNEMENT SUPÉRIEUR

L'enseignement supérieur se divise entre les universités et les Grandes Ecoles.

A l'université, l'étudiant peut passer par trois cycles d'enseignement:

1. le premier cycle ou D.E.U.G. (Diplôme d'études universitaires générales), qui lui donne une bonne formation générale;
2. le deuxième cycle, où, en préparant une *licence* la première année et une *maîtrise* la deuxième année, il ou elle acquiert une formation professionnelle dans la branche de son choix;
3. le troisième cycle, qui prépare, entre autres, au Doctorat d'Etat (l'étudiant(e) a en tout cinq ans pour soutenir° sa thèse).

defend

A l'intérieur des 68 universités (13 à Paris, 55 en province) se groupent des Unités d'enseignement et de recherche (UER) et des Etablissements publics à caractère scientifique et culturel (EPCSC). Ceux-ci ont remplacé les anciennes Facultés auxquelles se réfèrent toujours les étudiants. Ils offrent des diplômes dans des disciplines variées, qui doivent toujours associer autant que possible les arts et les lettres aux sciences et aux techniques.

Parmi les Grandes Ecoles, où on ne peut entrer que par *concours*, il faut citer l'Ecole Polytechnique (dite l'«X»), dont les débouchés sont surtout les Grands Corps[3] de l'Etat; la Haute Ecole de Commerce (HEC); les Ecoles nationales supérieures d'ingénieurs; les Ecoles d'arts et métiers°; les Ecoles des *Beaux-arts*; les Conservatoires de musique et d'art dramatique; les Ecoles militaires comme Saint-Cyr; les Ecoles normales supérieures, qui préparent à l'enseignement supérieur; Sciences-Po (Politiques), dont l'enseignement général des sciences politiques, économiques et sociales prépare aux services publics et à l'entrée à l'Ecole nationale d'administration (E.n.a.); finalement, l'E.n.a., la prestigieuse Grande Ecole, créée en 1945, qui a formé des Hauts fonctionnaires comme Giscard d'Es-

industrial arts and crafts

taing et Jacques Chirac, aussi bien que de nombreuses personnalités sous le régime de François Mitterrand. (Ce dernier est lui-même licencié en droit°, diplômé de Sciences-Po et licencié ès-lettres°).

in law | in the liberal arts

Il n'est pas difficile d'entrer aux universités si l'on a obtenu le baccalauréat. Le nombre d'étudiants a du reste quintuplé entre 1950 et 1970 pour atteindre le chiffre d'un million en 1983. Là donc, les adolescents qui viennent de milieux défavorisés peuvent se présenter et ont des chances égales de succès.

Par contre, la plupart des Grandes Ecoles exigent en supplément un concours d'entrée sévère. Après l'admission, les études sont dures et l'étudiant n'est même pas sûr de sortir avec le diplôme convoité°. De plus, il existe une aristocratie des Grandes Ecoles, phénomène social qui permet surtout aux adolescents de milieux favorisés d'y entrer. Il est remarquable de constater que, depuis des années, seulement 1% des Polytechniciens ont un père ouvrier et que, sur 2500 anciens élèves de Sciences-Po interrogés°, il n'y en avait, en 1979, que 65 qui avaient un grand-père paternel ouvrier et 67 qui avaient un grand-père maternel ouvrier. La plupart des autres avaient un ou plusieurs ancêtres qui avaient étudié à Sciences-Po, ce qui fait dire à bien des Français qu'il n'y a que les «fils-à-Papa» qui ont des chances d'entrer aux Grandes Ecoles.

coveted

surveyed

LES DÉBOUCHÉS

Or, le rêve de bien des Français est de devenir fonctionnaire: la garantie de l'emploi, la sécurité du salaire et de *l'avancement*, l'assurance d'une bonne pension, plus bien sûr les bénéfices sociaux normaux, sont des conditions de travail attrayantes° pour eux. Mais il y a fonctionnaire et fonctionnaire: le Haut fonctionnaire occupe en général un poste important au gouvernement dans les Grands Corps d'Etat. Les autres sont de petits fonctionnaires: ceux de catégorie A, où sont classés par exemple les professeurs d'université et de lycée; ceux de catégorie B, où sont classés les instituteurs°, parmi d'autres; et ceux de catégorie C, où se placent les employés de poste ou de banques nationalisées, les cantonniers°, etc.

attractive

elementary school teachers | roadmen

On en vient donc à une société divisée en trois grandes classes: la classe dominante (ou dirigeante), la classe moyenne et la classe populaire. Et la mobilité entre ces classes est très faible. S'il y a mobilité, c'est plutôt à l'intérieur des classes moyenne et populaire, où paradoxicalement les fils ne succèdent plus obligatoirement à leurs pères, comme c'était le cas au cours des siècles passés. Par contre, c'est dans la classe dominante que cette succession se produit, et c'est pourquoi elle reste pour ainsi dire imperméable.

NOTES:

1. Les classes sont numérotées° en sens inverse des classes aux Etats-Unis.
2. Le Collège est l'équivalent du «*junior high school*» aux Etats-Unis.
3. Les Grands Corps sont les organismes d'Etat où sont employés les Hauts fonctionnaires (Conseil d'Etat, Inspection générale des finances, etc.).

numbered

Vocabulaire et exercices

l'apprentissage (*m.*) / *apprenticeship*
l'avancement (*m.*) / *promotion*
les Beaux-arts / *fine arts*
la carrière / *career*
le concours / *competitive exam*

l'enseignement (*m.*) / *education*
l'épreuve (*f.*) / *qualifying exam*
la licence / *degree slightly higher than a
    B.A.*
la maîtrise / *master's degree*

A. QUESTIONS DE COMPRÉHENSION

1. Expliquez les deux sens du mot «éducation» en français.
2. Quels diplômes peut-on obtenir à la fin des études secondaires?
3. Expliquez la différence entre les universités et les Grandes Ecoles.
4. Pour devenir Haut fonctionnaire, quelles études doit-on faire?
5. Expliquez ce que veut dire l'aristocratie des Grandes Ecoles.
6. Quel est le rêve de bien des Français? Expliquez pourquoi.

B. À VOTRE AVIS

1. Croyez-vous que ce soit juste (*fair*) que les élèves de 5ème aient déjà à choisir la direction de leurs études?
2. Croyez-vous que les concours d'entrée aux Grandes Ecoles soient équitables?
3. Décrivez vos projets personnels pour votre éducation.

TRAVAUX PRATIQUES 2: Les Petites Annonces

Etudiez les deux *petites annonces* suivantes:

DEMANDE D'EMPLOI

Ingénieur diplômé, expérience
fibres textiles
opérations internationales
et informatique
désire réintégrer° la métropole   *to return to*
Etudie toutes propositions de
ventes industrielles (préférence chimiques)
création réseaux vente Europe
Ecrire Mme Jeanne Dupont
Poste restante
Marseille

OFFRE D'EMPLOI

```
IMPORTANTE SOCIÉTÉ CHIMIQUE
Région parisienne
recherche pour ses services
étude et mise au point
2 INGÉNIEURS CHIMISTES
L'un ayant une solide formation en informatique,
3 à 5 ans expérience souhaités                          Réf. A
L'autre ayant de solides connaissances en fibres
textiles et des connaissances en informatique          Réf. B
Ils travailleront en étroite collaboration avec
les bureaux d'études et avec les services techniques
Ces postes impliquent le goût des responsabilités,
des contacts et du travail en équipe
Envoyer C.V. et prétentions sous réf. 104
Duchesse Publicité 40 av. des Champs-Elysées
75004 Paris Cedex 02 qui transmettra
```

LETTRE D'OFFRE D'EMPLOI

Paris, le 7 mai

Madame,

Comme suite à° votre annonce parue dans LE FIGARO du 4 mai, nous avons l'honneur de vous demander de bien vouloir passer à nos bureaux pour y rencontrer M. Dumoulin, notre Directeur du personnel, et moi-même.

Notre société a en ce moment deux postes vacants pour des ingénieurs chimistes, et il est possible que vous remplissiez les conditions de l'un de ces postes.

Veuillez bien appeler la secrétaire de M. Dumoulin pour fixer un rendez-vous avec lui. Nous vous serions obligés à cette occasion d'apporter votre *curriculum vitae* et deux lettres de recommandations de vos supérieurs dans les deux derniers postes que vous avez occupés.

Dans l'attente de vous rencontrer, nous vous prions, Madame, d'agréer nos salutations distinguées.[1]

Marcel Duchamp
Directeur général

In reference to

LETTRE DE CANDIDATURE

Lyon, le 8 mai

Monsieur ou Madame,

En réponse à votre offre d'emploi parue le 5 courant dans LE MONDE, j'ai l'honneur de *poser ma candidature* au poste d'ingénieur chimiste dans votre société (Réf. B).

Veuillez trouver ci-joint mon curriculum vitae. Je vous signale que, depuis mon *stage* en informatique, j'ai eu l'occasion de me servir d'une façon extensive du logiciel CLAIRE. Je désirerais recevoir un salaire mensuel de 12.000 F.

Si vous désirez obtenir des reseignements supplémentaires à mon sujet, je vous serais obligé de vous adresser à M. P. Durand, le directeur du bureau d'études de la société X, et à M. F. Duval, chef du service où je travaillais à la société Y. M. Duval vous confirmera que le service dont j'étais chargé a été supprimé° il y a un mois, et que je me trouve actuellement sans *situation*.

Dans l'espoir d'une réponse favorable, je *me tiens à votre disposition* pour une *entrevue* à la date que vous voudrez bien me fixer. Je vous prie d'agréer, Monsieur ou Madame, l'expression de ma considération distinguée.

abolished

Alain Dupuis
12 place Carnot
69002 Lyon

P.J. Curriculum vitae

Curriculum vitae:

Monsieur Alain Dupuis
Né le 20 juillet 1946 à Lyon (Rhône)
1965: Reçu au baccalauréat E (mathématiques et technique)
1965–1966: Classes préparatoires, mathématiques supérieures
1966–1967: Service militaire
1967–1972: Institut national des sciences appliquées de Lyon (diplôme d'ingénieur)
1973–1980: Ingénieur au service de recherches pharmaceutiques chez X
1981–1984: Ingénieur aux services pétroliers de Y
1982: Stage de recyclage en informatique
Marié en 1975 et père de deux enfants

NOTE:

1. Remarquez le style formel de la fin des lettres. En français, il y a beaucoup de formules pour commencer et pour terminer une lettre d'affaires. Voir l'Appendice A pour d'autres exemples.

Vocabulaire et exercices

le bureau d'études / *research department*
le curriculum vitae (C.V.) / *résumé*
la demande d'emploi / *job wanted, job application*
l'entrevue / *interview*
la mise au point / *development*
l'offre d'emploi / *help wanted*
P.J. (pièces jointes) / *enclosures*

les petites annonces / *classified ads*
poser sa candidature / *to apply for a job*
le poste / *position*
les prétentions (*f.*) / *salary requirements*
la situation / *job*
le stage / *training program*
se tenir à la disposition (de quelqu'un) / *to be at (someone's) disposal*

A. QUESTIONS DE COMPRÉHENSION

1. Quels emplois l'ingénieur chimiste qui a passé une petite annonce acceptera-t-elle et où?
2. Quels postes sont vacants dans la société chimique?
3. Quelles connaissances les deux ingénieurs doivent-ils posséder chacun?
4. A la réception de la lettre de M. Duchamp, que doit faire Mme Dupont?
5. D'après sa lettre et son curriculum vitae, est-ce que M. Dupuis remplit les conditions posées par la société chimique?
6. Pourquoi M. Dupuis n'a-t-il plus de situation?
7. Quelles études M. Dupuis a-t-il faites?
8. Quels autres renseignements donne-t-il sur son curriculum vitae?
9. Trouver un emploi n'est pas toujours aussi facile que représenté ci-dessus. A votre avis, les petites annonces sont-elles un moyen efficace pour obtenir un emploi?

B. EXERCICES PRATIQUES

1. Ecrivez une demande d'emploi et un curriculum vitae qui s'appliquent à vous-même.
2. Composez une lettre pour poser votre candidature dans une entreprise de votre choix.

Chapitre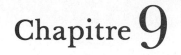

La Société de consommation

INTRODUCTION

La société française, comme on l'a vu, a subi récemment des changements profonds dans ses structures, grâce aux développements industriel et technologique qui sont survenus au début de la deuxième moitié du XXe siècle. Ces nouveaux développements pour la France ont provoqué une croissance économique du pays sans précédent à notre époque. Et cette croissance a amené à son tour certains changements dans l'attitude des Français envers le travail, le confort et les *loisirs*. Cependant, les anciennes *valeurs* ont d'abord suscité° une certaine méfiance envers les aspirations matérialistes éveillées° par une nouvelle aisance°, et les préjugés° traditionnels continuent de freiner° les changements entre les classes sociales. Les Français gardent donc leur attachement aux anciennes valeurs, comme celle de leur place dans la hiérarchie de la société ou comme celle de l'épargne, tout en s'adaptant à la vie moderne et à la société de consommation.

provoked
aroused | affluence |
prejudices
to slow down

PREMIÈRE PARTIE: Le Travail et le niveau de vie

Au XIXe siècle et au début du XXe, le travail était considéré comme une nécessité plutôt qu'un but en soi°, et le but du travail était simplement d'acquérir une certaine sécurité. On s'attendait, à ce moment-là, à une lente ascension dans le monde du travail. Les heures étant plus

a goal in itself

longues qu'aujourd'hui, le travail plus pénible°, le temps libre se passait   *hard*
à ne rien faire, à *se délasser*, d'aucuns° disaient même «dans l'*oisiveté*».   *some*
Certains patrons se faisaient donc un devoir de ne pas laisser, autant
qu'ils le pouvaient, leurs ouvriers dans l'oisiveté.

Aujourd'hui, le travail est moins pénible, mais, pour certains du
moins, il peut être monotone et mécanisé. La durée du travail (39
heures) est toujours élevée par rapport à bien d'autres pays, comme ceux
de la C.e.e., mais bien inférieure aux 48 heures d'autrefois. Cependant,
le travail est maintenant considéré comme un moyen de se créer une vie
meilleure. Les conséquences de ce changement d'attitude ont été, après
une période de méfiance envers la légitimité du profit, une véritable
ruée° vers la consommation.   *stampede*

Or, l'épargne et la modération dans les dépenses étaient auparavant
des vertus° dont on était fier°. Le luxe trop voyant°, que l'on attribuait   *virtues | proud | loud*
souvent aux «nouveaux riches» (ceux qui avaient fait une ascension
financière trop rapide, donc sans doute par des moyens frauduleux!),
était mal considéré. Ces valeurs ont pourtant beaucoup changé, non pas
que les Français dépensent maintenant d'une façon extravagante, mais
plutôt qu'ils dépensent plus pour leur confort.

Quant aux loisirs, les congés payés accordés° aux salariés en 1936   *granted*
avaient déjà suscité une nouvelle attitude envers les temps libres. Après la
guerre, les Français se sont aussi rués sur les loisirs ou, plus précisément,
sur les vacances. Le Gouvernement a bien essayé de diriger les loisirs des
Français vers la culture, en créant des Maisons de la culture[1] (qui dépendent du Ministre de la Culture) dans toute la France, mais il s'est
heurté à° une résistance de la part des masses contre les activités im-   *collided with*
posées «en troupeau°», car, dans ses loisirs comme dans ses opinions, le   *in herd*
Français reste un individualiste. Il existe, aussi, un Ministère du Temps
libre qui s'occupe de la jeunesse et des sports, et d'autres sortes de loisirs.

LE NIVEAU DE VIE

Après la croissance et la ruée vers la consommation, les Français ont
connu une nouvelle baisse de leur *niveau de vie*. Il y a eu en effet une
augmentation des prix de consommation continuelle depuis la fin des
années 70. Mais les Français ne sont pas étrangers à l'inflation. Son taux
était de 95,8% en 1918 (à la fin de la Première guerre mondiale) et de
48,5% en 1945 (après la Deuxième guerre mondiale). Ce dernier taux
d'inflation est cependant descendu à 0,9% en 1955, au début de la
période de croissance, mais s'est élevé depuis jusqu'aux taux de 9% et
13%, ce qui est tout de même trop élevé pour permettre aux gens qui
reçoivent des salaires modestes de dépenser beaucoup.

LES HABITUDES FRANÇAISES

Les habitudes des Français quand ils font leurs courses sont assez différentes de celles des Américains, bien qu'elles soient en train de changer.
Par exemple, on ne fait guère° de «shopping» à l'américaine, c'est-à-   *hardly*

dire qu'on ne se rend pas dans un magasin si l'on n'a pas l'intention d'acheter quelque chose. Quand cela arrive, du reste, les vendeurs et les vendeuses le supportent assez mal°. Par contre, on fait du *lèche-vitrine*. A Paris, où les étalages sont très soignés°, c'est un véritable plaisir esthé- tique auquel s'adonnent° bien des passants°. Dans les grands magasins, pourtant, on peut «regarder» les marchandises sans être par trop impor- tuné, mais il vaut mieux ne pas essayer des tas de vêtements sans en acheter un seul (à moins, bien sûr, qu'ils ne vous aillent pas°!).

take it badly
well cared for
take to | *passers-by*

do not fit you

Malgré la création de grandes surfaces comme les hypermarchés, les supermarchés, les superettes et les nombreux mini-libres-services, bien des ménagères° préfèrent encore se rendre sur les marchés en plein air ou dans les petits magasins, comme la boucherie, la charcuterie, la poisson- nerie et le marchand de vins. L'attrait de ces petits magasins, c'est qu'ils offrent des produits plus frais. C'est aussi que le commerçant, qui connaît bien la ménagère°, lui parlera de la pluie et du beau temps et de sa fa- mille, tout en étant aux petits soins pour° elle. Il lui recommandera, par exemple, l'un ou l'autre morceau de viande ou de poisson qui se trouve être de haute qualité ce jour-là. Donc, le contact personnel et l'assurance de la qualité sont de puissants attraits° pour certaines personnes.

housewives

housewife
lavishing attention on

attractions

Il faut cependant ajouter que l'industrialisation des produits alimen- taires a fini par prendre en France. Pour les Français, «l'américanisa- tion» de la cuisine se traduisait par la cellophane (même autour du pain!), la stérilisation des saveurs° sous la cellophane ou dans le surgelé° et la pasteurisation des fromages. Mais ils s'y sont mis° quand même.

flavors | *through freezing* | *took to it*

LA RÉPARTITION DES DÉPENSES

Le schéma à la page 167 répartit les dépenses moyennes des *ménages* français en pourcentages de leur consommation totale.[2]

Le tableau suivant montre l'augmentation en équipement des ménages, équipement qui était considéré il y a quelques années comme des articles de luxe.[3]

Taux d'équipement des ménages en *biens durables*
(proportion des ménages équipés d'au moins un *appareil*)

Machine à laver le linge		Lave-vaisselle		Téléviseur couleur		Congélateur		Nombres des ménages (en milliers)
1970	1981	1970	1981	1973	1981	1973	1981	1981
56,9	81,1	2,4	17,6	7,7	50,4	10,1	29,3	19,438

LES PROMOTIONS COMMERCIALES

Comment attire-t-on ces clients, économes de nature et individualistes? Quelquefois, les *surenchères* des promotions commerciales vont très loin. Les unes *cassent* ou *écrasent les prix*, d'autres annoncent des prix «sans

Structure de la consommation des ménages en 1980

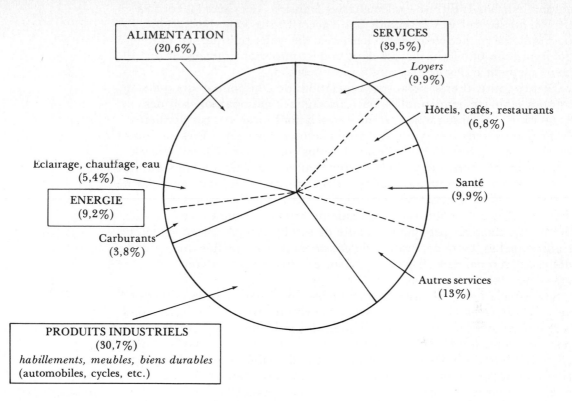

bénéfice», d'autres encore offrent des «semaines exceptionnelles», des tombolas°, ou du crédit *gratuit*.

lotteries

On envoie donc des millions de prospectus aux clients éventuels, pour leur annoncer les nouvelles aubaines° et les attirer dans le magasin, dans l'espoir qu'ils achèteront non seulement les articles offerts *au rabais* ou *en solde*, mais aussi d'autres articles en vente aux prix normaux. C'est à celui qui pourra se permettre de surenchérir les offres des *concurrents*.

windfalls

Citons le cas de la ville de Nantes, qui a été sacrée «la ville la moins chère de France» en 1981. Les surenchères ne cessaient de monter entre les 11 grandes maisons établies là, pour le plus grand plaisir des Nantais, qui ont pris l'habitude de se déplacer d'une grande surface à l'autre en fonction des opérations promotionnelles.

LA PROTECTION DES CONSOMMATEURS

Le fait de la société de consommation étant reconnu et admis de tous, il a fallu qu'il existe des représentants des consommateurs. Les Français ont maintenant un Secrétaire d'Etat à la consommation qui fonctionne sous le contrôle du Ministre de l'économie. L'Institut national de la consommation publie deux revues pour informer le public: 50 MILLIONS DE CONSOMMATEURS (350.000 exemplaires) et CONSOMMATEURS-ACTUALITÉ

(50.000 exemplaires), revue technique à l'usage des° responsables de la   *for the use of*
consommation. Il diffuse également des émissions télévisées (《Tout va
très bien》 sur TF1 et 《D'accord, pas d'accord》 sur A2). Il est accusé,
pourtant, de monopole et de concurrence déloyale, puisque, en tant
qu'organisme public, il dispose d'un budget important provenant du
gouvernement et les médias sont à sa disposition.

D'autre part, il existe d'autres associations de consommateurs qui sont
soit des établissements publics, ou 《associations nationales》, soit des
organismes de consommateurs, ou 《associations locales》, ces dernières
étant d'appartenances syndicale, familiale ou coopérative. Presque toutes
reçoivent des subventions de l'Etat. La plus connue est l'Union fédérale
des consommateurs, créée il y a quelques années par les pouvoirs publics,
mais qui se veut maintenant d'une indépendance totale, tant au point de
vue politique et syndical que financier. L'U.f.c. publie une revue, QUE
CHOISIR?, qui a une audience nationale de 350.000 abonnés, ce qui lui
permet de financer presque la totalité de son budget. A côté d'activités
traditionnelles, cette association de consommateurs s'est fait une spécialité
des essais comparatifs de produits, dont un, sur le veau, a connu un
grand succès.

Les associations de consommateurs ne se contentent pas de s'occuper
de produits, elles s'inquiètent aussi de l'environnement. A cet effet, elles
collaborent aux efforts du Comité interministériel de la qualité de la vie
pour la protection de l'environnement. Celui-ci promettait par exemple,
en 1982, de réduire les inégalités dans deux domaines importants de la
vie quotidienne: le bruit à domicile°, au travail ou dans les loisirs, ainsi   *at home*
que les disparités de prix et de qualité de l'eau potable°.   *drinking water*

Ces mesures ne sont que quelques exemples des efforts faits par l'Etat.
D'autres mesures sont en pratique depuis longtemps. Les installations
industrielles et de combustion, par exemple, sont *surveillées* par des in-
specteurs pour réduire la pollution de l'air. Cela s'est traduit par une réduction de 70% des rejets particulaires° des établissements industriels.   *particle discharges*
Des dispositions d'alerte visent à° prescrire des réductions complémen-   *aim at*
taires des émissions polluantes, et des zones de protection spéciale ont été
créées dans les agglomérations° de Paris, de Lille, de Lyon et de Marseille.   *urban areas*

NOTES:

1. Les Maisons de la culture sont des organismes de l'Etat qui offrent des activités culturelles et des sports pour les jeunes.

2. Les dépenses des ménages pour la nourriture° ont diminué un tant soit peu° pendant   *food | ever so slightly*
les quelques dernières années. L'inflation n'est pourtant qu'une des raisons de cette
baisse. L'autre cause, sans doute même la plus importante, peut être attribuée à la
nouvelle obsession des Françaises à *garder la ligne*. D'ailleurs, notez que le pourcentage
d'alimentation n'inclut pas les dépenses faites au restaurant. Ces dernières se trouvent
parmi les services. Lorsqu'on les ajoute aux dépenses pour l'alimentation, le total se
monte à 26,8%, donc plus d'un quart du budget familial. Même si ce total était moins
élevé que dans le passé, il était tout de même supérieur à celui de la plupart des autres
pays industrialisés.

3. Il est intéressant de noter que les taux moyens de postes de télévision en noir et blanc (90,8% des ménages) et des réfrigérateurs (95,4%) ne sont pas pris en compte ici. Il faut donc en déduire que ces articles ne sont plus considérés «de luxe» mais bien de nécessité.

Vocabulaire et exercices (première partie)

l'appareil (*m.*) / *appliance*
au rabais / *on discount*
le bien durable / *durable good*
casser les prix / *to slash prices*
le/la concurrent(e) / *competitor*
le congélateur / *freezer*
se délasser / *to relax*
écraser les prix / *to crush prices*
en solde / *on sale*
garder la ligne / *to watch one's figure*
gratuit / *free of charge*
l'habillement (*m.*) / *clothing*
le lave-vaisselle / *dishwasher*

le lèche-vitrine / *window shopping*
les loisirs (*m.*) / *leisure-time activities*
le loyer / *rent*
la machine à laver le linge / *washing machine*
le ménage / *household*
le meuble / *furniture*
le niveau de vie / *standard of living*
l'oisiveté (*f.*) / *idleness*
la surenchère / *competitive bid*
surveiller / *to watch over*
la valeur / *value*

A. EXERCICE DE VOCABULAIRE: Donnez le mot ou la phrase qui correspond aux définitions suivantes.

1. ce qu'on paie pour occuper un appartement
2. en vente à prix réduit
3. offre à meilleur prix
4. qui ne coûte rien
5. l'art de ne rien faire
6. se reposer en ne faisant rien
7. regarder les vitrines d'un magasin
8. une machine ménagère pour nettoyer les vêtements

B. QUESTIONS DE COMPRÉHENSION

1. Quels sont les changements dans l'attitude des Français qui ont résulté de la croissance économique de la France?
2. Quelle différence y a-t-il entre l'attitude des Français envers le travail et les loisirs il y a cinquante ans et leur attitude maintenant?
3. Les Français se sont-ils rués sur la consommation immédiatement? Pourquoi?
4. Comment l'amour de l'épargne se manifeste-t-il encore aujourd'hui?
5. Décrivez les habitudes des Français dans leurs achats de vêtements.

6. Décrivez les habitudes des Français dans leurs achats de nourriture.

7. Les Français dépensent-ils plus pour leur loyer ou pour leur nourriture? Discutez.

8. Comment peut-on faire de la promotion commerciale en général? Donnez deux exemples concrets.

9. De quoi s'occupent les associations de consommateurs?

10. Comment l'Institut national de la consommation renseigne-t-il le grand public sur les produits et sur l'écologie?

DEUXIÈME PARTIE: Les Français et leurs loisirs

LES VACANCES

Si l'on parle ici de Vacances (avec une majuscule°), c'est pour insister sur l'importance qu'ont les vacances pour les Français. En effet, ils feront volontiers° des sacrifices toute l'année pour pouvoir *se payer* des vacances, et ils y rêveront° pendant des mois. A peine leurs vacances terminées, ils commencent déjà à échafauder° des projets pour leurs prochains congés. Comme on l'a dit au Chapitre 8, les salariés jouissent maintenant de cinq semaines de congés payés, qu'ils étalent° sur les saisons d'hiver et d'été. La plupart des salariés ne peuvent prendre que trois semaines à la fois, et ils les passent à la mer, à la montagne, à la campagne ou à l'étranger. Bien des commerçants, eux, prennent carrément° le mois d'août, et quelques entreprises arrêtent complètement leurs activités pendant ce mois-là.

Ces fermetures annuelles apportent bien des perturbations° dans la vie quotidienne, mais cela ne dérange° pas trop les gens, car ils y sont habitués. D'abord dans les grandes villes, il est plus difficile de s'approvisionner° en produits alimentaires et il est même quelquefois problématique de trouver un docteur ou un dentiste de garde°. Ensuite, les départs en masse du premier août occasionnent des *bouchons* sur les routes et des *queues* sur des kilomètres aux abords° des frontières.

Car les Français voyagent à l'étranger. Ce fait, relativement nouveau, est intéressant à *constater*. Auparavant, bien des Français se contentaient de voyager dans leur pays puisque la France possédait à leurs yeux toutes les variétés possibles de paysages et il ne leur était donc pas nécessaire d'explorer d'autres pays. Pourtant, avec la prospérité, leurs regards se sont tournés au-delà des frontières de l'Hexagone. L'Espagne, le Portugal et l'Italie, où le beau temps et la chaleur règnent en général pendant l'été, sont les pays favoris des Français.

Les restrictions sur les voyages à l'étranger, que le Gouvernement a mises en vigueur au début de 1983, et selon lesquelles les Français ne pouvaient sortir de France plus de l'équivalent de 450 dollars, ont fait changer bien des projets (ce qui a fait dire malicieusement aux journalistes que les Français allaient être forcés d'aller passer leurs vacances chez leurs grand-mères à la campagne). Certains qui avaient fait le projet d'aller à l'étranger, cependant, ont trouvé des solutions à ce problème. L'une

capital letter

willingly

will dream

to build

spread out

straight out (without hesitation)

disruptions
bother

to stock up

on duty

near

d'entre elles était de partir à l'étranger avec le Club Méditerranée, qui demande le paiement à l'avance, en francs, de tous les frais, même si on a décidé de faire un séjour dans un village du Club à l'étranger. D'autres ont pu, bien entendu, se rabattre sur° leur résidence secondaire. Bien des familles ont, en effet, une maison, un appartement, une villa ou même une simple *cabane*, où ils vont passer le week-end et les vacances.

fall back on

L'INDUSTRIE HÔTELIÈRE

L'industrie hôtelière est vaste° en France, puisque le tourisme joue un rôle important dans son économie. Il y a plus de 19.000 hôtels en France qui contiennent en tout 465.000 chambres. Ceux-ci vont de l'*auberge* de campagne au château-relais, et de l'hôtel à une étoile à l'hôtel de grand luxe, comme le Ritz ou le Georges V à Paris. Beaucoup d'entre eux sont neufs ou complètement rénovés et offrent un confort moderne, quelquefois d'une grande simplicité, quelquefois d'un charme vieillot°, mais toujours adéquat. Les chaînes françaises d'hôtels et de motels sont nombreuses: Novotel, Sofitel, P.L.M., Ibis et bien d'autres.[1] Les chaînes américaines comme Sheraton et Holiday Inn se trouvent dans les grandes villes.

large

quaint

Si l'on n'aime pas la vie d'hôtel, on peut passer quelques semaines dans une ferme, ou naviguer sur les nombreux canaux qui sillonnent° la France, dans le confort moderne d'une péniche° convertie en bateau de plaisance, ou bien encore survoler° la Bourgogne en montgolfière° (cette dernière aventure a du reste été organisée à Beaune par des Américains).

criss-cross
barge
fly over | balloon

Pour les jeunes voyageurs *soucieux de* leur budget, il y a les auberges de la jeunesse, qui sont éparpillées° un peu partout en France. (Celles-ci peuvent être comparées aux Y.M.C.A. et aux Y.W.C.A. des Etats-Unis et du Canada). Les *maisons d'hôte*, chez des particuliers dans les régions rurales, sont une autre possibilité. Enfin, il existe aussi des quantités de camps d'artisanat, où l'on peut apprendre la poterie, la céramique ou le tissage°. Les enfants, eux, peuvent partir en *colonies de vacances*.

spread out

weaving

LE TOURISME

Le tourisme pratiqué par les Français est facilité par les nombreux syndicats d'initiative°, organismes publics que l'on trouve dans toutes les villes de France et qui sont, bien sûr, à la disposition des étrangers. Les renseignements et les directions, aussi bien que des prospectus sur les curiosités de la ville, sont distribués par des hôtes et des hôtesses courtois et anxieux de mieux faire connaître leur région.

tourist bureaus

Les guides de voyage abondent aussi. Les plus connus sont les guides publiés par Michelin, un fabricant de pneus°. Les 19 Guides Verts décrivent en détail les villes, les villages, les sites et les curiosités de chacune des 19 régions. Ils contiennent également des renseignements pratiques et une introduction à la région, avec sa formation géologique, sa vie économique, son architecture et son art, son histoire et ses spécialités culinaires.

tires

Pour de plus amples° renseignements sur les hôtels et les restaurants, on peut consulter le fameux Guide Michelin (sa couverture est rouge) qui

further

fait et *défait* bien des réputations, en classant les hôtels en six catégories et en décernant° de zéro à trois étoiles aux restaurants qu'ils ont sélectionnés. Le classement marche comme suit: une étoile = bonne table dans sa catégorie; deux étoiles = table excellente, mérite un détour; trois étoiles = une des meilleures tables de France, vaut le voyage.

    awarding

Les Français, qui adorent aller *faire un tour* pendant le week-end même dans leur propre région, font grand usage de ces guides. Voir les sites pittoresques ou simplement jolis, visiter les monuments historiques qui font partie de votre patrimoine° et qui abondent partout, même dans les plus petits villages, tout cela doit, bien sûr, s'accompagner d'un bon déjeuner dans une des nombreuses auberges qui parsèment° les routes campagnardes.

    heritage

    dot

LES PASSE-TEMPS ET LES HOBBYS

Lorsqu'ils ne sont pas en vacances, les Français travaillent dur. Mais ils ont aussi quelques loisirs, le soir et les week-ends. Ils occupent leurs loisirs surtout à rendre visite à des amis. Cette préférence vient toujours en tête° dans les sondages sur les loisirs. Cela tient à° ce que les Français placent une grande valeur sur l'amitié; chacun d'entre eux a, en général, deux ou trois «vrais amis» ou «meilleurs amis», avec qui ils aiment discuter de tout, et à qui ils peuvent faire des confidences. D'autres sont peut-être des amis de bureau ou des voisins. Les autres ne sont que des connaissances°.

    in first place

    is due to

    acquaintances

Le deuxième *passe-temps* favori de gens de toutes sortes est le cinéma. On se réfère souvent à la cinématographie en France comme au septième art (avec la littérature, la musique, l'architecture, la peinture, la sculpture et le ballet). Une preuve de cet engouement° se trouve dans le fait qu'à Paris seul, il y a 499 salles de cinéma et un public de 44,5 millions de spectateurs par an.

    passion

Les Français vont également, mais en moins grand nombre, aux concerts de musique classique et de jazz, au théâtre et à l'opéra. (Le jazz a connu un renouveau d'intérêt à la fin des années 70.) L'été, les foules assistent aux nombreux festivals de théâtre et de musique comme le Festival du Marais à Paris et le Festival d'Aix-en-Provence. On doit également mentionner les spectacles «Son et Lumière», reconstructions de scènes historiques avec costumes, éclairage° et musique de l'époque qui sont donnés le soir dans des monuments historiques, comme les Invalides à Paris et les châteaux de la Loire. Les Français trouvent plaisir à voir représentés les moments glorieux de leur histoire.

    lighting

Un des travaux manuels qui sert aussi de distraction est le *bricolage*, qui trouve sans doute sa source dans le travail artisanal traditionnel. On assiste, depuis une décade, à un renouveau de l'artisanat parmi les jeunes, peut-être comme une réaction contre le travail mécanique dans l'industrie et les nouvelles technologies. Le *jardinage* est aussi un passe-temps favori qui *se répand* de plus en plus. Le Français adore façonner° la nature à sa guise°, que ce soit son petit lopin de terre° autour de sa maison ou les grands parcs des châteaux-musées dont la réputation n'est plus à faire.

    to shape

    as he wishes | plot of land

LES SPORTS

Les Français pratiquent tous les sports, à l'exception du cricket et du baseball. Il y a environ 128.000 clubs sportifs en France, qui sont regroupés en 44 fédérations nationales avec près de 10 millions d'adhérents.

Le sport favori est le football°, et il existe près de 20.000 clubs de football avec un total de 1.600.000 membres. Les préférences vont ensuite au ski, qui est aujourd'hui à la portée de° tous. Bien qu'il n'y ait que 2.400 clubs de ski avec quelques 70.000 adhérents, le nombre de skieurs est beaucoup plus élevé. On peut faire du ski dans les Alpes, les Pyrénées, les Vosges, le Massif Central et le Jura. La S.N.C.F. facilite l'accès aux *stations hivernales* comme Courchevel, Chamonix et Megève, par des trains spéciaux pendant les périodes de vacances.

Les boules°, ou la pétanque, comme on l'appelle dans le Midi° où ce jeu de plein air est d'ailleurs le plus en vogue°, ne sont pas un sport à proprement parler°. Ce jeu se pratique sur n'importe quel terrain plat et dégagé°, et compte 6.700 clubs et 405.000 joueurs enregistrés.

Comme la France a 3.200 km de côtes°, des centaines de lacs et de rivières, plus des piscines publiques dans presque toutes les villes, les sports nautiques sont pratiqués toute l'année. La planche à voile° et la pêche sous-marine deviennent de plus en plus populaires. La navigation de plaisance° se répand aussi, surtout sur la Méditerranée.

Pratiquement tous les Français savent monter à bicyclette, ce qui explique sans doute l'enthousiasme avec lequel ils suivent chaque année le Tour de France, une course cycliste de 5.000 km qui dure trois semaines pendant l'été.

Moins populaires que d'autres, le vol à voile°, l'équitation° et l'escrime° sont pourtant des sports où les Français se distinguent aux Jeux Olympiques. De 1896 à nos jours, la France a gagné° 132 médailles d'or, 148 médailles d'argent et 141 médailles de bronze. Ces chiffres ne sont sans doute pas énormes, mais ils s'expliquent sans doute par le fait que les Français ne sont pas mûs° en général par la compétitivité, et qu'en tant qu'individualistes farouches, ils ont des difficultés à jouer en équipe.

soccer

within reach of

bowling | South of France | in fashion

strictly speaking

open

coastline

wind surfing

pleasure boating

gliding | horseback riding | fencing

won

moved

NOTE:

1. Certains de ces hôtels français se sont installés aux Etats-Unis.

Vocabulaire et exercices (deuxième partie)

l'auberge (*f.*) / *inn*
le bouchon / *traffic jam*
le bricolage / *do-it-yourself activity*
la cabane / *cabin*
la colonie de vacances / *camp*
constater / *to note, notice*

défaire / *to undo*
faire un tour / *to go for a ride*
le jardinage / *gardening*
la maison d'hôte / *bed & breakfast house*
le passe-temps / *pastime*
se payer / *to afford*

la queue / *line (of people)*
se répandre / *to become widespread*

soucieux (de) / *concerned (with)*
la station hivernale / *winter resort*

A. EXERCICE DE VOCABULAIRE: Complétez les phrases suivantes avec les mots qui conviennent.

1. Le premier août, il y a beaucoup de _____ sur les routes.
2. Le jardinage est un _____ favori des Français.
3. Ça lui a pris cinq minutes pour _____ tous les plans que nous avions faits en trois jours.
4. Dimanche prochain, nous allons aller _____ dans la campagne.
5. Je ne sais pas si je pourrai _____ un voyage l'année prochaine.
6. Le film a déjà une telle réputation que la _____ au cinéma était très longue.
7. Elle aime sa terre et y fait du _____ pour avoir des légumes frais.
8. L'usage des ordinateurs _____ de plus en plus dans les activités journalières.
9. Elle est _____ de son apparence. Aussi, elle s'est mise au régime.

B. QUESTIONS DE COMPRÉHENSION

1. Décrivez ce qui arrive au mois d'août en France.
2. Où les Français passent-ils leurs vacances? Donnez plusieurs exemples.
3. Où trouve-t-on des renseignements touristiques en France? Expliquez.
4. Sur quoi les Guides Verts et le Guide Michelin renseignent-ils?
5. Que font bien des Français le dimanche? Expliquez.
6. Quels sont les passe-temps favoris des Français?
7. Quels genres de spectacles y a-t-il en France?
8. Pourquoi les Français aiment-ils le bricolage et le jardinage?
9. Quels sont les sports favoris des Français?
10. Quels sont les sports où ils excellent?

C. À VOTRE AVIS

1. Que pensez-vous des aspirations matérialistes pour le confort et le luxe?
2. Pensez-vous que cinq semaines de vacances soient trop?
3. Discutez des valeurs de l'épargne et de la modération dans les dépenses.
4. Quelle part du budget familial va aux dépenses pour la nourriture, le logement, l'énergie, etc., dans votre famille?
5. Faites-vous partie d'une association pour la défense des consommateurs ou pour la défense de la nature? Expliquez pourquoi.
6. Discutez de vos hobbys.
7. Quelle sorte de tourisme avez-vous déjà faite? Quelle sorte voudriez-vous faire?

TRAVAUX PRATIQUES 1: Les Décisions d'économie

Le sondage qui suit a été effectué en novembre 1982, alors que les Français avaient déjà commencé à *se serrer la ceinture* puisque le taux d'inflation se maintenait aux environs de 10% depuis bien des mois. Les mesures d'austérité de mars 1983 ont aggravé la situation, mais on peut sans doute penser que les gens sondés n'auront guère changé d'avis sur leurs décisions.

SONDAGE

Il y a peut-être des décisions que vous avez prises récemment (depuis trois mois), d'autres que vous *envisagez* de prendre, d'autres que vous n'envisagez pas de prendre. Pour chacune des décisions suivantes, dites si vous l'avez prise récemment, si vous envisagez de la prendre ou si vous n'envisagez pas de la prendre.

	Décision			
	Prise	Envisagée	Pas envisagée	Non concerné
1. Réduire le chauffage de votre *logement*	31	15	38	16
2. Faire plus attention à *éteindre* la lumière quand vous sortez d'une pièce	62	13	21	4

	Décision			
	Prise	Envisagée	Pas envisagée	Non concerné
3. *Différer* un achat important (voiture, télé, meubles, etc.)	28	21	41	10
4. Avancer un achat important dans la crainte que les prix ne montent	13	14	64	9
5. Changer de commerçants pour trouver moins cher	45	16	34	5
6. Changer la marque de certains produits que vous achetez pour une marque moins chère	31	15	49	5
7. Faire *ressemeler* une paire de chaussures au lieu d'en acheter une autre	33	14	50	3
8. Mettre plus d'argent de côté	15	26	48	11
9. Aller moins souvent au restaurant	16	9	41	34
10. Prendre des vacances moins longues	12	6	53	29
11. Inviter moins souvent des amis chez vous	11	8	72	9
12. Aller moins souvent au cinéma, au théâtre, au concert	9	5	44	42

Source: L'EXPRESS.

Vocabulaire et exercices

différer / *to postpone*
envisager / *to consider, contemplate*
éteindre / *to shut off*

le logement / *housing unit*
ressemeler / *to resole*
se serrer la ceinture / *to tighten one's belt*

A. QUESTIONS DE COMPRÉHENSION

1. Y a-t-il beaucoup de Français qui sont prêts à faire des sacrifices sur leur chauffage?
2. Ont-ils l'intention de faire des économies sur leur habillement?
3. Les Français sont-ils enclins à faire des économies sur la nourriture?
4. Comment les Français réagissent-ils contre l'inflation quand ils vont faire leurs courses?
5. Ont-ils l'air de renoncer à la joie de vivre? Justifiez votre réponse.
6. Croyez-vous qu'ils iront plus souvent au supermarché?
7. Sont-ils prêts à sacrifier leurs loisirs ou leurs amis? Documentez votre réponse.

B. À VOTRE AVIS

1. Discutez en quoi les réponses au sondage confirment les habitudes et les préférences des Français, comme elles ont été présentées dans ce chapitre et dans d'autres, dans les do-

maines suivants: a) les vacances; b) l'habillement; c) la nourriture; d) l'épargne; e) les loisirs (autres que les vacances); f) l'attitude envers le travail.

2. Dans quelles catégories envisageriez-vous de faire des économies? Comparez vos réponses avec les décisions prises par les Français interrogés dans chacune des catégories que vous avez choisies.

TRAVAUX PRATIQUES 2: Une Comparaison de prix

Le tableau suivant donne quelques prix de biens de consommation en France avec leur équivalent en dollars américains à cette date.

	Prix en francs 29 janvier 1983	Equivalent en dollars ($ = 7,35 F)
Nourriture		
Entrecôte de bœuf (*rib steak*), le kg	62,31	8.48
Rôti de veau (*veal roast*), le kg	71,02	9.66
Côte d'agneau (*lamb chop*), le kg	72,69	9.89
Jambon de Paris (*cooked ham*), le kg	58,85	8.01
Poulet (*chicken*), le kg	19,48	2.65
Lait pasteurisé (*pasteurized milk*), le litre	3,54	0.48
Camembert normand 45% matières grasses (*Camembert cheese 45% fat*), la pièce	8,80	1.20
Beurre pasteurisé (*pasteurized butter*), 250 g	7,07	0.96
Œufs frais emballés (*packed fresh eggs*), la douzaine	8,81	1.20
Sole, le kg	74,60	10.15
Laitue (*lettuce*), le kg	11,96	1.63
Haricots verts (*green beans*), le kg	21,31	2.90
Pommes de terre anciennes (*old potatoes*), le kg	3,98	0.54
Champignons de Paris (*mushrooms*), le kg	16,39	2.23
Tomates, le kg	11,15	1.52
Bananes, le kg	7,47	1.02
Oranges navels, le kg	6,03	0.82
Pain baguette (*loaf of bread*), 250 g	2,17	0.30
Vin rouge ordinaire (*red table wine*), le litre	5,32	0.72
Café soluble ordinaire (*instant coffee*), 500 g	7,60	1.03
Soda au cola, le litre	3,59	0.49
Vêtements hommes	Décembre 1982	$ = 7,30 F
Imperméable (*raincoat*)	696,54	95.42
Costume pure laine vierge (*virgin wool suit*)	1 256,27	172.09
Pantalon (*pants*)	285,44	39.10
Chemise 100% coton (*100% cotton shirt*)	181,48	24.86

	Prix en francs 29 janvier 1983	Equivalent en dollars ($ = 7,35 F)
Vêtements femmes et jeunes filles		
Jupe doublée (*lined skirt*)	315,61	43.23
Chemisier 100% synthétique (*100% polyester shirt*)	234,25	32.08
Collant nylon (*pantyhose*)	9,15	1.25
Pull-over, manches longues (*long sleeved sweater*)	131,64	18.03
Escarpins ville, cuir, semelle cuir (*flat-heeled leather shoes*)	434,94	59.58
Essence		
regular, le litre	4.05	.60
super, le litre	4.35	.65
Cinéma		
Première projection (*first showing*)	de 20 à 28 F	from 2.98 to 4.18
Etudiants, le lundi	de 16 à 18	from 2.39 to 2.69
Cinémas de quartier (*neighborhood theaters*)	à partir de 10	starting at 1.49

NOTE:

1 kg (1.000 g) = 2.2046 pounds
1 livre (500 g) = 1.1023 pounds
50 g = 1.75 ounces
1 litre = 1.76 pints or 0.22 gallon

Exercices

A. QUESTIONS DE COMPRÉHENSION: Tout d'abord, allez faire des courses au supermarché, ou dans les magasins de vêtements, et faites un compte-rendu des prix que vous y avez observés. Ensuite, comparez ceux-ci avec l'équivalent des prix français en dollars.

1. Est-ce que les prix pour l'alimentation sont en moyenne plus élevés en France?
2. Est-ce que les prix pour l'habillement sont en moyenne plus élevés en France?
3. Comparez ensuite le prix de l'essence en France et chez vous.
4. Qu'est-ce qui coûte beaucoup plus cher en France? Expliquez les raisons de cette différence.

B. À VOTRE AVIS

Les loyers étant en général moins élevés à Paris et bien moins élevés en province que dans des endroits comparables aux Etats-Unis ou au Canada, est-il plus avantageux de vivre en France ou dans votre pays (si l'on gagne à peu près le même salaire ou qu'on reçoive le même revenu)?

Conclusion

L'Avenir de la France

Au lendemain de la Deuxième guerre mondiale, la France se relevait° *was recovering*
d'une crise économique et morale comme elle en avait rarement traver-
sé. Elle devait encore subir plus tard la perte morale et économique de
ses colonies. Elle aurait pu se replier sur elle-même° et se contenter d'être *withdrawn unto itself*
une puissance moyenne. Au contraire, la France a contribué à inventer
«l'Europe», et cette action lui a permis de remonter le courant° dans les *pick up again*
domaines technologiques et industriels où elle avait du retard sur les
grandes puissances mondiales.

La société française a donc vécu des transformations profondes, dues
directement à sa croissance économique sans précédent. Elle vit encore
d'autres transformations, non moins importantes, qui sont liées à une
évolution socio-culturelle également sans précédent. Celle-ci s'est mani-
festée non seulement dans l'explosion scolaire, puisqu'environ un million
d'étudiants sont entrés à l'université en 1983, et dans les rapports entre
les sexes, puisque les femmes commencent à accéder aux emplois les plus
qualifiés, mais aussi dans le renouveau du mouvement associatif. En
effet, les Français, bien connus pour leur manque d'enthousiasme à se
joindre à des clubs, associations ou autres organisations privées, font
maintenant partie de nombreuses associations (35.000 nouvelles chaque
année) où ils se réunissent pour défendre les besoins d'une collectivité et
pour ne pas laisser à l'Etat seul le soin de décider de leur destinée.

Parmi les leçons que les Français ont apprises dans ces moments diffi-
ciles de crises et de croissance, les plus importantes ont sans doute été: la
découverte que leur pays n'était pas, comme ils l'avaient cru pendant
longtemps, le centre du monde; et la découverte et l'apprentissage des
comportements économiques, dans l'échange et non plus par la conquête.
La France s'est ainsi vue mieux préparée à sortir de son hexagone, cette
fois pour se mêler aux autres puissances économiques mondiales et contribuer au commerce international.

Non seulement est-elle à l'avant-garde des nouvelles industries, mais
elle a répandu ses activités industrielles et commerciales dans le monde
entier, en même temps qu'elle a laissé les investissements étrangers s'installer en France. Le «rayonnement» de la France, ainsi qu'on appelait

autrefois l'influence française dans le monde, continue donc, mais dans un sens différent. Les activités internationales de la France ne sont plus confinées à la seule diffusion de la langue et de la civilisation françaises, mais embrassent° aussi sa production industrielle et sa technologie.

include

L'image du paysan au béret basque qui rapporte son pain en bicyclette sur les routes de France a disparu . . . pour faire place à celle de l'homme d'affaires qui, fort des technologies qui l'épaulent°, fait son apparition sur les routes du monde.

back him up

Appendices

A. LA CORRESPONDANCE COMMERCIALE

Le format des lettres commerciales en français diffère en plusieurs points de celui des lettres commerciales en anglais. Celles-ci sont beaucoup plus formelles en France. En voici un exemple, avec le nom des différentes parties d'une lettre.

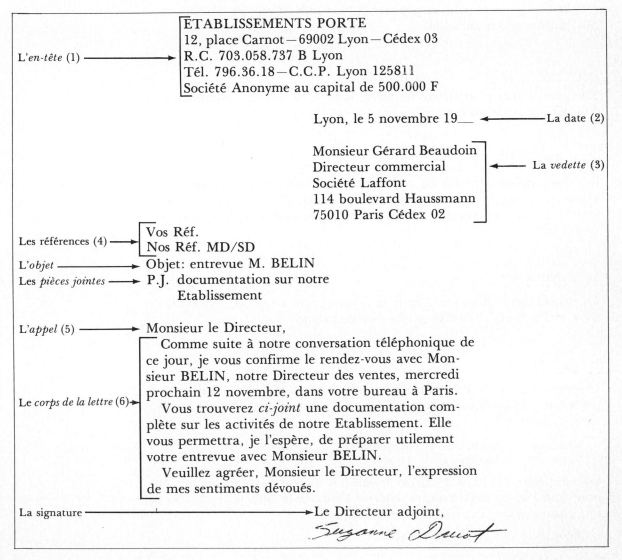

L'*en-tête* (1)

ETABLISSEMENTS PORTE
12, place Carnot — 69002 Lyon — Cédex 03
R.C. 703.058.737 B Lyon
Tél. 796.36.18 — C.C.P. Lyon 125811
Société Anonyme au capital de 500.000 F

Lyon, le 5 novembre 19___ ← La date (2)

Monsieur Gérard Beaudoin
Directeur commercial
Société Laffont ← La *vedette* (3)
114 boulevard Haussmann
75010 Paris Cédex 02

Les références (4)
Vos Réf.
Nos Réf. MD/SD

L'*objet* → Objet: entrevue M. BELIN

Les *pièces jointes* → P.J. documentation sur notre
Etablissement

L'*appel* (5) → Monsieur le Directeur,

Le *corps de la lettre* (6) →
Comme suite à notre conversation téléphonique de ce jour, je vous confirme le rendez-vous avec Monsieur BELIN, notre Directeur des ventes, mercredi prochain 12 novembre, dans votre bureau à Paris.

Vous trouverez *ci-joint* une documentation complète sur les activités de notre Etablissement. Elle vous permettra, je l'espère, de préparer utilement votre entrevue avec Monsieur BELIN.

Veuillez agréer, Monsieur le Directeur, l'expression de mes sentiments dévoués.

La signature → Le Directeur adjoint,

Suzanne Duviot

L'En-tête (1)

Il faut noter que certains renseignements doivent obligatoirement faire partie de l'en-tête:

le lieu et le numéro d'*immatriculation* au registre du commerce (R.C.)
la *dénomination sociale* (le nom de la société)
la forme juridique (ici, S.A.)
le montant du capital (si c'est une société commerciale)

Les Adresses

L'adresse de l'*expéditeur* et celle du *destinataire* doivent inclure le *code postal* qui précède toujours le nom de la ville. La mention Cédex est employée par les grandes entreprises et veut dire «Courrier d'entreprise à distribution exceptionnelle».

La Date (2)

Elle peut se mettre au-dessus ou au-dessous de la vedette. Elle inclut le *lieu* d'où la lettre est écrite.

La Vedette (3)

On doit employer le *titre* du destinataire dans la vedette (Président-Directeur général, Chef de service du Personnel, Directeur de l'après-vente). Le titre de Monsieur, Madame, Mademoiselle doit être écrit *en toutes lettres*.

Les Références (4)

Ce sont en général les initiales de la personne qui a *tapé* et expédié la lettre et celles de la personne qui l'a dictée et signée.

L'Appel (5)

L'appel est toujours suivi par une *virgule*. Sa formalité dépend des rapports entre l'expéditeur et le destinataire. S'ils ne se connaissent pas, le titre est formel:

Monsieur,   Madame,   Mademoiselle,
Messieurs,   Mesdames,   Mesdemoiselles,

On emploiera Madame 1) si l'on ne sait pas si cette dame est mariée ou non; 2) si l'on emploie un titre, comme Madame la Directrice. Si l'on ne sait pas qui recevra la lettre, on emploiera:

Messieurs,   Madame ou Monsieur,

Si l'on connaît la *fonction* du destinataire, on doit l'employer dans l'appel:

Monsieur le Directeur,   Madame la Présidente,

Si l'on connaît bien la personne à qui on écrit, on dira:

Cher Monsieur,   *Chère* Madame,

Si l'on a des relations amicales avec la personne, on écrira:

Cher Monsieur et ami,   Madame et chère amie,

Quelquefois, un commerçant s'adressera à sa clientèle avec moins de formalité:

Madame et chère cliente,

Si l'on écrit à un établissement et qu'on veuille que la lettre arrive à une personne dans un service, on écrira:

A l'attention de . . .

Le corps de la lettre (6)

On peut utiliser deux sortes de présentation du corps de la lettre: soit en commençant chaque paragraphe à entre 5 et 10 espaces *en retrait* de la *marge*, soit en commençant à la marge. La première façon est la plus commune.

On divise les parties formelles du corps de la lettre en deux: la formule d'entrée en matières (au début de la lettre) et la formule de politesse ou de salutations (à la fin de la lettre).

L'entrée en matières permet de se référer à un fait dans le passé, de préparer une demande, de confirmer quelque chose, d'annoncer un envoi ou d'envoyer des regrets, etc. En voici quelques exemples:

Me référant à votre proposition (commande, demande de renseignements) . . .
Comme suite à notre entrevue (conservation téléphonique, échange de correspondance) . . .
Votre lettre (télégramme, télex) du . . . a retenu toute notre attention.
Vous remerciant de votre demande (commande, paiement) . . .
Nous avons bien reçu votre lettre (télégramme, télex, commande) du . . .
En réponse à votre lettre (annonce, proposition, télégramme) du . . .
Je vous *accuse réception de* (J'ai bien reçu) votre lettre (commande, envoi) du . . .
Voulez-vous bien me *faire savoir* . . .
Nous vous serions *reconnaissants* (obligés) de bien vouloir . . .
Veuillez me *faire parvenir* . . .
Nous vous confirmons . . . (que . . .)
Veuillez trouver (vous trouverez) ci-joint . . .
Nous *avons l'honneur de* vous informer (vous faire savoir) que . . .
Je vous prie de bien vouloir (de noter que) . . .
J'ai le regret de vous faire savoir (vous signaler) que . . .
Nous sommes *désolés* de ne pouvoir *donner suite* à votre requête . . .

On peut employer une formule pour enchaîner le dernier paragraphe de la lettre avec le corps de la lettre. Celle-ci précédera, et fera partie de, la formule de salutations. Par exemple:

Dans l'attente d'une réponse favorable (de votre commande, de vous lire, de vos ordres) . . .
Avec tous nos regrets (nos *vœux* de succès, nos remerciements), nous . . .
Je vous remercie à l'avance des renseignements (de la documentation, du catalogue) que vous pourrez m'envoyer, et . . .
Nous *tenons à* vous remercier de votre *confiance*, et . . .
Vous assurant de nos meilleurs *soins*, nous . . .
Dans l'espoir que nous pourrons vous *rendre service*, nous . . .

Quelle que soit la formule de politesse employée, il faut toujours répéter l'appel au milieu de la formule. Cette dernière dépendra de la position de l'expéditeur vis-à-vis du destinataire et du degré d'intimité de leurs relations. Ces expressions sont loin d'être fixes, et sont souvent interchangeables. Leur choix dépend aussi de l'attitude de l'auteur de la lettre envers son correspondant et de l'impression qu'il veut faire sur lui ou sur elle.

A un client:

Nous vous prions d'agréer, Monsieur, nos sincères salutations.
Nous vous prions de croire, Monsieur, à nos sentiments distingués.

A une cliente:

Veuillez agréer, Madame, l'expression de nos sentiments bien dévoués.
Recevez, Madame, l'expression de notre considération distinguée.

A un *fournisseur*:

Je vous prie de recevoir, Monsieur, l'expression de notre considération.

A un supérieur:

Veuillez agréer, Monsieur le Directeur, l'expression de mes sentiments les plus dévoués.
Je vous prie d'agréer, Monsieur le Professeur, l'expression de mes sentiments respectueux.

A une dame:

Veuillez agréer, Madame la Présidente, mes hommages les plus respectueux.
Je vous prie de recevoir, Madame, l'expression de ma considération distinguée.

A un collègue:

Je vous prie de croire, Monsieur, à mes sentiments les meilleurs.

A une collègue:

Croyez, chère collègue, à mes meilleurs sentiments.

A quelqu'un avec lequel on est en désaccord°:   *disagreement*

Recevez, Monsieur, mes salutations.

Vocabulaire

accuser réception de / *to acknowledge receipt of*
l'appel (*m.*) / *salutation*
avoir l'honneur de / *to be writing to (ask or say something)*
cher (chère) / *dear*
ci-joint / *enclosed*
le code postal / *zip code*
la confiance / *trust*
le corps de la lettre / *the body of the letter*
la dénomination sociale / *company name*
désolé / *sorry*
le/la destinataire / *addressee*
donner suite / *to pursue, to follow up*
en retrait / *set back*
l'en-tête (*m.*) / *letterhead*
en toutes lettres / *spelled out*
l'expéditeur (*m.*) / *sender*

faire parvenir / *to send*
faire savoir / *to let (someone) know*
la fonction / *official duties*
le fournisseur / *supplier*
l'immatriculation / *registration*
le lieu / *place*
la marge / *margin*
l'objet / *subject*
les pièces jointes (P.J.) / *enclosures*
reconnaissant / *grateful*
rendre service / *to be of help*
le soin / *care*
taper une lettre / *to type a letter*
tenir à / *to be anxious to*
le titre / *title*
la vedette / *name and address of addressee*
la virgule / *comma*
le vœu / *wish*

B. LES PRINCIPALES SOCIÉTÉS INDUSTRIELLES

Energie
    électricité—Electricité de France*
    charbon—Charbonnages de France*
    pétrole—Compagnie française des pétroles,* Elf Aquitaine,* Compagnie française de raffinage*
    gaz—Gaz de France*, Air liquide
Sidérurgie—Usinor,* Sacilor,* Vallourec
Aluminium—Aluminium Péchiney,* Imétal
Chimie—Rhône-Poulenc,* Péchiney-Ugine-Kuhlmann,* CdF-chimie*
Transports
    automobile—Renault,* Peugeot-Citroën-Talbot, Valéo, Michelin
    aéronautique—Dassault-Bréguet,* Aérospatiale
    navale—Constructions navales et industrielles de la Méditerranée, Alsthom Atlantique
Textiles—Agache Willot, Boussac-Saint Frères, Prouvost-Lefèbvre
Alimentaire—B.S.N. Gervais Danone, Béghin-Say, Perrier
Electrique, électronique—Compagnie générale d'électricité,* Thomson-Brandt,* CII-Honeywell Bull,* MATRA*
BTP—Bouygues, Ciment Lafarge, Saint-Gobain-Pont-à-Mousson*

*Entreprises nationalisées.

C. LES PRINCIPAUX SYNDICATS

La C.G.T. (Confédération générale du travail) (Communiste)
  Fondée en 1895
  Nombre d'adhérents: 2.300.000
  Membres: acier°, métallurgie, construction, produits chimiques, im- — *steel*
    primerie°, ports et chantiers navals°, électricité et gaz, chemins de — *printing | dockyards*
    fer° — *railways*

La C.F.D.T. (Confédération française des travailleurs)
  Nombre d'adhérents: 1.100.000
  Membres: métallurgie, caoutchouc°, pétrole, textiles, ingénieurs — *rubber*
    électriciens, banques, assurances

F.O. (Force ouvrière) (ancien groupe C.G.T. qui s'en est séparé)
  Nombre d'adhérents: 900.000
  Membres: administration, transports publics à Paris, commerce
    agricole et agro-alimentaire, banques, assurances, ingénieurs électri-
    ciens, ingénieurs ponts-et-chaussées° et construction, industries — *civil engineers*
    de la confection°, du cuir° et des peaux° — *garment | leather | hides*

La F.N.S.E.A. (Fédération nationale des syndicats d'exploitants agricoles)
  Nombre d'adhérents: 650.000
  Membres: agriculteurs, exploitants

La F.E.N. (Fédération de l'éducation nationale)
  Nombre d'adhérents: 580.000
  Membres: enseignants au niveau élémentaire

La C.S.L. (Confédération des syndicats libres)
  Nombre d'adhérents: 300.000
  Membres: métal, automobile, industries chimique et agro-alimentaire

La C.G.C. (Confédération générale des cadres)
  Nombre d'adhérents: 250.000
  Membres: représentants du textile, métallurgie, produits chimiques,
    banques, assurances, industries du papier et du carton°, industrie du — *cardboard*
    meuble° — *furniture*

La C.F.T.C. (Confédération française des travailleurs chrétiens)
  Nombre d'adhérents: 220.000
  Membres: mineurs, banques, assurances, aiguilleurs du ciel°, industries — *air traffic controllers*
    du pétrole, du verre° et de la céramique — *glass*

Le C.N.P.F. (Conseil national du patronat français)
  Nombre d'adhérents: 500
  Membres: employeurs

Les travailleurs ont le droit de grève°, s'ils n'arrivent pas à solutionner — *strike*
leurs problèmes avec leurs employeurs. Ils peuvent également porter leurs
différends° individuels à un conseil de Prud'hommes° qui, après une — *disagreements | in-*
tentative de conciliation entre les parties, passe jugement pour l'une ou — *dustrial tribunal*
pour l'autre.

Lexique

The following *lexique* contains those words and expressions in the *Vocabulaire* sections of each chapter. The reading in which each entry first occurred is indicated in parentheses after the English definition. (For example, 1-1 means Chapter 1, *première partie*; TP4-1 means Chapter 4, *Travaux pratiques* 1.) Where words occurred first in a *Travaux pratiques* and later in a main reading or another *Travaux pratiques*, both references are shown.

à charge   dependent (TP5-1)

à court métrage   short (film) (TP7-1)

à court terme   short term (5-1)

à long terme   long term (5-1)

à tempérament   in installments (5-1)

l'abonné(e)   subscriber (6-2)

l'abus (*m.*)   abuse (TP2-2)

l'accord (*m.*)   agreement (TP1-2), (TP3-2)

accorder des crédits   to give credit (5-2)

s'accumuler   to accrue (TP3-1)

l'acier (*m.*)   steel (2-2)

s'acquitter (de)   to pay off (TP3-1)

l'actif   assets (TP5-2)

l'actif circulant (disponible)   current assets (TP5-2)

l'actif immobilisé   fixed assets (TP5-2)

l'action (*f.*)   stock (TP3-1), (4-1)

l'actionnaire (*m./f.*)   stockholder (TP2-2), (4-1)

l'actualité (*f.*)   current events (6-1)

l'adhérent(e)   member (TP1-2)

l'affaire (*f.*)   business (4-1)

l'affiche (*f.*)   advertisement, poster (7-1)

afficher   to post bills (7-1)

l'agence de publicité (*f.*)   advertising agency (7-2)

l'agent (*m.*) **de change**   stockbroker (TP5-2)

agricole   agricultural (2-1)

l'agriculteur (*m.*)   farmer (2-1)

l'aire (*m.*) **de stationnement**   parking lot (4-2)

l'alimentation (*f.*)   food, feeding (2-1)

l'allocation (*f.*) **familiale**   family subsidy (TP1-1), (8-2)

améliorer   to improve (1-2)

l'aménagement (*m.*)   development, management (1-2)

l'amortissement (*m.*)   depreciation, amortization (TP5-2)

l'ananas (*m.*)   pineapple (TP7-2)

l'annonceur (*m.*)   sponsor (7-1)

l'annuaire (*m.*)   telephone directory (6-2)

l'appareil (*m.*)   appliance (9-1)

l'appareil de téléphone   telephone (6-2)

l'apport (*m.*)   share, contribution (4-1)

l'apprentissage (*m.*)   apprenticeship (TP8-1)

s'approvisionner   to get supplies, to stock up (4-2)

l'appui (*m.*)   support (TP1-2)

l'arrondissement (*m.*)   district (1-2)

l'associé(e)   partner (4-1)

l'assurance-chômage   unemployment insurance (8-2)

l'assurance (*f.*) **décès**   life insurance (8-2)

l'assurance invalidité   disability insurance (8-2)

l'assurance maladie   health insurance (8-2)

l'assurance vieillesse   old-age insurance (8-2)

attirer   to attract (7-1)

au rabais   on discount (9-1)

l'auberge (*f.*)   inn (9-2)

l'autogestion (*f.*)   self-management (1-2)

l'avancement (*m.*)   promotion (TP8-1)

l'avoine (*f.*)   oats (2-1)

la balance commerciale   balance of trade (3-2)

la banque de dépôts   deposit bank (5-2)

la **banque de données** data bank (TP6-1)

les **Beaux-arts** fine arts (TP8-1)

le **bénéfice** profit (TP2-2)

le **bétail** livestock (2-1)

la **betterave sucrière** sugar beet (2-1)

le **bien de consommation** consumer good (2-1)

le **bien durable** durable good (9-1)

le **bien-être** well-being (7-1)

le **bilan** balance sheet, books (4-1); annual report (TP5-2)

le **billet** bill (of currency) (5-1)

le **blé** wheat (2-1)

le **bonheur** happiness (7-2)

le **bouchon** traffic jam (9-2)

le **bouleversement** upheaval (8-2)

la **Bourse** stock exchange (5-1)

le **brevet** patent (4-1)

le **bricolage** do-it-yourself activity (9-2)

le **bruit** noise (TP7-1)

le **bruitage** sound effects (TP7-2)

le **bulletin sportif** sports newscast (6-1)

la **bureaucratie** bureaucracy (1-1)

le **bureau d'études** research department (TP8-2)

la **bureautique** office automation (6-2)

le **but** goal (1-2)

la **cabane** cabin (9-2)

la **cabine téléphonique** pay telephone booth (6-2)

le **cadran** dial (TP6-2)

le **cadre moyen** junior executive (TP3-2), (8-2)

le **cadre supérieur** senior executive (TP3-2), (8-2)

la **caisse** cash register (4-2)

le **capital** (*pl.*, **capitaux**) capital (for investment) (4-1)

les **capitaux permanents** stockholders' equity (TP5-2)

la **carrière** career (TP8-1)

casser les prix to slash prices (9-1)

le **centre commercial** shopping center (4-2)

la **céréale** grain (2-1)

la **cession** transfer (4-1)

la **chaîne** channel (6-1)

le **champ d'action** sphere of activity (TP4-2)

le **charbon** coal (2-2)

la **charge d'exploitation** production cost (TP2-1)

la **charge sociale** cost of social benefits (paid by employer) (TP2-1)

le **chef de famille** head of the family (8-1)

le **chef de service** department head (TP4-1)

le **chemin de fer** railroad (TP2-2)

le **chéquier** checkbook (5-1)

le **chevalier** knight (8-1)

le **chiffre** figure, number (TP1-1)

le **chiffre d'affaires** gross revenue (of a business) (2-2)

le **chômage** unemployment (2-2)

le **chômeur (-euse)** unemployed person (3-1)

la **circulation** traffic (TP7-1)

le **citoyen (-ne)** citizen (1-1)

le **claquement de langue** clicking of the tongue (TP7-2)

la **classe moyenne** middle class (8-1)

le **clavier** keyboard (TP6-1)

le **clergé** clergy (8-1)

le **coffre-fort** safe (5-2)

la **colonie de vacances** summer camp (9-2)

le **commanditaire** silent partner (4-1)

le **commerçant** businessperson, merchant (4-1)

le **commerce extérieur** foreign trade (3-1)

le **communiqué** message (TP7-2)

composer le numéro to dial the number (TP6-2)

la **comptabilité** accounting (3-1)

le **compte à terme** term savings account (5-1)

le **compte à vue** regular savings account (5-1)

le **compte chèque** checking account (5-1)

le **concessionaire** dealer (TP3-2); concessionary with the exclusive right to sell, operate, administer, etc. (TP4-2)

le **concours** contest (7-1); competitive exam (TP8-1)

la **concurrence** competition (2-2)

le **concurrent(e)** competitor (9-1)

congédié fired (2-2)

le **congélateur** freezer (9-1)

le **congé payé** paid vacation (8-2)

le **congrès** convention, exposition (7-1)

le **conseil** council (1-1)

le **Conseil d'Administration** Board of Directors (TP2-2), (4-1)

le **conseiller** consultant (1-1)

constater to note, to notice (9-2)

le **contenu** content (7-2)

le **contingentement** quota (3-2)

le **contribuable** taxpayer (TP5-1)

le **contrôle** inspection (3-2)

la **cotisation** premium (8-2)

la **couche sociale** social stratum (TP1-2), (8-1)

le **coup de téléphone** telephone call (6-2)

le **couplet publicitaire** jingle (7-2)

la **cour** court (1-1)

le **courant** current (TP1-2)

le **cours des changes** rate of exchange (money) (3-1)

le **coût de la vie** cost of living (8-2)

la **créance** claim (TP3-1)

le **créancier (-ière)** creditor (4-1)

le **crédit-temps** time allotment (TP6-2)

creux (-se) slack (TP1-1)
la cuillère spoon (TP7-2)
la culture cultivation (2-1)
le curriculum vitae (C.V.) résumé (TP8-2)

le débouché outlet (market) (3-2); job prospect (8-2)
la déduction deduction (TP5-1)
défaire to undo (9-2)
déficitaire negative, in deficit (3-2)
se délasser to relax (9-1)
déloyal unfair (3-1)
la demande d'emploi job wanted, job application (TP8-2)
la démission resignation (TP1-2)
dépasser to exceed (TP2-1)
la dépense spending (7-1)
déposer son bilan to file for bankruptcy (4-1)
le député representative (1-1)
le déshérité underprivileged person (1-2)
le détaillant retailer (4-2)
détenir to hold (1-1)
la dette debt (TP3-1)
la dette active debt owed to you (TP5-2)
dévaluer to devaluate (3-1)
la devise currency (TP3-1)
différer to postpone (TP9-1)
diffuser to broadcast (6-1)
la diffusion circulation (total sales) (6-1)
le dirigeant leader (8-2); director (TP2-2)
diriger to run (a business) (4-1)
le dirigisme (state) intervention (1-2)
la disponibilité availability (5-1)
dissoudre to dissolve (1-1)
les données data (TP6-1)
le dossier file (TP6-1)
la douane customs office (TP4-2)
le douanier (-ière) customs officer (3-1)

le droit right (1-1); duty, tariff (3-1)
l'échantillon (*m.*) sample (TP4-1)
l'échéance (*f.*) maturity (5-1)
l'échelle (*f.*) **sociale** social ladder (8-2)
l'échelon (*m.*) level (1-2)
éclater to burst (TP7-1)
l'écran (*m.*) screen (6-2)
écraser les prix to crush prices (9-1)
l'effectif (*m.*) total number, size (TP1-1)
les effectifs (*m.*) work force (of a company) (TP3-2)
effectuer to cause (TP1-2); to accomplish (3-1)
égal (-aux) equal (1-2)
l'électeur (-trice) voter (1-1)
l'électroménager (*m.*) household appliances (3-2)
l'élevage (*m.*) raising of livestock (2-1)
élire (*p.p.*, **élu**) to elect (1-1)
l'emballage (*m.*) packing, wrapping (TP4-1)
l'embauche (*f.*) hiring (TP4-1)
embauché hired (2-2)
émettre les billets de banque to issue (print) money (5-2)
l'émission (*f.*) (TV, radio) broadcast, show (6-1)
l'emploi (*m.*) job, employment (2-2)
l'employé(e) white-collar worker, employee, clerk (8-1)
l'emprunt (*m.*) borrowing (TP4-1); borrowed amount (5-1)
emprunter to borrow (5-2)
en espèces in cash (5-1)
en nature in kind (by goods or services) (5-2)
en solde on sale (9-1)
en valeur déclarée insured (mail) (6-2)
s'endetter to go into debt (TP2-1)
endosser to endorse (5-1)
s'énerver to get tense (TP7-1)

l'engrais (*m.*) fertilizer (2-1)
l'enquête (*f.*) investigation (6-1)
l'enseigne (*f.*) sign (shop) (7-1)
l'enseignement (*m.*) education (TP8-1)
l'entrepôt (*m.*) warehouse (4-2)
entreprendre to undertake (3-1)
l'entreprise (*f.*) **individuelle** sole proprietorship (4-1)
l'entretien (*m.*) service, maintenance (TP3-2)
l'entrevue (*f.*) interview (TP8-2)
envisager to consider, to contemplate (TP9-1)
l'épargne (*f.*) savings (5-1)
l'épreuve (*f.*) qualifying exam (TP8-1)
l'équilibrage (*m.*) equalization (3-2)
s'équilibrer avec to be in balance with (1-2)
s'équiper to become equipped (3-2)
l'équipement (*m.*) **lourd** heavy machinery (2-1)
s'établir à son propre compte to become self-employed (4-1)
l'établissement (*m.*) **public** public institution (TP4-2)
l'étalage (*m.*) display (4-2)
l'étatisme (*m.*) state control (1-2)
éteindre to shut off (TP9-1)
être en mesure de to be in a position to (TP2-2)
être habilité à to be empowered by (TP4-2)
être partisan (-e) de to support (TP1-2)
excédentaire positive, surplus (3-2)
l'exemplaire (*m.*) copy (6-1)
les exigibles à court terme current liabilities (TP5-2)
l'exonération (*f.*) exemption (TP5-1)
l'expérience (*f.*) experiment (TP6-1)
l'exploitation (*f.*) farm, farming enterprise (2-1)

la facturation billing (TP4-1)
la facture bill (TP3-1), (5-1)
la faillite bankruptcy (4-1)

faire fortune to become wealthy (8-1)

faire partie (de) to belong (to) (TP1-2)

faire passer une réclame to show an advertisement (7-1)

faire place (à) to give way (to) (TP1-2)

faire un reportage to report (6-1)

faire un tour to go for a ride (9-2)

la féodalité feudal period (8-1)

le fer iron (2-2)

ferroviaire by rail (3-2)

la feuille de déclaration d'impôts income tax return (TP5-1)

le feuilleton serial (6-1)

la filiale subsidiary (3-2)

le fisc Internal Revenue (TP5-1)

la fiscalité taxation (TP5-1)

la foire trade fair (7-1)

les fonds funds (5-2)

le fonds de roulement working capital (TP5-2)

la formation education, training (TP4-2), (8-1)

la fourchette fork (TP7-2)

le fournisseur supplier (3-2)

le frais expense, charge (4-2)

le frais financier interest cost (TP2-1)

le franchissage franchising (3-2)

frapper to tax (TP5-1)

se frayer la voie to prepare the way (TP3-2)

le fumier manure (TP2-1)

la fusion merger (2-2)

garder la ligne to watch one's figure (9-1)

le gaspillage waste (7-2)

le gérant manager (4-1)

gérer to manage (TP4-1)

la gestion management (2-1)

le goût taste (TP7-2)

le grand magasin department store (4-2)

gratuit free of charge (9-1)

le gros plan close-up (TP7-1)

le grossiste wholesaler (4-2)

le guichet (teller's) window (5-2)

l'habillement (*m.*) clothing (9-1)

le Haut fonctionnaire high-ranking civil servant (1-1)

l'hebdomadaire (*m.*) weekly (6-1)

l'heure (*f.*) **d'écoute maximum** prime time (7-1)

l'hôtellerie (*f.*) hotel business (4-2)

l'huile (*f.*) oil (TP7-2)

l'hypermarché (*m.*) discount store (4-2)

l'hypothèque (*f.*) mortgage (5-2)

il est défendu de it is forbidden to (7-1)

l'image (*f.*) picture (6-1), (TP7-1)

l'immobilier (*m.*) real estate (5-1)

les immobilisations (*f.*) **corporelles** tangible assets (TP5-2)

les immobilisations (*f.*) **financières** investment holdings (TP5-2)

les immobilisations (*f.*) **incorporelles** intangible assets (TP5-2)

imposable taxable (5-1)

l'imposition (*f.*) taxation (3-1)

l'impôt (*m.*) tax (TP1-2), (5-1)

imprimé printed (6-1)

l'imprimé printed matter (7-1)

indemniser to indemnify, to compensate for a loss (TP2-2)

l'industrie (*f.*) **de pointe** high-technology industry (TP2-2), (3-1)

l'industriel (-ielle) industrialist (2-2)

les informations (*f.*) (radio) news (6-1)

l'informatique (*f.*) computer science (2-2)

s'inscrire to register (TP4-2); to join (8-2)

insérer to insert (TP6-2)

les installations (*f.*) facilities (TP4-2)

s'intégrer to become integrated (3-2)

investir to invest (TP2-2)

l'investissement (*m.*) investment (2-2)

le jardinage gardening (9-2)

le jeton token (TP6-2)

le jeu game show (6-1)

juridique legal (4-1)

laitier (-ière) dairy (TP2-1)

le lancement launching (TP3-2)

le lave-vaisselle dishwasher (9-1)

le lèche-vitrine window shopping (9-1)

le libre échange free trade (3-1)

la licence degree slightly higher than a B.A. (TP8-1)

le licenciement firing (TP2-2), (TP4-1)

le logement housing (2-2)

le logiciel software (3-2)

la loi law (1-1)

les loisirs (*m.*) leisure-time activities (9-1)

loyal fair (3-1)

le loyer rent (TP2-1), (9-1)

la machine à laver le linge washing machine (9-1)

le magasinage warehousing (4-2)

la main-d'œuvre manpower (TP1-1); labor (2-2)

le maire mayor (1-2)

la mairie city hall, town hall (1-1)

le maïs corn (2-1)

la maison d'hôte bed & breakfast house (9-2)

la maîtrise master's degree (TP8-1)

le mandat term (1-1); money order (6-2)

le manœuvre unskilled worker (8-2)

le marché en plein air open-air market (4-2)

la marque brand name (4-2)

la marque de fabrique trademark (4-1)

le matériel hardware (TP6-1)

la matière première raw material (2-2)

le mécontentement discontent (TP2-1)

méfiant distrustful (7-2)

le mélange mixture (TP7-2)

le ménage household (9-1)

mensuel (-elle) monthly (6-1)

mensuellement monthly (TP5-1)

le métier occupation, trade, profession (8-1)

mettre en appétit to whet the appetite (TP7-2)

mettre en commun to consolidate (3-1)

mettre en œuvre to implement (TP2-2), (TP4-1)

le meuble furniture (9-1)

le milieu (social) background (8-1)

la minute publicitaire spot (TP7-2)

la mise au point development (TP8-2)

la mise en scène staging (7-2)

la monnaie currency (3-1); change (TP6-2)

le montage à la chaîne assembly line production (TP3-2)

le montant total amount (4-1)

le mot-clé key word (TP6-1)

le niveau de vie standard of living (9-1)

la nouveauté novelty (7-2)

les nouvelles (f.) news (6-1)

l'objet de luxe (m.) luxury item (7-1)

l'obligation (f.) bond, debenture (TP3-1), (5-1)

l'offre d'emploi help wanted (TP8-2)

l'oisiveté (f.) idleness (9-1)

l'ordinateur (m.) computer (6-2)

l'ordre (m.) de virement transfer order (5-1)

l'organigramme (m.) organization chart (TP4-1)

l'orge (f.) barley (2-1)

l'outillage (m.) tooling (of a factory) (2-2)

Outre-mer overseas (1-1)

l'ouvrier (-ière) worker (TP1-2), (2-2); blue-collar worker (8-1)

P.J. (pièces jointes) enclosures (TP8-2)

le palais des congrès convention center (TP4-2)

le pamplemousse grapefruit (TP7-2)

le panneau billboard (7-1)

le paquet-poste (pl., paquets-poste) packages (6-2)

paraître to be published (6-1)

la part personal exemption (TP5-1)

le partage sharing (4-1)

la participation majoritaire majority interest (TP3-2)

passer un coup de fil to call on the phone (TP6-2)

le passe-temps pastime (9-2)

le passif liabilities (TP5-2)

le patronat employers (as a group) (8-2)

patronné sponsored (TP7-2)

se payer to afford (9-2)

le paysan (-ne) peasant (TP1-2), (8-1)

la pêche fishing (2-1)

percevoir to collect (taxes) (TP5-1)

la perte loss (TP1-1)

le petit(e) commerçant(e) small businessperson (retailer) (8-2)

les petites annonces classified ads (TP8-2)

la pièce de monnaie coin (TP6-2)

le placement investment (5-2)

le plaisir des sens sensual pleasure (7-2)

le plan américain long shot (TP7-1)

la planification planning (1-2)

le plan moyen medium shot (TP7-1)

le poids lourd heavy-weight vehicles (trucks) (3-2)

le poivron pepper (green or red) (TP7-2)

la politique politics, policy (1-1)

la polyculture mixed farming, growing several crops (2-1)

la population active work force (2-2)

le porte-à-porte door-to-door sales (4-2)

poser sa candidature to apply for a job (TP8-2)

le poste post (1-1); position (TP8-2)

le poste de télévision TV set (6-1)

la poste restante general delivery (6-2)

le pouvoir power (1-1)

le prélèvement automatic payment (5-1)

prendre le dessus to take over (8-1)

le Président-Directeur Général (P.-D.G.) Chairman of the Board and Chief Executive Officer (CEO) of a company (TP4-1)

le prêt loan (3-1)

les prétentions (f.) salary requirements (TP8-2)

prévoir to foresee (TP1-1)

la prime giveaway (7-1)

le prix de revient purchase cost (TP4-1)

la profession libérale professionals (8-2)

la programmation programming (6-1)

le programme de variétés variety show (6-1)

progressif graduated (income tax (TP5-1)

promouvoir to promote (5-2)

promulguer to promulgate (1-1)

le/la propriétaire owner (4-1)

la provision cover, reserve (TP5-2)

la publicité advertising (7-1)

la puissance power (TP1-2)

le quartier segment (of a fruit or vegetable) (TP7-2)

la queue line (of people) (9-2)

le quotidien daily newspaper (6-1)

raccrocher to hang up (TP6-2)

le ralentissement slowdown (3-2)

rappeler to call back (TP6-2)

rassembler to rally (TP1-2)

le rayon department (in a store) (4-2)

le reboisement reforestation (2-1)

le recensement census (TP1-1)

le récepteur receiver (TP6-2)

la recherche research (TP2-2)

la réclame advertisement (7-1)

la récolte harvesting (2-1)

recommandé registered mail (6-2)

le recyclage retraining (TP4-1)

se recycler to retrain (3-1)

la rédaction drafting (1-1)

la redevance fee, tax (6-1)

rédiger to write (6-1)

le redressement recovery (TP3-1)

le régime diet (7-2)

la réglementation regulation (3-1)

le règlement comptant cash payment (5-1)

réglementer to regulate (8-2)

régler to regulate (3-1)

le relevé de compte bank statement (5-1)

le rendement yield (2-1); return (7-1)

rendre compte to report (1-2)

la rentabilité profitability (2-1)

répandre to become widespread (9-2)

le report what is brought forward (TP5-2)

le représentant(e) sales representative (TP6-2)

le réseau network (3-2)

responsable (de) liable (for) (4-1)

ressemeler to resole (TP9-1)

la restauration restaurant business (4-2)

les résultats de l'exercice fiscal year net profit (TP5-2)

le retrait withdrawal (5-1)

la retraite retirement (TP1-2), (4-1)

revaloriser to revaluate (3-1)

le revenu income (TP1-2)

revigorer to stimulate (5-2)

le riz rice (2-1)

la robotique automation by means of robots (6-2)

le roi king (1-2)

la romaine romaine lettuce (TP7-2)

la rubrique newspaper column (general issue) (6-1); heading (TP6-1)

le Smic (Salaire minimum interprofessionnel de croissance) minimum wage (TP2-1)

le salarié employee (TP2-1); a salaried person (TP2-2)

sauvegarder to safeguard (3-1)

la saveur flavor (TP7-2)

le scrutin ballot (1-1)

le seigneur lord (8-1)

le semis seeding (2-1)

se serrer la ceinture to tighten one's belt (TP9-1)

la situation job (TP8-2)

la situation nette shareholders' equity (TP5-2)

la société anonyme corporation (4-1)

la société en nom collectif partnership (4-1)

le solde net balance (of an account), bottom line (3-2)

la solvabilité solvency (TP5-2)

le son sound (TP7-1)

le sondage poll (TP2-2)

soucieux (de) concerned (with) (9-2)

le stage training program (TP8-2)

la station hivernale winter resort (9-2)

statuer (sur) to rule on (3-1)

les stocks inventories (TP5-2)

la subvention subsidy (TP2-2), (3-1)

la succursale branch office (3-2)

le suffrage vote (1-1)

le supermarché supermarket (4-2)

la surenchère competitive bid (9-1)

surévalué overvalued (TP3-1)

surpeuplé overpopulated (8-1)

surveiller to watch over (9-1)

la sylviculture forestry (2-1)

le syndicat labor union (2-2)

le taux de base bancaire prime rate (5-2)

la taxe sales tax (TP5-1)

la technicité technical nature (7-2)

la télématique data processing in which distant terminals are linked by phone to central data banks (6-2)

le téléviseur couleur color TV set (TP6-1)

se tenir au courant to keep informed (6-1)

se tenir à la disposition (de quelqu'un) to be at (someone's) disposal (TP8-2)

le timbre-poste stamp (6-2)

le tirage total print run (6-1)

tirer un chèque to write a check (5-1)

toucher un chèque to cash a check (5-1)

la traction avant front-wheel drive (TP3-2)

la traite bill of exchange (5-1)

le traitement de texte word processing (6-2)

la tranche d'imposition tax bracket (TP5-1)

le travailleur worker (general sense), skilled worker (8-2) le **Trésor de l'Etat**   Treasury department (5-2)

le **troc**   barter (5-1)

le **truc publicitaire**   advertising gimmick (TP7-1)

s'unir   to unite (TP1-2)

l'**usine** (*f.*)   factory (2-2)

l'**usure** (*f.*)   usury (8-1)

l'**utilisateur (-trice)**   user (TP6-2)

la **vache**   cow (TP2-1)

la **valeur**   value (9-1)

les **valeurs mobilières** (*f.*) stocks and bonds, securities (5-2)

vanter   to boast of (7-2)

le **veau**   calf, veal (TP2-1)

veiller (à)   to watch over (TP2-2)

la **vente**   sale (4-2)

la **vente aux enchères**   auction (4-1)

le **versement**   deposit (5-1)

le **vidéotex**   mass media data processing equipment (TP6-1)

le **vignoble**   vineyard (2-1)

le **virement**   transfer (5-1)

viser à   to aim at (7-2)

le **viticulteur**   grape grower (for wine) (2-1)

la **vitrine**   shop window (4-2)

vivre à l'aise   to live comfortably (TP2-1)

la **voie d'eau**   waterway (3-2)

PHOTO CREDITS